旅游服务与管理专业“十三五”规划系列教材
国家示范性院校专业建设项目成果

旅游企业会计

主　编　陈旭东
副主编　李桂平
参　编　吴美芳　薛艳

中国商业出版社

图书在版编目(CIP)数据

旅游企业会计/陈旭东主编.—北京,中国商业出版社
2019.2
ISBN 978-7-5044-8122-1

Ⅰ.①旅… Ⅱ.①陈… Ⅲ.①旅游业-会计
Ⅳ.①F590.66

中国版本图书馆CIP数据核字(2013)第118850号

责任编辑:蔡凯

中国商业出版社出版发行
010-63180647 www.c-chook.com
(100053 北京广安门内报国寺1号)
新华书店经销
涿州市荣升新创印刷有限公司印刷
*
787×1092毫米 开本:1/16 印张:13.5 字数:330千字
2019年2月第2版 2019年2月第1次印刷

定价:36.80元
* * * *
(如有印装质量问题可更换)

总序

随着中国经济发展的日新月异，人们的生活方式和生活观念也在悄然发生变化，在工作之余，越来越多的人们也把休闲旅游度假作为一种时尚生活。同时，人们也认识到，通过休闲旅游不仅可以让人身心放松，还可以增加见识，增长知识。正可谓:“行万里路，读万卷书”。因此，未来我国更加需要大量旅游服务管理专业人才来为人们进行专业引导和服务，旅游市场大有可为。

放眼世界，各国旅游业经历了持续快速的发展，旅游业已成了世界上最大规模的产业，越来越多的旅游目的地对旅游者开放，使旅游业成为了世界经济发展的重要推动力。即使在国际金融危机爆发的大背景下，旅游业虽然受到一定重创，但该产业的产值仍然占全球 GDP 9.4 个百分点，为世界提供了 2.35 亿个工作岗位。世界每 11.8 个工作中，就有 1 个是旅游业提供的。就全世界范围而言，旅游业已成为世界上最重要的绿色产业之一。长远来看，旅游在推动世界经济发展中保持领先的角色。同时在保障就业和消除贫困方面，旅游业必定有更大贡献。

再就我国旅游业来看，虽然起步较晚，但发展迅猛。2009 年底，国家又出台《国务院关于加快发展旅游业的意见》(国发[2009]41 号)，将旅游业定为全国战略支柱产业。2012 年 10 月 1 日施行的节假日小客车高速费通行给旅游业带来良好的发展机会。再者，旅游业是关联性很强的产业，直接或间接带动相关联的产业和部门多达 100 多个，其产业关联效应明显。目前全国已有 20 多个省、区、市都把旅游定为支柱产业来优先重点发展。2013 年 10 月 1 日起中国首部《旅游法》正式施行,也有利于旅游行业整体规范健康发展,从此中国旅游业也进入依法治理,依法维权的新时代。相信，有政府的重视将使旅游业在国民经济增长和社会和谐发展方面扮演更加重要的角色。因此，我们特邀请全国部分旅游院校的领导和专家，齐聚北京，针对当前旅游业的发展和人才培养方面，进行了研讨，从而组织编写了本套教材。

本套教材在编写过程中主要突出以下几个特点：

1. 针对性

本套教材为旅游院校教材，针对当前的旅游从业人员的特点，安排教材内容和体系，采取课堂教学和实际操作、校外指导相结合的教学方式，从而使授者易教，学者易学。

2. 实用性

本套教材在编写之初就本着“必需”、“实用”为宗旨，既参考以前出版的教材内容，进行“取舍”，又参考教育部教学大纲以及国家旅游局导游资格考试的新标准设置各科内容。使学生通过系统学习之后，能在掌握基础知识同时又能在工作中发挥实际作用。

3. 创新性

本套教材在内容编排上，努力在总结专家学者经验的基础上，又吸收和借鉴如德国的双元制教学模式、澳大利亚的 TAEF 模式、加拿大的 CBE 教学模式、瑞士旅游酒店管理教学模式等国外先进的教学模式，进行编写。打破传统教材从概念到概念的写法。同时每本教材都配备 PPT 课件，以方便课堂教学。

诚然，本系列教材是示范院校教育教材改革与创新的阶段性成果，难免有不足之处，恳请广大专家、读者提出宝贵意见，以便日后修订，使之不断完善。

旅游服务管理专业教材编委会

前　言

进入21世纪以来,我国旅游业全面发展,已成为世界旅游大国。导游是我国旅游从业人员队伍中的重要组成部分,是我国旅游业发展的实践者和推动者。随着旅游业的发展,导游队伍的规模也快速壮大。因此,如何培养导游技能型人才,加快和完善导游队伍的建设,培养和建立一支高素质的导游队伍,成为旅游业发展过程中的一项极其重要的任务。

应出版社邀请,我们组织一线教师和有多年导游经验的同志共同编写了这本《旅游企业会计》。本书根据教育部关于职业院校学生的培养要求,基于导游工作过程分析,争取有所突破和创新,并形成了以下特色:

一是实用性强,与行业要求紧密联系。基于旅游企业会计处理和实际操作的方法,设计构思了整个课程体系,目的是希望学生通过学习本书,成为一名基本掌握旅游企业会计业务和技能、符合旅游行业要求的合格财务人员。

二是重点突出,内容包括了财务人员必须掌握的业务知识,分基础、实务和技能三个部分依次展开,对财务工作的内在规律、规范流程和专业技能进行了全面系统的阐述。

三是结构新颖,突出实践性。本书的编写在结构上进行了创新,将财务工作程序分解成具体实践,使学生在掌握实践操作的同时掌握了理论知识,从而由实践回归理论。在各部分章节中设有实训题目,更好地加强了对学生实际动手能力的培养,促进了实践教学的发展。

本书由江苏省徐州技师学院陈旭东老师(第五、六、七、八、九、十、十一、十二、十三、十四章)任主编,江苏省徐州技师学院李桂平老师(第三、四章)任副主编,参编老师还有江苏省徐州技师学院吴美芳老师(第一章)、江苏省徐州技师学院薛艳老师(第二章)。全书最后由陈旭东总纂。

在本书的编写过程中,我们拜读了国内外许多专家和学者的相关著作,并借鉴了其中部分内容,同时广泛听取了老会计人员的意见和建议,在此对各位专家学者及老导游人员表示衷心的感谢! 由于时间和水平所限,书中不乏疏漏与不当之处,敬请专家学者和广大读者批评指正。

编者

2019年2月

目 录

第一章　总　论

本章主要内容

- 会计概述
- 会计核算的基本前提及基础
- 会计信息质量要求
- 会计要素、会计计量和财务会计报告
- 旅游企业会计的特点

第一节　会计概述

一、会计的概念

(一)会计的产生及发展

会计与人类社会的生产有不可分割的联系，会计的产生与发展离不开人们对生产活动进行管理的客观需要。

在人类社会中，物质资料的生产是人类社会赖以生存和发展的基础。在生产活动中，为了获得一定的劳动成果，必然要耗费一定的人力、财力、物力。人们一方面希望劳动消耗尽可能少，另一方面又希望生产出的劳动成果尽可能多。因为只有这样，人类的生活才能不断改善，社会才能不断发展。为达到这一目的，除了采用先进技术外，必须加强对生产活动的管理，对生产耗费和经营成果进行计量、记录，并进行计算、对比，这就形成了最初的会计。

会计产生于人类社会的早期生产，最初只是作为生产职能的附属部分。只是当社会生产力发展到一定阶段，会计才逐渐从生产职能中分离出来，形成特殊的、专门的独立职能，由专职人员来完成。

会计的发展经历了漫长的过程。最初的会计只是对财务的收支进行实物数量的简单记录和计算，随着生产的日益发展，会计经历了一个由简单到复杂、由低级到高级的发展过程。由于商品经济的发展，货币成为衡量和计算商品的价值尺度，会计可以利用货币作为价值尺度进行价值核算。至此，会计已发展成为反映和监督经济活动的一种管理活动。

(二)会计的概念

会计的定义反映着人们对会计性质、内容、方法、作用的认识。它随着生产的发展和管理要求的变化，不断发展变化。在中国，会计一词起源于西周，清代学者焦循在《孟子正义》一书中说“零星算之为计，总合算之为会”，反映了当时人们对会计的认识。

从会计的发展历史看，生产的发展不仅要求会计进行数量的核算，还要求根据它的数量变化加强对生产的管理。从我国会计工作实践看，会计的核算与管理是密切联系的。管理需要核算，核算是为了管理。在核算的基础上进行管理，在核算的过程中进行管理。

综上所述，会计的定义可以概括为：会计是运用一系列特定的专门的方法，提供各种可以用货币表现的经济活动信息，连续、系统、全面、综合地反映和监督企业经济活动，以不断提高经济效益的一种价值管理活动。

二、会计的职能

会计的职能是指会计在经济管理过程中所具有的功能。会计的职能是任何社会条件下都具有的，会计在发展，其职能也在变化，但其基本职能仍可概括为核算和监督。

（一）会计的核算职能

会计核算，从核算过程看，它包括事后的核算，又包括事前和事中的核算；从核算内容看，它既包括记账、算账和报账，又包括预测、控制、分析和考核等。会计核算职能是会计最基本的职能，它所提供的会计信息是企业领导层进行决策的重要依据。

（二）会计的监督职能

会计监督是经济监督的重要组成部分，主要是对核算单位经济活动全过程的合法性、合理性和有效性进行监督。主要包括：企业的经济活动是否符合国家的财经政策和财经法律，会计核算是否符合会计法和国家会计制度的规定，会计信息是否真实、完整；企业的经济活动是否按照事先确定的财务目标和编制的各项预算运行，如有偏差，及时反馈并迅速采取措施予以调整。

（三）会计核算与会计监督的关系

会计核算与会计监督是两个相互联系又相对独立的职能。会计核算是会计监督的基础，只有进行正确的会计核算，会计监督才有真实可靠的依据，离开了会计核算，会计监督就失去了对象；会计监督则是会计核算的延续，只有严格地进行会计监督，会计核算才能在企业的经济管理中充分发挥作用，离开了会计监督，会计工作就失去了灵魂。会计核算和会计监督是互相依存、紧密联系的，充分发挥会计核算和监督的职能作用，是实现会计目标的保证。

三、会计的方法

会计方法，是指用以核算和监督会计的内容，实现会计目标所使用的一整套技术方法，会随着会计核算和会计监督内容的发展而变化。会计的方法包括会计核算的方法、会计分析的方法和会计检查的方法。会计核算方法是会计方法中最基本的方法，包括设置会计科目和账户、填制和审核会计凭证、复式记账、登记账簿、成本计算、财产清查和编制会计报表等专门方法。

设置会计科目和账户是指对企业经济活动的具体内容进行分类核算和监督的方法；填制和审核会计凭证是指对反映经济业务发生的原始凭证进行审核，并据以填制记账凭证的方法；复式记账是指对每项经济业务都要以相等的金额，在两个或两个以上相互联系的账户中进行登记的方法；登记账簿是指在会计账簿上连续、系统、完整地记录和核算经济活动与经营成果的方法；成本计算是指按照一定对象，归集和分配与生产经营过程相关的全部费用，以确定各对象的单位成本和总成本的方法；财产清查是指盘点现金、实物，核对往来账项，以查明企业资产实有数额的方法；编制会计报表是指定期编制，总括反映企业经济活动、经营成果、账务状况变动的信息系统的方法。

会计核算的各种方法是相互联系、密切配合的，必须有机地结合运用。在实际工作中，必须首先在账簿中设置账户，当发生经济业务时，要填制和审核会计凭证，然后采用复式记账方法登记账簿的有关账户，并对经营过程中发生的费用进行成本核算，期末通过财产清查达到账实相符，最后根据会计账簿编制会计报表。

第二节 会计核算的基本前提及基础

一、会计核算的基本前提

会计核算面对的是不断变化的社会经济环境，会计工作必然受这些环境的制约。为了保持会计核算的相对稳定和独立，必须明确会计核算的空间边界和时间边界，确定会计核算的基本前提和制约条件，即在开展会计工作之前，设定一些前提条件——会计基本假设。

会计基本假设是企业会计确认、计量和报告的前提，是对会计核算所处的时间、空间环境等所作的合理设定。会计基本假设包括会计主体、持续经营、会计分期和货币计量。

（一）会计主体

会计主体是指企业会计确认、计量和报告的空间范围。即企业会计确认、计量和报告是用来说明特定企业个体所发生的交易或事项，对该特定企业生产经营活动的记录和反映应与其所有者的活动、债权人的活动以及交易对方的活动相分离。明确界定会计主体是开展会计确认、计量和报告工作的重要前提。

（二）持续经营

持续经营，是指在可预见的将来，会计主体的经营活动将按照现在的规模和状态无限期地经营下去，不会停业，它所持有的资产将按照预定的目标在正常的经营过程中被耗用、出售或转让，所承担的债务将如期偿还。

持续经营假设明确了会计核算的时间范围。

（三）会计期间

在持续经营前提下，应将企业的生产经营活动划分为一个个连续的、长短相同的期间，以分期结算账目和编制财务会计报告，及时向财务报告使用者提供有关企业财务状况、经营成果和现金流量的信息，即会计期间。

会计期间分为年度和中期。中期是指短于一个完整会计年度的报告期间，包括半年度、季度和月度。我国以公历年度作为会计年度，即每年的 1 月 1 日至 12 月 31 日为一个会计年度。

会计期间假设是对会计工作时间范围的具体划分，是持续经营假设的延伸。明确会计分期假设意义重大，有了会计分期，才产生了当期与以前、以后期间的差别，才使不同类型的会计主体有了记账的基准，从而出现了折旧、摊销等各种会计处理方法。

（四）货币计量

货币计量，是指会计主体在财务会计确认、计量和报告时要以货币计量，从价值角度来记录、反映会计主体的生产经营活动及其成果。

在财务会计确认、计量和报告的过程中，为什么选择货币为基础进行计量，是由货币自身的属性决定的。货币是商品的一般等价物，是衡量一般商品价值的共同尺度，具有价值尺度、流通手段、贮藏手段和支付手段等特点。其他计量单位如长度、容积、重量等只能从一个侧面反映企业的生产经营情况，不能在量上进行汇总和比较，不便于会计计量和经营管理，只有用货币进行计量，才能充分反映企业的生产经营情况。因此，我国会计法规定，会计核算以人民币为记账本位币。业务收支以人民币以外的货币为主的单位，可以选择其中一种货币作为记账本位币，但编报的财务会计报告应当折算为人民币。

但是我们也应该看到，在市场经济条件下，货币的价值也在发生变动，币值很不稳定，甚至有的国家的货币出现了较为恶劣的通货膨胀，对货币计量提出了挑战。

二、会计核算的基础

我国企业会计准则——基本准则规定，企业应当以权责发生制为基础进行会计确认、计量和报告。在实际生活中，与企业生产经营活动相关的交易或事项的发生时间与相关货币收支时间有时并不完全一致。为了更加真实、公允地反映特定会计期间的财务状况和经营成果，基本准则明确规定，企业应当以权责发生制为基础进行会计确认、计量和报告。

与权责发生制相对应的另一种会计基础为收付实现制，它是以收到或支付的现金作为确认收入和费用的依据。

第三节 会计信息质量要求

由于企业的投资者、经营者、股东等相关利益方是根据企业会计信息作出判断，从而作出相应的决策。因此，他们为保证自身经济利益，必然对会计信息提出一系列的要求。会计信息质量要求是对企业财务报告中所提供的会计信息质量的基本要求，是使财务报告中所提供的会计信息对投资者等使用决策者有用应具备的基本特征。主要包括可靠性、相关性、可理解性、可比性、实质重于形式、重要性、谨慎性、及时性等。

（一）可靠性

可靠性，要求企业应当以实际发生的交易或者事项为依据进行确认、计量和报告，如实反映符合确认和计量要求的各项会计要素及其他相关信息，保证会计信息真实可靠、内容完整。

企业会计信息要有用，必须以可靠性为基础，如果财务报告中所提供的会计信息是虚假的、不可靠的，就会给财务报告使用者的决策产生误导甚至损失。因此，企业应当以实际发生的交易或事项为依据进行确认、计量和报告，不得根据虚构的、没有发生的或者尚未发生的交易或者事项进行确认、计量和报告。

应当注意的是，可靠性要求并不能包括所有的会计核算事项，某些会计核算事项的发生并不能取得相应的凭据，如坏账的提取比率、固定资产的折旧程度等，这些数据只能根据会计人员的经验或者对将来的预计加以计算。但是，由于人的才能、观点和立场不可能完全相同，不同的会计人员对同一经济业务的处理会有不同的计量结果。这就要求会计人员要秉持公允的立场，坚守职业道德，将可能发生的误差降低到最低，以保证会计资料的真实可靠。

（二）相关性

相关性又称有用性，指企业提供的会计信息应当与财务会计报告使用者的经济决策需要相关，有助于财务报告使用者对企业过去、现在或者未来的情况作出评价或者预测。

会计信息有没有用，是否具有价值，关键看其与财务报告使用者的决策需要是否相关，是否有助于决策或提高决策水平。高质量的会计信息是导致正确决策的前提。相关的会计信息应当能够有助于使用者评价企业过去的决策、证实或者修正过去的有关预测，因而具有反馈价值。相关的会计信息还应当具有预测价值，有助于财务报告使用者根据财务报告所提供的会计信息预测企业未来的财务状况、经营成果和现金流量。

会计信息质量的相关性要求，需要企业在确认、计量和报告会计信息的过程中，充分考虑财务报告使用者的决策模式和信息需要。但相关性是以可靠性为基础的，两者之间并不矛盾，不能将两者对立起来。即会计信息应在可靠性的前提下，尽量做到相关性，以满足财务报告使用者的决策需要。

（三）可理解性

可理解性是指企业提供的会计信息应当清晰明了，方便财务报告使用者理解和使用。企业提供会计信息的目的在于使用，而要使使用者有效使用会计信息，就应当能让其弄懂会计信息的内容，了解会计信息的内涵。这就要求财务报告所提供的会计信息应当清晰明了，易于理解。只有这样，才能提高会计信息的有用性，实现财务报告的目标，满足向财务报告使用者提供决策有用信息的要求。

（四）可比性

可比性要求企业提供的会计信息应当相互可比。即：

1. 同一企业不同时期可比

为了方便财务报告使用者了解企业财务状况、经营成果和现金流量的变动趋势，比较企业在不同时期的财务报告信息，更加全面、客观地评价过去、预测未来，从而作出决策。会计信息质量的可比性要求同一个企业不同时期发生的相同或者相似的交易或事项，应当采用一致的会计政策，不得随意变更。

但是，满足会计信息可比性要求，并不表明企业不能变更会计政策，如果按照规定或者在会计政策变更后可以提供更可靠、更相关的会计信息，可以变更会计政策。有关会计政策变更的情况，应当在会计报告附注中予以说明。

2. 不同企业相同会计期间可比

为了方便财务报告使用者了解不同企业的财务状况、经营成果和现金流量及其变动情况，会计信息质量的可比性要求不同企业同一会计期间发生的相同或者相似的交易或者事项，应当采用规定的会计政策，确保会计信息口径一致、相互可比，以使不同企业按照一致的确认、计量和报告要求提供有关会计信息。

（五）实质重于形式

实质重于形式要求企业在进行会计确认、计量和报告时应当按照交易或者事项的经济实质，而不是仅以交易或者事项的外在形式如法律形式为依据。

企业发生的交易或事项在一般情况下其经济实质和法律形式是相一致的。但在有些情况下，会出现不一致，我们不应被事物的表面现象所迷惑。例如，企业按照销售合同销售出商品，同时又签订了售后回购协议。这笔业务虽然从法律形式上讲实现了收入，但如果企业没有将商品所有权上的主要风险和报酬转移给购货方，没有满足收入确认的各项条件，即使签订了商品销售合同或者已将商品交付给购货方，也不应当确认销售收入。

（六）重要性

重要性要求企业提供的会计信息应当反映与企业财务状况、经营成果和现金流量等有关的所有重要交易或者事项。

重要性要求是指如果会计信息的省略或者错报会影响财务报告使用者据此作出决策的，

该信息就具有重要性。

需要说明的是，重要性要求具有相对性，同样的业务对于不同的企业其重要程度也是不一样的。对于某项会计事项判断其重要性与否，在很大程度上取决于会计人员的职业判断。一般来说，重要性与否可以从质和量两个方面来判断。从性质方面说，如果某会计事项的发生可能对决策产生重大影响，则该事项属于具有重要性的事项。从数量方面来说，如果某会计事项的发生达到一定数量或比例可能对决策产生重大影响，则该事项属于具有重要性的事项。

（七）谨慎性

谨慎性要求企业对交易或者事项进行确认、计量和报告应当保持应有的谨慎，不应高估资产或者收益，也不应低估负债或者费用。

谨慎性要求又称稳健性要求，指在处理不确定性经济业务时，应持谨慎态度。谨慎性要求在会计上的应用是多方面的，如对应收账款提取坏账准备；存货在物价上涨时期的计价采用后进先出法，在物价下跌时期的计价采用先进先出法；固定资产采用加速折旧法等。

实施谨慎性要求能够合理预测企业存在的经营风险，对防范风险起到预警作用，有利于企业作出正确的经营决策，保护投资者和债权人的利益，提高企业在市场上的竞争能力。

（八）及时性

及时性要求企业对于已经发生的交易或者事项，应当及时进行确认、计量和报告，不得提前或延后。

会计信息的作用在于帮助所有者或者其他方面作出经济决策，具有时效性。过期的会计信息只能作为历史资料，对经济决策的参考价值会降低，甚至不再具有实际意义。在现代经济社会中，市场竞争日趋激烈，市场变化越来越迅速，企业内外各有关方面对会计信息的及时性要求越来越高。任何信息如不及时提供，则必将丧失其使用价值或降低其有用性。

会计信息的及时性要求，一是要求及时收集会计信息，即在交易或事项发生后，及时收集整理各种原始单据或凭证；二是要求及时处理会计信息，即按照会计准则的规定，及时对交易或者事项进行确认、计量和报告；三是要求及时传递会计信息，即按照国家规定的有关时限，及时地将编制的财务报告传递给财务报告使用者，方便其及时使用和决策。

第四节　会计计量和财务会计报告

会计计量就是对会计要素的计量。会计核算对象，是企业会计工作所要反映和监督的资金活动。会计要素是对会计核算对象按照其经济特征所做的分类，是会计核算对象的具体化，也是构成会计报表的基本要素。会计要素按照其性质分为资产、负债、所有者权益、收入、费用和利润。其中，资产、负债、所有者权益要素侧重于反映企业的财务状况，收入、费用和利润要素侧重于反映企业的经营成果。

一、会计计量

会计计量是为了将符合确认条件的会计要素登记入账并列报于财务报表及其附注而确定其金额的过程。企业应当按照规定的会计计量属性对会计要素及其项目进行计量，确定相关金额。从会计角度来说，计量属性反映的是会计要素金额的确定基础。在我国，主要采用以下几种：历史成本、重置成本、可变现净值、现值、公允价值等。

（一）历史成本

历史成本，又称实际成本，是取得或制造某项财产物资时所实际支付的现金或现金等价物。在历史成本计量下，资产按照购置资产时支付的现金或者现金等价物的金额，或者按照购置资产时所付出的对价的公允价值计量；负债按照因承担现时义务而实际收到的款项或者资产的金额，或者承担现时义务的合同金额，或者按照日常活动中为偿还负债预期需要支付的现金或者现金等价物的金额计量。

（二）重置成本

重置成本，又称现行成本，就是指按照当前市场条件下，重新取得同样一项资产所需支付的现金或者现金等价物金额。在重置成本计量下，资产按照现在购买相同或者相似资产所需支付的现金或者现金等价物的金额计量；负债按照现在偿付该项债务所需支付的现金或者现金等价物的金额计量。

（三）可变现净值

可变现净值，是指在正常的生产经营过程中，以预计售价减去进一步加工成本和销售所必须的预计税金、费用后的净值。在可变现净值计量下，资产按照其正常对外销售所能收到的现金或者现金等价物的金额扣减该资产至完工时估计将要发生的成本、估计的销售费用以及相关税金后的金额计量。可变现净值通常用于存货资产减值情况下的后续计量。

（四）现值

现值是指对未来现金流量以恰当的折现率进行折现的价值，是考虑货币时间价值因素的一种计量属性。在现值计量下，资产按照预计从其持续使用和最终处置中所产生的未来净现金流入量的折现金额计量；负债按照预计期限内需要偿还的未来净现金流出量的折现金额计量。

（五）公允价值

公允价值是指在平等交易中，熟悉情况的交易双方自愿进行资产交换或者债务清偿的金额。在公允价值计量下，资产和负债按照在公平交易中熟悉情况的交易双方自愿进行资产交换或者债务清偿的金额计量。公允价值主要用于交易性金融资产、可供出售金融资产的计量。

在各种会计要素的计量属性中，历史成本通常反映的是资产或者负债过去的价值，而重置成本、可变现净值、现值、公允价值通常反映的是资产或者负债的现时成本或者现时价值，是与历史成本相对应的计量属性。基本准则规定，企业在对会计要素进行计量时，一般应当采用历史成本，采用重置成本、可变现净值、现值、公允价值计量的，应当保证所确定的会计要素金额能够取得并可靠计量。

二、财务会计报告

财务会计报告是指企业对外提供的反映企业某一特定日期的财务状况和某一特定期间的

经营成果、现金流量等会计信息的文件。它本身对于国家宏观经济调控、投资者决策和加强企业内部管理都有非常重要的作用。

财务会计报告包括会计报表及其附注和其他应当在财务会计报告中披露的相关信息和资料。财务报表是对企业财务状况、经营成果和现金流量的结构性表述，是财务报告的核心内容，由报表本身及其附注两部分构成，附注是财务报表的有机组成部分。会计报表至少应当包括资产负债表、利润表和现金流量表等报表。其中小企业编制的会计报表可以不包括现金流量表。

资产负债表是指反映企业在某一特定日期的财务状况的会计报表。

利润表是指反映企业在一定会计期间的经营成果的会计报表。

现金流量表是指反映企业在一定会计期间的现金和现金等价物流入和流出的会计报表。

附注是指对在会计报表中列示项目所作的进一步说明，以及对未能在这些报表中列示项目的说明等。

通过对企业财务报表的列报进行规范，可以保证同一企业不同期间和同一期间不同企业的财务报表相互可比。

第五节　旅游企业会计的特点

旅游企业是以旅游资源、设施为条件，为满足旅游者在物质、文化生活上的需要，提供观光、游览、娱乐、吃、住、行、购物等方面综合性服务的企业。旅游企业业务范围的广泛性、综合性，决定了旅游企业会计除与其他专业会计有许多共性的东西之外，还具有一些自身的特点。

(一)综合性

为了满足旅游者多方面的消费需求，一些大型的旅游企业一般为消费者提供全面的、综合性的服务项目。这便要求旅游企业会计分别核算和监督各项经营业务的收入、成本和费用情况，最后再加以汇总。这体现了旅游企业会计的综合性特点。

(二)复杂性

有些旅游企业除了提供服务之外，还从事一定程度的生产加工和商品销售活动，即其经营活动中包括生产、销售和服务三种职能。在进行会计核算时，应根据各自的经营业务特点，采用不同的核算方法。这使得会计核算有了复杂性特点。

(三)涉外性

一些大型的旅游企业还经营国际旅游业务，这些企业在会计核算时就具有涉外性的特点。由于大量的涉外业务需要进行国际结算，因此旅游企业会计必须进行外汇收支的核算，按照国际外汇管理条例正确核算有关外汇收支账目，办理外汇存入、转出和结算，加强外汇管理。

☆ 思考与练习

1. 会计的定义是什么？
2. 会计的基本职能及其关系是什么？
3. 简述会计核算的专门方法及其关系。
4. 会计核算的基本前提主要有哪些？它们各自的含义是什么？
5. 会计信息质量方面的要求有哪些？
6. 什么是会计要素？会计要素按照其性质分为哪几类？各自的定义是什么？如何进行确认？
7. 会计计量属性有哪些？各自的含义是什么？如何选择计量属性？
8. 企业财务报告主要由哪几部分组成？
9. 旅游企业会计的特点是什么？

第二章　会计核算基础

本章主要内容

- 会计要素与会计等式
- 账户与复式记账
- 会计凭证与会计账簿
- 账务处理程序

第一节　会计要素与会计等式

一、会计要素

会计核算对象是企业再生产过程中能以货币表现的经济活动。会计要素是对会计核算对象按经济性质和特征所作的分类，是会计核算对象的具体化。会计要素是企业设定会计报表结构和内容的依据，也是进行确认和计量的依据，它是反映企业财务状况和确定经营成果的基本单位。我国《企业会计准则》将会计要素分为资产、负债、所有者权益、收入、费用和利润六大要素。其中，资产、负债、所有者权益反映企业的财务状况，是价值运动的静态表现；收入、费用、利润反映企业一定时期的经营活动及其成果，是价值运动的动态表现。旅游企业的经营活动及其成果同样表现为以上六大要素。

（一）资产

资产是指过去的交易、事项形成并由企业拥有或控制的资源，该资源预期会给企业带来经济利益，包括各种财产、债权和其他权利。

资产是企业进行生产经营活动的物质资源。资产可以是货币的，如现金、银行存款等；也可以是非货币的，如应收账款等。可以是有形的，如原材料、固定资产等。也可以是无形的，如商誉、商标权、专利权等；可以是企业所有；也可以是非企业所有，但能够控制的（如融资租入固定资产）。根据我国《旅游、饮食服务企业会计制度》规定，旅游企业的资产可以分为库存现金、银行存款、其他货币资金、短期投资、应收账款、坏账准备、其他应收款、原材料、燃料、低值易耗品、物料用品、库存商品、长期投资、固定资产、累计折旧、固定资产清理、在建工程、无形资产、递延资产、待处理财产损益等类别。一般说来，能构成企业资产必须具有以下三个基本特征：

（1）资产能够直接或间接地给企业带来经济利益，这种资源能够持续使用，为企业带来经济利益。如果一项资产不能提供经济利益，它就不能再作为资产确认，例如已用作偿还债务的固定资产。

（2）资产是为企业所拥有或虽不为企业所拥有但能够被企业控制的经济资源，这种经济资源必须是现实存在的，是过去交易或事件的结果，并且能够排他性地从资产中取得经济利益。

（3）资产是由过去的交易或事项形成的，只有过去发生的交易或事项才能增加或减少企业的资产，而不能根据谈判中的交易或计划中的经济业务来确认资产。

(4)资产是可以用货币方式计量的。企业对资产应按照未来流入现金或现金等价物的现值计量。我国《企业会计准则》规定：企业对资产进行计量时，一般应当采用历史成本。采用重置成本、可变现净值、现值、公允价值计量的，应当保证资产的价值能够可靠计量。

资产按其流动性通常分为流动资产和非流动资产。

1. 流动资产

流动资产是指在一年内或者超过一年的一个营业周期内变现或者耗用的资产，包括现金及各种存款、短期投资、应收及预付款 、待摊费用、存货等。

(1)现金及各种存款。包括库存现金、银行存款和其他非银行金融机构的存款，如外币存款、外埠存款和银行汇票存款等。现金和各种存款处于货币状态，所以又称货币资金。

(2) 短期投资。是指企业购入的各种能够随时变现、持有时间不超过一年的有价证券及不超过一年的其他投资，包括各种股票投资、债券投资等。

(3)应收及预付款项。包括应收票据、应收账款、其他应收款、预付账款、待摊费用等。

(4)应收票据。是指企业因销售商品、产品或提供劳务而收到的商业汇票。

(5)应收账款。是指企业因销售商品、产品或提供劳务等业务应向购买单位收取的款项。

(6)预付账款。是指企业按照购货合同或劳务合同规定，预先支付给供货方的款项。

(7)其他应收款。是指除应收票据、应收账款和预付账款以外的其他各项应收款及暂付款。

(8)待摊费用。是指已经支付，分摊期在一年以内的费用。

(9)存货。是指企业在正常生产经营过程中持有以备出售或耗用的各种资产，如原材料、再产品、产成品、商品以及包装物、低值易耗品等。

2. 非流动资产

非流动资产是指不符合流动资产条件的资产，包括长期投资、固定资产、无形资产、长期待摊费用和其他资产等。

(1)长期投资。是指不准备在一年内变现的投资，包括股票投资、债券投资和其他投资。

(2)固定资产。是指单位价值较高、使用年限超过一年，为生产商品、提供管理、出租或经营管理而持有的，并在使用过程中能保持原有实物形态的资产，包括房屋、建筑物、机器设备等。

(3)无形资产。是指企业为生产商品或提供劳务、或出租给他人以及出于管理目的而持有的、没有实物形态的非货币性长期资产。

(4)长期待摊费用。企业已缴出，但摊销期在一年以上(不含一年)的各项费用，包括企业开办费、股票发行费用、固定资产的大修理支出，以及摊销期在一年以上的其他待摊费用。

(5)其他长期资产。是指企业不能自由支配使用的资产，包括国家批准储备的特别物资、银行冻结存款、冻结物资以及临时设施，涉及诉讼的财产和上级规定有特定用途的资产(如房改基金存款)等。

(二)负债

负债指企业过去的交易或事项形成的现实义务，履行该义务预期会导致经济利益流出企业。一般来说，负债具有以下几个特征：

(1)负债是基于过去的交易或事项形成的现实义务，而不能根据谈判中的交易、事项或计划中的经济业务来确认负债。

(2)负债的清偿预期会导致经济利益流出企业。例如，用现金、实物资产或提供债务偿还，还可用部分现金、部分转移资产偿还，还可用所有者权益抵偿债务，还可用借新债偿还旧债等多种形式，都会导致经济利益流出。

(3)未来流出的经济利益的金额能够可靠地计量。

负债按偿还期限的长短可以分为流动负债和长期负债。

1. 流动负债

流动负债是指将在一年(含一年)内或超过一年的一个营业周期内偿还的债务，包括短期借款、应付票据、应付账款、预收账款、应付工资、应交税金、应付股利、其他应交款、预提费用等。

(1)短期借款。是指企业从银行及其他非银行金融机构借入的期限在一年以内的各种借款。

(2)应付票据。是指由出票人出票，委托付款人在指定日期无条件支付确定的金额给收款人或持票人的票据，包括银行承兑汇票和商业承兑汇票。

(3)应付账款。是指企业在生产经营过程中因购买材料、商品或接受劳务等业务而形成的债务。

(4)预收账款。是指供应方按照合同或协议商定预先收取购货方部分货款而形成的一项负债。

(5)应付工资。是指企业应付给职工的工资额，包括在工资总额内的各种工资、奖金和津贴等。

(6)应交税金。是指企业应交纳的各种税金，包括增值税、消费税、营业税和所得税等。

(7)应付利润(股利)。是指企业应付而未付给投资者的利润(股利)。

(8)其他应付款。是指除应付账款、应交税金、应付利润以外的其他一切应交款项，包括应交教育费附加、矿产资源补偿费，其他暂收款等款项。

(9)预提费用。是指当期已列入费用或成本中但尚未支付的费用。

2. 长期负债

长期负债是指偿还期在一年或者超过一年的一个营业周期以上的债务，包括长期借款、应付债券、长期应付款等。

(1)长期借款。是指企业从金融机构和其他单位借入的偿还期限在一年以上的各种借款。

(2)应付债券。是指企业为筹集长期使用资金依照法定程序发行，在约定期限内还本付息的有价证券。

(3)长期应付款。是指企业除长期借款、应付债券以外的其他长期应付款。

(三)所有者权益

所有者权益是指企业所有者在企业资产中享有的经济利益。在数量上等于企业的资产减去负债后的余额，即净资产的数额。

1. 所有者权益与负债的区别

(1)负债是债权人对资产的索偿权，所有者权益是企业所有者对企业的资产扣除负债后(即净资产)的索偿权。

(2)负债表现为债权人与企业的债权债务关系，而所有者权益表现为法定的管理企业或委托他人管理企业的权利。

(3)负债必须按期偿还。所有者权益与企业共存，经营期间无需偿还。

2. 所有者权益的内容

所有者权益分为实收资本(股本)、资本公积、盈余公积和未分配利润。

(1)实收资本(股本)。是指投资者实际投入企业生产经营活动的各种资产的价值，包括国家投资、其他单位投资、个人投资、外商投资及股份制企业发行的股票等。

(2)资本公积。是指由投资者或其他单位(或个人)投入，所有权归属投资者，但不构成实收资本的那部分资本或资产，接受捐赠、非现金资产准备、股权投资准备、拨款转入、外币资本折算差额、关联交易差价及其他资本公积。

(3)盈余公积。是指企业按国家规定从税后利润中提取并形成的公积金，包括提取的法定盈余公积、任意盈余公积、法定公益金等。

(4)未分配利润。是指企业留待以后年度分配的利润或未弥补的亏损。

(四)收入

收入是指企业在销售商品或提供劳务及让渡资产使用权等日常活动中所形成的经济利益的总流入，但不包括为第三方或客户代收的款项来源。收入包括主营业务收入和其他业务收入。

主营业务收入是指企业为完成其经营目标而从事的日常经营活动带来的收入，旅游企业主要为顾客提供服务的收入均是主营业务收入。

其他业务收入是指企业主营业务以外的其他日常活动带来的收入，旅游企业非经营性业务以外的收入为其他业务收入。

(五)费用

费用是指企业为销售商品、提供劳务等日常生产经营活动过程中发生的经济利益的流出。费用的发生可能导致资产的减少或负债的增加，并将引起所有者权益的减少。旅游企业的费用主要有营业成本、营业费用、营业税金及附加、管理费用、财务费用和所得税费用等。

(六)利润

利润是企业在一定会计期间的经营成果，它是企业在一定会计期间内实现的收入减去费用后的余额。包括营业利润、利润总额和净利润。

营业利润是指主营业务利润(主营业务收入减去主营业务成本和主营业务税金及附加)加上其他业务利润减去营业费用、管理费用和财务费用。

利润总额是指营业利润加上投资收益、补贴收入、营业外收入，减去营业外支出后的金额。

净利润是指利润总额减去所得税后的金额。

利润综合反映企业生产经营活动各方面的成果，在数量上一般等于收入减费用的差额，如果是负数则成为亏损。净利润表明企业经营盈亏的情况，是衡量企业生产经营管理水平的综合性指标。

二、会计等式

表明会计要素之间基本关系的恒等式称为会计等式，也称会计方程式、会计平衡公式。

(一)资产权益平衡公式

企业要开展生产经营活动，必须拥有一定的货币和物资资源。这些资源在会计核算上均以货币形式表现，就称为企业的资产。企业资产的来源渠道主要是两种，一是属于债权人提供的，形成企业的负债，也称为债权人权益;二是投资者作为资本投入的，形成企业的所有者权益。债权人和投资者对企业资产享有的要求权，在会计上总称为权益，表明企业资产的来源或产权关系。因此，资产和权益(债权人权益与所有者权益之和，即负债加上所有者权益。下同)实质上是同一价值运动的两个侧面。一个企业拥有一定数额的资产，必然表现为该企业拥有相应的所有者权益和承担相应的债务;反之，企业所承担的债务和拥有的所有者权益，必然表现为一定资产的存在。不存在没有权益的资产，也不存在没有资产的权益。资产和权益相互依存、互为前提、对立统一。

从数量上看，资产总额和权益总额必然相等。一个企业有多少资产，必定表现为相应的权益，反之，企业有多少权益，必然有多少相应的资产。这种资产与权益在数量上的恒等关系，可表示为如下会计等式：

资产 = 权益

由于权益可以分为债权人权益和所有者权益，而债权人权益通常又称为负债，因此，会计等式又可以进一步表示如下：

资产 = 负债 + 所有者权益

这一会计平衡公式，表明企业会计主体在某一特定时间所拥有的各种资产和债权人、所有者对企业资产要求的基本情况。企业会计核算，正是在这一会计等式的基础上，运用复式记账法，记录企业资金运动的来龙去脉，反映会计主体的资产和负债，以及所有者权益的增减变动情况，由此编制资产负债表，并提供企业的财务状况。

(二)收入 - 费用 = 利润

企业生产经营的主要目的是获取收入，实现赢利。在取得收入的同时，必然要发生相应的资产耗费(即费用支出)。企业只有通过对收入和费用进行比较，才能确定一定时期的赢利水平，确定当期实现的利润。利润与收入、费用之间的关系用会计平衡公式表现为：

收入 - 费用 = 利润

企业的资产是以所有者的产权为主体的，所有者对企业生产经营活动承受着一定的经营风险，同时承担着资产要求权偿付企业债务的责任。所有者的权益将随着企业的经营成果而变动，企业利润的实现，将使所有者在企业中的权益数额增加，由于在某时期内的经营成果将会体现在一定时日的财务状况之中，因此，在任一经营时刻则有会计等式：

资产 = 负债 + (所有者权益 + 利润) = 负债 + (所有者权益 + 收入 - 费用)

这一会计平衡公式，表明会计主体的财务状况与经营成果相互之间的联系，在某一时点，会计等式"资产 = 负债 + (所有者权益 + 利润)"还原为"资产 = 权益"。因此，一般称"资产 = 负债 + 所有者权益"为会计基本等式。

第二节　账户与复式记账

一、会计科目及其分类

(一)会计科目

会计科目是指为记录各种经济业务而对会计要素按其经济内容或用途所进行分类的项目，是会计要素的具体化。

企业在经济活动中，各项资产、负债和所有者权益必然会发生增减变动，并会发生收入和费用的变化。为了对这种变化分门别类地进行反映和控制，为经营管理提供系统而全面的经济信息，就必须设置账户予以连续地确认和记录，会计科目就是开设账户的名称。设置会计科目，就是根据经济管理和核算的要求，把会计要素按其不同的经济内容和特征，进一步划分为若干类，每一类规定一个名称，这个名称即是会计科目名称。它是设置账户、处理账户所必须遵守的规则和依据，是正确运用复式记账、填制记账凭证、登记账簿和编制会计报表等会计核算方法的基础，是考核计划、分析业务和财务工作的工具。

（二）会计科目的分类

在实际工作中，为了正确使用会计科目，应按一定的标准对会计科目进行分类。

1. 按照其反映的经济内容可以分为资产类、负债类、所有者权益类、成本类、损益类。

2. 按照提供核算指标详细程度可以分为总账科目和明细科目。

总账科目也称为总分类科目或一级科目，它是对会计要素具体内容进行总括分类，是开设总分类账户的依据。如："固定资产"、"应收账款"、"实收资本"等均属总账科目。明细科目是对总账科目进行明细分类，提供更详细、更具体的会计信息的科目，是设置明细分类账户的依据。如：在"固定资产"总账科目下，按房屋、建筑物、机器设备等具体内容设置明细科目；在"实收资本"总账科目下，按投资者的不同设置明细科目等。

（三）会计科目设置原则

会计科目是分类记录经济业务的依据，设置会计科目应遵循以下原则：

1. 会计科目的设置，必须符合会计对象经营管理和经济核算的需要，既能全面反映企业的财务状况和经营成果，便于提供经济核算指标，又要同时满足对外提供财务报告的要求。

2. 会计科目的设置，在统一性前提下尽量保持灵活性。应根据各单位的具体情况，设置相应的会计科目。

3. 坚持实用性原则，在保证提供有用指标的前提下尽量简化会计核算工作。

（四）会计科目表

为了便于阐述会计科目的设置和运用，参照我国《企业会计准则——会计科目运用指南》，列出旅游企业常用的会计科目代码表。

表 2－1

科目代码	科目名称	科目代码	科目名称
资　产　类		负　债　类	
1001	现金	2001	短期借款
1002	银行存款	2101	交易性金融负债
1012	其他货币资金	2201	应付票据
1101	交易性金融资产	2202	应付账款
1121	应收票据	2205	预收账款
1122	应收账款	2211	应付职工薪酬
1123	预付账款	2221	应交税费
1231	应收股利	2231	应付股利
1232	应收利息	2232	应付利息
1221	其他应收款	2241	其他应付款
1223	坏账准备	2501	长期借款
1402	在途物资	2502	长期债券

续表

科目代码	科目名称	科目代码	科目名称
资产类		负债类	
1403	原材料	2701	长期应付款
1405	库存商品	2702	未确认融资费用
1407	商品进销差价	2901	递延所得税负债
1408	委托加工物资	所有者权益	
1411	周转材料	3001	实收资本
1471	存货跌价准备	3002	资本公积
1501	持有至到期投资	3101	盈余公积
1502	持有至到期投资减值准备	3103	本年利润
1503	可供出售金融资产	3104	利润分配
1511	长期股权投资	损益类	
1512	长期股权投资减值准备	6001	主营业务收入
1531	长期应收款	6051	其他业务收入
1601	固定资产	6101	公允价值变动损益
1602	累计折旧	6111	投资收益
1603	固定资产减值准备	6301	营业外收入
1604	在建工程	6401	主营业务成本
1605	工程物资	6403	其他业务成本
1606	固定资产清理	6403	营业税金及附加
1701	无形资产	6601	销售费用
1702	累计摊销	6602	管理费用
1703	无形资产减值准备	6603	财务费用
1801	长期待摊费用	6711	营业外支出
1811	递延所得税资产	6801	所得税费用
1901	待处理财产损益	6901	以前年度损益调整

上表将会计科目划分为资产类、负债类、所有者权益类和损益类科目。其中，损益类科目包括了收入类、费用类以及其他损益类科目。

二、账户

(一)账户的概念

会计科目的确定对会计的内容进行了科学的分类，要对会计要素由于发生的经济业务所引起的增减变动进行序时、连续、系统的记录和反映，必须为会计科目开设相应的账户。

账户是根据会计科目设置的，具有一定的格式和结构，用于分类反映会计要素增减变动情况及其结果。账户是会计科目的具体运用，会计科目的性质决定了账户的性质。

会计科目与账户是两个不同的概念，两者之间既有联系又有区别。会计科目是账户的名称，账户是按照会计科目设置的，并按会计科目相同的经济内容来记录资产、负债、所有者权益和费用、收入等要素的具体变化情况和结果。会计科目仅仅表明经济业务的内容，只有名称，不存在具体的结构，账户则是由名称和结构组成。

（二）账户的结构

账户需要一定的结构，这种结构是由会计要素的数量变动情况所决定的。企业的经济业务发生后所引起的资金变动对会计要素数量方面的影响，不外乎增加和减少两种情况，所以账户也必须相应地具备两个部分，以分别核算增加量和减少量，其基本结构分为左右两方，为了反映各项目的增减变动结果，账户还必须具备反映各项目的余额部分，如图 2－1 所示：

账户	
左方	右方

图 2－1

这种格式是账户的简化格式，通常称为“T”字型账户。账户的左右两方一方登记增加，一方登记减少。至于哪一方登记增加，哪一方登记减少，则取决于账户的性质和采用的具体记账方法和各账户所记录的经济内容。通过账户记录的金额，可以提供期初余额、本期增加发生额、本期减少发生额和期末余额四个核算指标。本期增加额是指一定时期内账户所登记的增加金额的合计；而本期减少额是指一定时期内账户所登记的减少金额的合计，两者合称为本期发生额。本期的期末余额可以反映在一定日期本账户所反映内容的状况，即在一定时期内增减变动的结果，它结转到下期，即为下期的期初余额。账户基本内容之间的关系可以用等式表示为：

期末余额＝期初余额＋本期增加额－本期减少额

每个账户的本期发生额分别记在账户的左右两方。至于账户的左右方哪一方记录增加额，哪一方记录减少额，则取决于记账方法和该账户记录的经济内容。如在借贷记账法下，资产类、费用类账户借方记录增加额，贷方记录减少额，余额一般在借方；而负债类、所有者权益类、收入类、利润类账户贷方记录增加额，借方记录减少额，余额一般在贷方。

三、复式记账

（一）记账方法

设置账户仅仅是对会计要素作出进一步分类，为了提供会计信息使用者所需要的会计信息，在设置会计科目和账户的基础上，还应采用一定的记账方法在账户中记录经济业务。会计运用的记录经济业务的方法一般分为单式记账法和复式记账法。

所谓单式记账法，是指对发生的每一笔经济业务只在一个账户中记录，在通常情况下，只记录现金、银行存款的收付及债权债务的发生情况。由于这种方法不能全面反映资金运动的来龙去脉，也不便于检查账户记录的正确性和完整性，单式记账法已很少使用，取而代之的是复式记账法。

复式记账法，是对发生的每一笔经济业务所引起的资产、负债、所有者权益、收入、费用、利润等项目的增减变化，同时在相互联系的两个或两个以上账户进行登记的，并在金额上保持一种内在平衡的记账方法。

复式记账法由于记账符号、记账规则等有所不同，在我国又可具体分为借贷记账法、增减记账法、收付记账法三种，其中借贷记账法在我国企业普遍使用。

借贷记账法是按照复式记账法的原理，以“借”“贷”作为记账符号，在账户中记录资产、负债、所有者权益增减变动情况及其结果的一种记账方法。借贷记账法以“资产 = 负债 + 所有者权益”这一会计等式作为理论依据，具有账户对应关系明确、记账规则严密、平账方法简便、账户运用灵活、操作方便等优点，是世界各国通用的一种记账方法。借贷记账法于清朝末年正式传入我国，近年来被我国企业、事业单位广泛运用。

（二）借贷记账法的应用

1. 记账符号

借贷记账法下，每个账户的基本结构都是“借方”和“贷方”，左方为借，右方为贷。“借”和“贷”只是一个记账符号，无任何含义。资产和费用成本类账户的增加数记“借”方，减少数记“贷”方；负债、所有者权益和收入类账户的增加数记“贷”方，减少数记“借”方。

2. 账户结构

借贷记账法下各种性质的账户结构如表 2－2 所示。

表 2－2

借　方	贷　方
资产类的增加	资产类的减少
负债类的减少	负债类的增加
所有者权益类的减少	所有者权益类的增加
损益类的减少	损益类的增加
成本类的增加	成本类的减少

3. 记账规则

借贷记账法以“有借必有贷，借贷必相等”为记账规则。由于借贷记账法是一种复式记账法，对每项经济业务都要在两个或两个以上的相关账户中进行分类记录，登记一个账户的借方，就必须同时登记另一个账户或多个账户的贷方；另外，登记一个账户的贷方，就必须同时登记另一个或多个账户的借方。记入借方和贷方的金额必须相等。

4. 试算平衡

所谓试算平衡，是指根据会计等式的恒等关系，检查所有账户记录是否正确的过程。借贷记账法是建立在“资产 = 负债 + 所有者权益”这一恒等式的基础上，采用的是“有借必有贷，借贷必相等”的记账规则，在有关账户中做相互联系的记录，这就确定了每一项经济业务发生后相关账户所登记的借方与贷方发生额必然相等，由此在一定时期内相关账户登记的借方发生额与贷方发生额必然相等，最终可以确定相关账户的借方期末余额与相关账户贷方期末余额也必然相等。因而是可以根据这些平衡关系来检验账户记录的正确性，这也是会计试算平衡的主要内容。

借贷记账法下的试算平衡主要包括本期发生额平衡和余额平衡两个内容。

本期发生额平衡是指根据一定时期内所有账户借方发生额合计与贷方发生额合计的恒等关系，来检验本期发生额记录的正确与否。本期发生额平衡用公式表示如下：

本期借方发生额合计 = 本期贷方发生额合计

余额平衡是根据一定时期内所有账户借方余额与贷方余额合计的恒等关系，来检验本期账户记录的正确与否。本期余额平衡公式表示如下：

全部账户期末借方余额合计 = 全部账户期末贷方余额合计

第三节 会计凭证与会计账簿

一、会计凭证

会计凭证是记录经济业务、明确经济责任的书面证明，也是登记账簿的主要依据。任何单位每发生一笔经济业务，如现金的收付、物资的进出、往来款项的发生等，都必须按照规定的程序和要求，认真填制会计凭证，记录经济业务发生的日期、内容，并在会计凭证上签名盖章，以对会计凭证的真实性和正确性负责。一切会计凭证都必须经过有关人员的严格审核。只有经过审核无误的会计凭证才能作为登记账簿的依据。会计凭证的填制和审核，对于完成会计工作的任务、发挥会计在经济管理中的作用，具有十分重要的意义。

按照会计凭证的填制程序和用途，一般可以分为原始凭证和记账凭证。

(一)原始凭证

原始凭证是在经济业务发生时取得或填制的，用以记录经济业务发生或完成情况的书面证明，它是进行会计核算的原始资料和重要依据。

原始凭证按其取得的来源不同，可分为外来原始凭证和自制原始凭证。外来原始凭证是指企业同其他单位或个人发生经济往来时，从对方取得的凭证，如发票、收据等。自制原始凭证是指由企业办理经济业务的部门或个人，在办理经济业务时，自行填制的凭证，如领料单、差旅费报销单等。

原始凭证必须具备足以说明经济业务的一切必要内容。由于各项经济业务的性质不同，原始凭证的基本内容、格式和名称也不尽相同，但一般必须具备以下内容：

(1)原始凭证的名称(如进料单、工资发放单等)。

(2)接受凭证单位的名称。

(3)填制凭证的日期和编号。

(4)经济业务的内容。

(5)数量、单价和金额。

(6)填制单位和填制人员的签名盖章。

(二)记账凭证

记账凭证是会计人员根据审核无误的原始凭证或汇总原始凭证填制，用来记录经济业务简要内容，确定会计分录，作为登记账簿依据的凭证。

1. 记账凭证的格式

为了将不同性质的经济内容分别反映，并且便于登记账簿，记账凭证又可分为收款凭证、付款凭证和转账凭证三种。凡涉及现金和银行存款收付的业务，分别填制收款凭证或付款凭证，不涉及现金、银行存款的业务则填制转账凭证。若企业规模小，业务少，可不分收款凭证、付款凭证和转账凭证，只用一种通用的记账凭证。各种记账凭证的格式分别如表2－3、2－4、2－5所示。

表2－3　收款凭证

年　月　日

借方科目：现金（或银行存款）　附件　张

收字第　号

摘　要	贷方科目	明细科目	账　页	金　额
合　计				

会计主管　记账　出纳　复核

表2－4　付款凭证

年　月　日

贷方科目：现金（或银行存款）　附件　张

付字第　号

摘　要	借方科目	明细科目	账　页	金　额
合　计				

会计主管　记账　出纳　复核　制单

表2－5　转账凭证

年　月　日

附件　张

转字第　号

摘　要	会计科目	账　页	借方金额		贷方金额	
			一级科目	明细科目	一级科目	明细科目
合　计						

会计主管　记账　出纳　复核　制单

2. 记账凭证的基本内容

记账凭证的作用在于对原始凭证进行分类、整理，按照复式记账的要求，运用会计科目，编制会计分录，并据以登记账簿。因此，记账凭证必须具备以下基本内容：

(1)记账单位名称与填制单位名称。

(2)记账凭证的编号。

(3)记账凭证的日期。

(4)经济业务的内容摘要。

(5)会计科目(包括一级、二级科目和明细科目)的名称、记账方向和金额。

(6)所附原始凭证的张数。

(7)制单、审核、记账、会计主管等有关人员的签章，收款、付款凭证还应由出纳人员签名或盖章。

3. 记账凭证的填制要求

(1)必须根据审核无误的原始凭证或汇总原始凭证填制记账凭证。

(2)"摘要"栏的内容要简明扼要准确。

(3)一级、二级或明细科目，账户的对应关系、金额要正确无误。

(4)记账凭证的日期。收付款业务的凭证应是货币资金收付的实际日期，与原始凭证的日期不一定一致；转账凭证以收到原始凭证的日期为记录日期，但在摘要栏要注明经济业务发生的实际日期。

(5)各种记账凭证必须连续编号，如一笔经济业务需填制多张记账凭证时，可采用"分数编号法"。

(6)必须注明所附原始凭证的张数，便于日后查阅原始凭证。

4. 记账凭证的审核

为了保证账簿记录的正确性，必须对记账凭证的内容进行审核，审核的内容主要有：

(1)记账凭证所记录的经济业务是否合理合法。

(2)记账凭证所附原始凭证是否齐全，是否已经审核，其内容与记账凭证的内容是否相符。

(3)记账凭证上应借应贷的会计科目及其金额是否正确。

(4)记账凭证中各个项目是否填列齐全，有关人员的签章是否齐全。

在审核时如发现记账凭证有错误，应查明原因，由有关人员按照规定的方法予以更正。只有审核无误的记账凭证才能作为登记账簿的依据。

二、会计账簿

会计账簿是由具有一定格式又相互联结的账页组成，以会计凭证为依据，全面、连续、科学地记录和反映各种经济业务的簿籍。设置和登记账簿，对于充分发挥会计的作用具有重要意义。具体表现为：

(1)可以全面、系统地反映各项会计要素的变动情况，反映资产、权益的归属和结果。

(2)可以反映财产物资增减变化和保管、使用情况。

(3)可用以考核企业的经营成果和经济效益。

(4)可以为编制会计报表提供依据。

(一)会计账簿的内容

企业的账簿设置应根据自身的经济业务情况及对所反映的经济信息的要求而定。不同的账簿，功能不同，其构成要素也不同，但会计账簿一般应具有以下基本内容：

1. 封面要标明使用单位、账簿名称及会计年度。

2. 扉页用于记载账簿的启用日期、截止日期、页数、册次、经管账簿人员一览表、会计主管人员签章、账户目录等。

3. 账页是账簿的主体。账簿一般由几十到几百个账页联结而成，每个账页都有比较统一、事先印制好的格式，用来记录各项有关的经济业务。账页是一种由横线与竖线交织而成的表格。横线把账簿分割成许多“行”，记账时一般都是按行次顺序记录发生的每一笔经济业务；竖线把账簿分割成许多“栏”，每一栏记录一笔业务的某个要点。

（二）账簿的种类

1. 账簿按其用途分类。账簿按其用途的不同，可以分为序时账簿、分类账簿和备查账簿三种。

（1）序时账簿。序时账簿，也称为日记账，是按照经济业务发生的时间先后顺序，逐日逐笔登记经济业务的账簿。序时账簿按其记录内容的不同又可分为普通日记账和特种日记账。企业通常采用特种日记账，如设置现金日记账和银行存款日记账，以对现金和银行存款的收付业务分别进行记录。

（2）分类账簿。分类账簿是指对全部经济业务按照总分类账户和明细分类账户进行分类登记的账簿。按总分类账户分类登记的账簿叫做总分账，又称为总账。按明细分类账户登记的账簿叫做明细分类账，又称为明细账。

（3）备查账簿。备查账簿是指对某些在序时账和分类账中未能记载的事项进行补充登记，作为备查记录的一种账簿。如“租入固定资产备查簿”等。

2. 账簿按外表形式分类。账簿按外表形式可以分为订本账、活页账、卡片账三种。

（1）订本账。订本账是指在未启用前，将一定数量具有专门格式的账页装订成册，并固定编号的账簿。日记账和总分类账要求采用订本账。

（2）活页账。活页账是指账簿在使用前账页不装订在一起，记账时根据实际需要把账页装入账夹中使用，并可随时取放的账簿。在会计核算中，明细分类账一般采用活页账。

（3）卡片账。卡片账是指由具有专门格式、反映各种指标和内容的卡片组成，存放在卡片箱中保管使用的账簿。这类账簿适用于财产物资等明细分类核算的需要。“固定资产”“低值易耗品”等明细分类账一般采用卡片账。

（三）账簿的登记规则

为了做好记账工作，保证核算质量，必须切实做到登记及时、内容完整、数字准确、摘要清楚、书写工整，不漏记、错记、重记账项。

1. 账簿的启用和更换

（1）账簿的启用。为了保证账簿记录的合法性和完整性，明确记账责任和便于查找账簿资料，在启用账簿时应在“账簿启用表”内逐项填写清楚，并加盖单位公章及会计经办人员印章。记账人员接管、移交时，应在“交接记录栏”中做好记录并签章，并由主管人员监交，办好交接手续。分类账一经启用，应编制账户目录，按账户编号顺序排列，账户名称应使用全称，不得简化。订本式账簿有固定页码，使用时每个账户应估计预留空白账页。如须跳页使用，应在该账页最末一行注明“过入第××页”字样，并在新账页第一行注明“承第××页”字样，不得撕毁账页。活页账簿一般没有固定编号，可以根据实际情况进行账户编号和分页次，年度终了装订成册，归档保管。启用账簿前，还应把上年度各账户的年末余额转记到新账各账户的第一页，对上年末各账户余额栏的数据要填写齐全，并在摘要栏注明“上年结转”字样。为了翻阅方便，可在常用账户的第一页的右侧加贴耳形小卡，按鱼鳞式参差粘贴。

（2）账簿的更换。一般账簿应每个会计年度更换一次，将旧账簿分类编号归档，切忌随意将部分账簿跨年度使用，造成归档及日后查阅困难。

“固定资产”“低值易耗品”等可采用专门格式的登记账簿或卡片账。这种明细账簿因变动较少，可以连续使用。

2. 账簿的登记规则

（1）根据审核无误的记账凭证及其所附的原始凭证记账。

（2）为了保证记录清晰，便于日后查阅，记账要用碳素墨水或蓝黑墨水笔书写。除必要复写外，不得使用铅笔和圆珠笔。红墨水仅限于冲账、改错或划线以及多栏式账页中登记相反方向金额时使用。

（3）账簿记载的内容必须齐全、正确。每笔账都要记明日期、凭证编号、摘要和金额。

（4）记账必须及时，不得拖欠和积压。

（5）记账时保持整洁，文字、数字书写要端正清楚，排列整齐。摘要文字应紧靠左线，数字书写在金额栏内，不得越格错位，并保证自左向右倾斜60°角度，没有金额线的，数字的位置应对齐，并加小数点；文字、数字的字体大小只占一行的2/3，并紧靠底线书写。

（6）结算账簿余额，应在“借或贷”栏内写明“借”或“贷”字样。没有余额的应在“借或贷”栏内写“平”。现金日记账和银行存款日记账必须逐日结出余额。

（7）账簿必须依据编写的页次连续登记，不得隔页跳行。不慎发生隔页跳行时，应在空白处划对角红线，注明“作废”字样，并加盖记账人员印章，以示负责。

（8）账簿的转页方法。每一账页记满需继续登记时，可在该页最末一行的摘要栏注明“过次页”字样，次页第一行摘要栏注明“承上页”字样，将借、贷方发生额合计数及借方（或贷方）余额转抄，然后再根据会计凭证继续记账。

（9）订本式账簿中的账页不得任意撕毁；活页式账簿中的账页不得随便抽换。一个会计年度内不得更换账簿或用空白账簿、账页重抄。

（10）账簿记录发生错误，应根据错账的具体情况按规定的方法更正。严禁刮擦、挖补、涂改或用药水消迹。

（四）错账的更正方法

会计人员在记账发生错误时，应采用正确的方法进行更正。会计实务中，常用的更正方法有划线更正法、红字更正法和补充登记法三种。

1. 划线更正法。是指用划红线注销原有的错误，然后在错误记录的上方写上正确记录的方法。在登记账簿时，发生文字或数字差错，还有账户结错余额等，应采用划线更正法进行更正。更正时在错误的文字或数字正中划条红线，表示注销错账，然后在所划文字或数字的上方填写正确的文字或数字，并由经手人在更正处盖章，以明确责任。需要注意的是，当数字错误时，必须将整个数字全部划去重写，不得只划去错误的数字进行局部更正。

2. 红字更正法。又称红字冲账法，是指用红字冲销或冲减原有的错误记录，以更正或调整记账错误的方法，在登记账簿时，发现记账凭证上会计科目用错，应采用红字更正法更正。更正时先填制一张内容与错误记账凭证完全相同但金额是红字的记账凭证，以冲销原来的错账，再填制一张正确的记账凭证，据以重新登记账簿。如果发现记账凭证上的会计科目并无错误，仅仅是所记金额大于应记金额，更正时，可将多记金额用红字填制一张与原来的会计科目相同的记账凭证，以冲销原来多记的金额。

3. 补充登记法。在登记账簿后，发现记账凭证上应用的会计科目正确，但是所记金额小于应记金额，应采用补充登记法更正。更正时可将少记的金额填制一张与原来会计科目相同的记账凭证，以补充原来少记的金额。

（五）对账与结账

对账是指在结账以前，将账簿记录进行核对，通过对账保证提供真实、准确的会计信息。对账内容包括账证核对、账账核对和账实核对。

1. 账证核对。是指将各种账簿记录与记账凭证及其所附的原始凭证进行核对，账证核对是日常核算的基础工作，也是检查账证不符原因的手段之一。通过账证核对，达到账证相符。

2. 账账核对。是指将各种账簿之间相关的记录进行核对。核对的内容有：总分类账中各账户的本期借方发生额合计数和贷方发生额合计数，期末借方余额合计数和贷方余额合计数，应分别核对相符。在实际工作中，通常是通过编制“总账本期发生额及余额对照表”进行核对；总分类账中各账户期末余额应与现金、银行存款日记账和各明细分类账的期末余额分别核对；会计部门各种财产物资明细分类账期末余额应与财产物资保管和使用部门的有关物资明细分类账期末余额核对相符。

3. 账实核对。是指将各种财产物资的账面余额与实存数额进行核对，做到账实相符。主要内容包括：现金日记账的账面结存数应每天与库存现金的实存数核对；银行存款日记账的收入、付出和结存数，应定期和开户银行的对账单核对相符；各种债权、债务明细分类账、账面余额应定期与有关债务、债权单位的账面余额核对相符；各种财产物资的账面余额应定期与实存数核对相符。账实核对工作一般是经过财产清查来进行的。

结账是指按照规定把一定时期（月份、季度、年度）内所发生的经济业务登记入账，并将各种账簿结算清楚，以便进一步根据账簿记录编制会计报表。另外，企业因撤销、合并而办理账务交接时，也需要办理结账。结账工作包括以下内容：

1. 将本期内所发生的经济业务全部记入有关账簿，既不能提前结账，也不能将本期发生的业务延至下期登账。

2. 按照权责发生制原则调整和结转有关账项。本期内所有的转账业务，应编成记账凭证记入有关账簿，以调整账簿记录。

3. 计算、登记本期发生额和期末余额。在本期全部经济业务都已登记入账的基础上，应当结算现金日记账、银行存款日记账以及总分类账和明细分类账各账户的本期发生额和期末余额，并结转下期。

结转工作通常是为了总结一定时期经济活动的变化情况和结果。因此，月、季度、年度终了，一般应结出月份、季度和年度发生额，在摘要栏注明“本月合计”、“本季合计”、“本年合计”字样；在月结、季结数字上端和下端均划单红线，以示区别。合计数字本身不得以红字书写，发生额只有一笔的账户，可以不予结总。年终结账时为求各账户借方、贷方平衡，应将各账户上年结转的借方（或贷方）金额，按照原来相同的方向，填列在全年发生额合计数下一行的借方（或贷方）栏内，并在摘要栏内注明“上年结转”字样，同时将本年余款按相反方向填列在全年发生额合计下一行（借方余额应填列贷方栏），并在摘要栏内注明“上年结账”字样。然后分别在借方和贷方加总填列一行，并在摘要栏内注明“合计”字样（借方、贷方金额应相符），最后在合计数下端划两条红线，表示借方、贷方平衡和年度记录结束。

年终结账以后，总账和日记账应当更换新账册，明细账一般也应更换。有些明细账，如固定资产明细账（卡片式）等也可以连续使用，不必每年更换。

第四节　账务处理程序

账务处理程序又称会计核算组织程序或会计核算形式，是指在会计核算中，会计凭证组织、会计账簿组织、记账程序和记账方法相互组合的方式和步骤。会计账簿组织，是指会计凭证和账簿的种类、格式及内部关系；记账程序是指从填制、整理、传递会计凭证，到登记账簿、编制会计报表整个过程的工作步骤和方法。记账方法是整个核算过程中所使用的方式方法。

会计凭证、会计账簿、会计报表的种类、格式以及记账程序不同，产生了不同的账务处理程序。常用的账务处理程序主要有五种：记账凭证账务处理程序、汇总记账凭证账务处理程序、记账凭证汇总表账务处理程序、多栏式日记账账务处理程序、日记总账账务处理程序。不同记账程序的区别在于登记总分类账的依据和方法不同。我国旅游企业主要采用记账凭证账务处理程序和记账凭证汇总表账务处理程序。

一、记账凭证账务处理程序

记账凭证账务处理程序是一种基本的记账程序，其特点是直接根据记账凭证登记总分类账。记账凭证账务处理程序的核算步骤如下：

1. 根据原始凭证或原始凭证汇总表填制记账凭证。
2. 根据记账凭证及其所附的原始凭证逐笔登记日记账和明细分类账。
3. 根据记账凭证逐笔登记总分类账。
4. 日记账和明细分类账的余额应定期与总分类账有关账户的余额核对相符。
5. 期末根据总分类账和明细分类账编制会计报表。

记账凭证账务处理程序的优点是账务处理程序清楚，简明易懂；缺点是登记总分类账的工作量较繁重。它适用于规模小、业务量少且简单的企业。

二、记账凭证汇总表账务处理程序

记账凭证汇总表账务处理程序的特点是根据记账凭证中相同会计科目，定期汇总编制科目汇总表，然后据以登记总分类账。其核算步骤如下：

1. 根据原始凭证编制原始凭证汇总表。
2. 根据原始凭证或原始凭证汇总表填制记账凭证。
3. 根据记账凭证及所附的原始凭证逐笔登记日记账和明细分类账。
4. 根据记账凭证编制科目汇总表。
5. 根据科目汇总表登记总分类账。
6. 日记账和明细分类账的余额应定期与总分类账有关账户的余额核对相符。
7. 期末根据总分类账和明细分类账编制会计报表。

科目汇总表账务处理程序的优点是能够简化总分类账的登记工作，并可进行本期发生额的试算平衡；其缺点是科目汇总表和总分类账反映不出账户对应关系，不便于分析经济业务的来龙去脉，也不便于查对账目。科目汇总表适用于规模较大、业务量多的企业。

☆ 思考与练习

1. 什么是会计要素？会计的基本要素包括哪些项目？
2. 会计基本等式“资产 = 负债 + 所有者权益”之间有何联系？
3. 会计科目和账户的概念分别是什么？二者之间有何区别与联系？
4. 什么是复式记账？
5. 简述借贷记账法的记账规则。
6. 简述记账凭证的填制要求。
7. 总分类账和明细分类账的关系是什么？如何进行登记？
8. 简述对账的主要内容。

第三章　流动资产

本章主要内容

- 货币资金
- 应收及预付款项
- 交易性金融资产
- 酒店存货业务

第一节　货币资金

货币资金是指企业所拥有的处于货币形态的经营资金，是企业流动资产的重要组成部分。主要包括库存现金、银行存款和其他货币资金等部分。

在流动资产中，货币资金最大的特点是具有很强的流动性，可以随时用来支付各项费用和清偿各种债务，能够直接转化为其他任何资产形态，并且反映企业现实购买力水平。在正常的生产经营过程中，旅游企业为采购货物、支付工资及利息、对外投资等都必须要拥有一定数量的货币资金，而其他货币性资产如短期有价证券投资、应收账款等要作为支付和清偿债务手段，均需先转化为货币资金。

一、库存现金

库存现金是指存放在旅游企业财务部门，由出纳员经管的货币。包括人民币现金和外币现金，其用途是支付日常零星需要。旅游企业作为服务性企业，其现金收支具有收支频繁、额度不定、时间不定的特点，发生差错和舞弊的可能性较大，因此，旅游企业必须依据国务院颁发的《现金管理暂行条例》，加强现金管理。

（一）库存现金的管理

1. 库存现金支付范围的规定。《现金管理暂行条例》规定可以直接用现金支付的有：职工工资、奖金、福利、津贴、退休职工的退休金、医药费等；出差人员必须随身携带的差旅费；各收银台向客人找零的现金；酒店向农户个人收购农副产品和其他物资的款项；结算起点（人民币 1 000 元）以下的零星支出。除此之外的支出，都必须通过银行转账结算。

2. 库存现金限额的规定。为保证现金的安全，企业必须按限额留存现金，限额由开户银行根据企业 3 ~5 天的日常零星需要量确定，距开户银行较远或交通不便的，可放宽限额，但不超过 15 天的日常零星需要量。

3. 现金收入与支出的规定。企业的现金收入应于当日存入银行，当日送存确有困难的，由开户银行确定送存时间；支付现金，可从库存现金中支付或从开户银行提取后支付，但不能从本单位的现金收入中直接支付，即不得“坐支”现金，特殊需要坐支的，须经有关部门审批；从银行提取现金，应如实写清现金用途，加盖预留银行印鉴由本企业财务负责人签字盖章，并经开户银行审批后支付。

（二）库存现金的核算

按规定，旅游企业现金收付业务的入账数额应以实际收入和付出的现金数额进行确认和记录。现金收付业务的核算主要包括库存现金的序时核算和总分类核算。

1. 库存现金的序时核算

旅游企业的现金序时核算是通过设置“现金日记账”进行的。现金日记账是记录和反映现金收支及其结存情况的账簿，一般采用“借、贷、余”三栏式账页。现金日记账由出纳员根据现金收款凭证和现金付款凭证，按照经济业务发生的时间顺序逐日逐笔登记。每日终了，应当计算当日的现金收入合计、支出合计并结出余额，同时将账面现金余额与实际库存现金数额核对，做到账款相符。三栏式现金日记账的格式如表 3－1。

表 3－1　　库存现金日记账

第 1 页

2009 年		凭证号数	摘 要	对方账户	收入	支出	结余
月	日						
1	1		上年结余				850
	1	银付 1	提现金	银行存款	3 000		
	1	现收 1	出售材料	主营业务收入	785		
	1	现付 1	王路借差旅费	其他应收款		1 600	
	1	现付 2	支付办公用品费	管理费用		500	
1	1		本日合计		3 785	2 100	2 535

2. 库存现金的总分类核算

库存现金的总分类核算是通过设置“库存现金”总分类账户进行的。“库存现金”账户属于资产类账户，该账户的借方登记现金的增加数，贷方登记现金的减少数，期末余额在借方，表示企业库存现金的实有数额。

[例 3－1]某旅游企业开出现金支票一张，从银行提取现金 1 500 元备用。应作会计分录如下：

借：库存现金　　1 500

　贷：银行存款　　1 500

[例 3－2]旅行社外联人员李洋外出联系业务，预借差旅费 800 元，以现金支付。应作会计分录如下：

借：其他应收款　　800

　贷：银行存款　　800

（三）库存现金的清查

每日营业终了，企业要把结出的现金日记账余额与库存现金实际数核对，做到账实相符。如果账实不符，应先通过“待处理财产损益”账户核算，“待处理财产损益”账户的借方登记盘亏额及转销的盘盈额，贷方登记盘盈额及转销的盘亏额。如为现金盘亏，属于应由责任人赔偿或由保险公司赔偿的部分，记入“其他应收款”，属于无法查明原因的部分，记入“管理费用”；如为现金盘盈，属于应支付给有关人员或单位的，记入“其他应付款”，属于无法查明原因的，记入“营业外收入”。

[例3－3]某酒店清查库存现金发现短款800元，经细查后发现该酒店出纳张灿在付给外单位款项时多付了600元，责令其赔偿，其余200元不能查清原因，作为管理费用处理。

①发现现金短缺时：

借：待处理财产损益——待处理流动资产损益　800
　贷：库存现金　800

②查清原因处理时：

借：其他应收款——张灿　600
　管理费用　200
　贷：待处理财产损益——待处理流动资产损益　800

[例3－4]某酒店清查库存现金时发现溢余1 000元，经细查后发现该酒店出纳在支付工资时少付苗新900元，其余100元，不能查清原因。

①发现溢余时：

借：库存现金　1 000
　贷：待处理财产损益——待处理流动资产损益　1 000

②查清原因处理时：

借：待处理财产损益——待处理流动资产损益　1 000
　贷：其他应付款——苗新　900
　　营业外收入　100

二、银行存款

银行存款是指企业存放在银行或其他金融机构的货币资金。按照中国人民银行的有关规定，凡是独立核算的企业和单位，都必须在当地开设银行存款账户。企业和单位开设银行存款账户以后，除按规定可以支付现金外，在经营过程中所发生的一切货币资金的收付业务都必须经过银行存款账户进行结算。

（一）银行存款的管理

（1）企业应按照中国人民银行和财政部的有关规定，在当地开设银行存款账户；企业不得违反规定开立和使用账户。

（2）除按规定留存现金外，企业所有货币资金都必须存入银行；除规定范围可以支付现金外，在经营过程中所发生的一切货币资金的收付业务都必须经过银行存款账户进行结算。

（3）企业必须严格按照银行结算制度的各项规定办理结算业务，不得签发“空头支票”和“远期支票”，不得出租出借账户，不得谎报用途套取现金。

（4）支票等银行结算票据要由专人统一保管，如有丢失应及时向银行挂失。

（5）严格企业内部控制制度，银行存款必须坚持“钱账分管”的原则。

（6）银行存款的收、付款业务必须指定专人进行，经过严格审核，确保真实无误。

（7）为防止差错，企业应对银行存款进行清查，方法是将“银行对账单”相关记录与本单位银行存款日记账逐笔进行核对，发现差错，及时查明原因，并作相应处理。

（二）银行存款的核算

1. 银行存款的序时核算

银行存款的序时核算是通过设置“银行存款日记账”进行的。银行存款日记账是记录和反映银行存款收支及其结存情况的账簿，一般采用“借、贷、余”三栏式账页。银行存款日记账由出纳员根据银行存款收款凭证和银行存款付款凭证，按照经济业务发生的时间顺序逐日逐笔登记。每日终了，应当计算当日的银行存款收入合计、支出合计并结出余额，月末与银行转来的“银行对账单”核对相符。三栏式银行存款日记账的格式和登记方法，如表 3－2 所示。

表 3－2　　银行存款日记账

第 1 页

2009 年		凭证号数	摘 要	对方账户	收入	支出	结余
月	日						
3	1		月初结余				50 000
	5	银收 1	借入款项	银行存款	40 000		90 000
	8	银收 1	客房业务收入	主营业务收入	93 600		183 600
	15	银付 1	购买原材料	原材料		35 100	148 500
	18	银付 2	归还欠款	应付账款		10 000	138 500
	23	银收 3	收回欠款	应收账款	25 000		163 500
	30	银付 3	支付广告费	销售费用		5 000	158 500
3	31		本月合计		158 600	50 100	158 500

（2）银行存款的总分类核算

旅游企业银行存款的总分类核算是通过设置“银行存款”总分类账户进行的。“银行存款”账户属于资产类账户，该账户的借方登记银行存款的增加数，贷方登记银行存款的减少数，余额在借方，表示企业一定时日存放在银行的款项的实有数额。

根据现金管理制度和结算纪律的要求，每个旅游企业都必须在其所在地的银行开设账户办理款项的结算。旅游企业除留存少量现金以备导游购买门票、支付餐费等日常零星开支外，其余现金都应存入银行。旅游企业发生的各种结算款项，除结算金额起点以下的零星支付可以使用现金外，都必须通过银行转账结算。

银行转账结算是指旅游企业不直接采用现金，而通过银行划拨转账进行货币资金收付的结算方式。根据现行的银行结算办法，不同转账结算方式的账务处理要求也不相同。

需要通过“银行存款”总分类账户核算的有支票、商业汇票、汇兑、委托收款、托收承付等结算方式。

（1）支票结算方式的核算

支票结算方式是指旅游企业使用支票进行款项结算的一种方式。支票是出票人签发的，委托办理支票存款业务的银行在见票时无条件支付确定的金额给持票人或收款人的票据，分为现金支票和转账支票两种。现金支票可以用于支取现金，也可以用于转账；转账支票只能用于转账，不能支取现金。

企业签发现金支票提取现金时，必须在支票联背面背书签章后才能据以向开户银行提取现金，并留下存根联，据以编制记账凭证。

企业对外提供劳务或销售商品收到转账支票时，应填制“进账单”一式两联，连同支票一并解存银行；收到银行的"进账单通知联"，作为编制记账凭证的依据。

[例3－5]民族大酒店商场部销售A商品一批，售价50 000元，增值税8 500元，收到等额转账支票一张，存入银行。应作会计分录如下：

借：银行存款　　58 500
　贷：主营业务收入　　50 000
　　应交税费——应交增值税（销项税额）　　8 500

（2）商业汇票结算方式的核算

商业汇票结算方式是指使用商业汇票进行款项结算的一种方式。商业汇票是收款人或付款人（或承兑申请人）签发，由承兑人承兑，并于到期日向收款人或被背书人支付款项的票据。按承兑人的不同，商业汇票可分为商业承兑汇票和银行承兑汇票。

[例3－6]某旅游企业2009年4月15日开出面值117 000元、于2009年5月15日到期的商业汇票一张用于采购货物。

①购入货物时作以下分录：

借：物料用品　　117 000
　贷：应付票据　　117 000

②到期付款时作以下分录：

借：应付票据　　117 000
　贷：银行存款　　117 000

（3）汇兑结算方式的核算

汇兑结算方式是汇款人委托银行将款项汇给外地收款人的一种结算方式。汇兑分为信汇和电汇两种。信汇是指汇款人委托银行通过邮寄方式将款项划拨给收款人；电汇是指汇款人委托银行通过电报方式将款项划拨给收款人。

采用汇兑结算方式，付款企业填写银行印发的汇款凭证，列明收款单位名称、汇款金额及汇款用途等内容，送达开户银行，委托银行将款项汇往收汇银行。收汇银行将款项收进收款单位存款账户后，向收款单位发出收款通知。收款单位在收到银行的收款通知时，据以编制收款凭证。付款单位应根据取回的汇款凭证回单联，编制付款凭证。

[例3－7]徐州某旅行社向北京某饭店订房用于旅游团队，填制信汇结算凭证，汇出预付金额40 000元。应作会计分录如下：

借：预付账款——北京某饭店　　40 000
　贷：银行存款　　40 000

北京某饭店收到开户银行的收款通知时，应作会计分录如下：

借：银行存款　　40 000
　贷：预收账款——徐州某旅行社　　40 000

（4）委托收款结算方式的核算

委托收款结算方式是收款人委托银行向付款人收取款项的一种结算方式。

收款单位委托其开户银行收款时，应填写银行印制的委托收款凭证和有关的债务证明。收款单位的开户银行受理委托收款后，将委托收款凭证寄交付款单位开户银行，由付款单位开户银行审核并通知付款单位。付款单位收到开户银行交来的委托收款凭证及债务证明，经确认后通知银行付款。

收款单位凭有关凭证办妥手续后，编制记账凭证，借记“应收账款”账户，贷记“主营业务收入”、“应交税费——应交增值税”等账户；当收到开户银行转来的收款通知时，编制记账凭证，借记“银行存款”账户，贷记“应收账款”账户。付款单位在审查债务证明及有关凭证，确认承付后，编制记账凭证，借记“材料采购”等账户，贷记“应付账款”账户；当接到开户银行转来的款项已付通知时，编制记账凭证，借记“应付账款”账户，贷记“银行存款”账户。

(5)托收承付结算方式的核算

托收承付是根据购销合同由收款人发货后委托银行向异地付款人收取款项，由付款人向银行承认付款的结算方式。办理托收承付结算的款项，必须是商品交易，以及因商品交易而产生的劳务供应的款项。代销、寄销、赊销商品的款项，不得办理托收承付结算。

收款单位对于托收款项，根据银行的收款通知和有关的原始凭证，编制收款凭证，借记“银行存款”账户，贷记“应收账款”等账户；付款单位对于承付的款项，应于承付时根据托收承付结算凭证的承付支款通知和有关发票等原始凭证，编制付款凭证，借记“材料采购”、“应交税费——应交增值税”等账户，贷记“银行存款”账户。

(三)银行存款清查的核算

银行存款清查的基本方法是核对法，它是旅游企业将开户银行转来的对账单与本企业银行存款日记账的账面余额相核对，以查明账实是否相符的方法。这种核对一般每月一次，在核对时可先核对双方的余额，若相符，则说明一般无错误；若不相符，则应将双方的经济业务进行逐笔核对，以查明原因。

除登记账簿、记录、计算出现差错外，银行存款账实不符一般是由于存在未达账项所引起的。所谓未达账项是指开户银行与本企业之间，对于同一笔款项的收付业务，由于一方已登记入账，另一方因未接到有关凭证而尚未入账的款项。出现未达账项主要有以下四种情况：

(1)企业取得了收款的有关结算凭证，并已登记入账，但未到银行办理转账手续。

(2)企业已开出支票，并已登记入账，而银行未接到有关付款凭证，尚未办理转账手续。

(3)企业委托银行代收款项或银行付给企业存款利息，银行已登记入账，而企业未接到有关收款凭证，尚未入账。

(4)企业委托银行代付款项或银行直接从企业存款账户扣收贷款本息，银行已登记入账，而企业未接到有关付款凭证，尚未入账。

为了查明旅游企业银行存款的实际金额，必须将银行的对账单与企业的银行存款日记账进行逐笔核对，发现错账应及时更正；对于未达账项则在查明后通过编制“银行存款余额调节表”来进行调节。调节方法是以双方账面余额为基础，各自分别加上对方已收款入账己方尚未入账的数额，减去对方已付款入账而己方尚未入账的数额，即：

$$\begin{matrix}\text{企业银行}\\\text{存款日记账}\\\text{余额}\end{matrix}+\begin{matrix}\text{银行已收}\\\text{企业未收}\\\text{金额}\end{matrix}-\begin{matrix}\text{银行已付}\\\text{企业未付}\\\text{金额}\end{matrix}=\begin{matrix}\text{银行}\\\text{对账单}\\\text{余额}\end{matrix}+\begin{matrix}\text{企业已收}\\\text{银行未收}\\\text{金额}\end{matrix}-\begin{matrix}\text{企业已付}\\\text{银行未付}\\\text{金额}\end{matrix}$$

现举例说明“银行存款余额调节表”的编制方法。

[**例3-8**]某旅行社2009年10月31日银行存款日记账余额是30 000元，银行转来的对账单余额是35 000元。经逐笔核对后，发现存在下列未达账项：

(1)27日企业开出转账支票金额5 000元，持票人尚未到银行办理支取手续；

(2)30日企业收到金额为10 000元的转账支票一张，尚未到银行办理转账手续；

(3)31 日外单位承付的团款 12 000 元，银行已经收款入账，但企业尚未收到银行收款凭证；

(4)31 日电信局委托银行代收电话费 2 000 元，银行已从企业存款账户中转出，但企业尚未收到银行的付款凭证。

根据上述查明的情况，编制"银行存款余额调节表"，如表 3－3 所示。

表 3－3 银行存款余额调节表

(企业名称) 2009 年 10 月 31 日 单位:元

项 目	金 额	项 目	金 额
企业银行存款日记账余额	30 000	银行对账单余额	35 000
加:银行已收款入账，企业未入账的金额	12 000	加:企业已收款入账，银行未入账的金额	10 000
减:银行已付款入账，企业未入账的金额	2 000	减:企业已付款入账，银行未入账的金额	5 000
调节后的银行存款日记账余额	40 000	调节后的银行对账单余额	40 000

若调节后的双方余额相等，说明双方账簿记录基本正确。如果调节后的双方余额不等，说明银行或企业的账簿记录、计算有错误，应进一步查明原因，予以更正。

须注意的是:"银行存款余额调节表"不是记账的依据，旅游企业的会计人员在编制"银行存款余额调节表"时，只需查明账实是否相符，并不需要对存在的未达账项在账簿中进行调整。对于银行已经记账而企业尚未入账的未达账项，应待以后收到有关凭证后再作账务处理。但对于时差较大的未达账项，应查阅有关凭证和账簿记录，必要时与开户银行取得联系，查明原因，及时解决。

三、旅游企业其他货币资金的核算

其他货币资金是指旅游企业除库存现金、银行存款以外的其他各种货币资金。主要包括外埠存款、银行汇票存款、银行本票存款、信用证保证金存款、信用卡存款和在途货币资金等。

为了核算和监督其他货币资金的收入、支出和结存情况，旅游企业应设置"其他货币资金"总分类账户，进行总分类核算。该账户属于资产类账户，其借方登记其他货币资金的增加数，贷方登记其他货币资金的减少数，余额在借方，表示其他货币资金的结存数额。该账户应按其他货币资金的种类设置明细分类账户，进行明细分类核算。

(一)外埠存款的核算

外埠存款是指旅游企业为了到外地进行临时或零星采购而汇往采购地所开立的采购专户的款项。旅游企业将款项汇往外地时，应填写汇款委托书，委托开户银行办理汇款。汇入地银行以汇款单位的名义开立临时采购账户。该存款账户不计利息，只付不收，付完清户。采购结束，仍有余款，则将结余的外埠存款转回当地开户银行。外埠存款除了采购人员可以提取少量现金外，一律采用转账结算。

[例 3－9]徐州某宾馆委托开户银行将 10 000 元汇至工商银行上海某支行开设临时存款账户。应作会计分录如下：

借:其他货币资金——外埠存款 10 000

贷:银行存款　　　　　　　　　　　　　　10 000

[例 3－10]某旅行社采购员交回购买甲材料的发票 8 000 元，增值税 1 360 元，甲材料尚未运到，多余的外埠存款 640 元转回当地开户银行。应作会计分录如下：

借:材料采购——甲材料　　　　　　9 360
　银行存款　　　　　　　　　　　　640
　贷:其他货币资金——外埠存款　　　　　10 000

(二)银行汇票存款的核算

银行汇票存款是指旅游企业为了取得银行汇票而按规定存入银行的款项。银行汇票是汇款单位将款项交存当地银行，由银行签发给其持往异地办理转账结算或支取现金的票据。汇款单位应向签发银行填写“银行汇票委托书”，开户银行受理委托收妥款项后，经审核同意签发银行汇票给汇款单位，汇款单位持汇票向异地收款单位办理支付款项的结算。如果实际结算金额未超过银行汇票票面金额，收款单位应在汇票上注明实际结算金额和多余金额，再由汇款单位开户银行将多余金额退回汇款单位。

[例 3－11]某饭店填写“银行汇票委托书”一份，向开户银行申请银行汇票一张，金额为 10 000 元，用于采购员持往外地采购设备。取得银行汇票时，应作会计分录如下：

借:其他货币资金——银行汇票　　　　10 000
　贷:银行存款　　　　　　　　　　　　10 000

(三)银行本票存款的核算

银行本票存款是指旅游企业为取得银行本票而按规定存入银行的款项。银行本票是申请人(付款人)将款项交存银行，由银行签发给其凭以在同一票据交换区域办理转账结算或支取现金的票据。银行本票存款的核算方法与银行汇票存款的核算方法基本相同。

(四)信用证保证金存款的核算

信用证保证金存款是指导旅游企业采用信用证结算方式而存入银行信用保证金专户的款项。旅游企业与境外办理结算业务时，一般采用信用证结算。采用信用证结算方式时，旅游企业应向开户银行提交“信用证委托书”，要求开户银行对境外供货单位开出信用证，凭以结算。企业如有未用完的信用保证金时，可将其余额转回开户银行。信用证保证金存款的核算方法与银行汇票存款的核算方法基本相同。

(五)信用卡存款的核算

信用卡存款是指旅游企业为取得信用卡而存入银行信用卡专户的款项。信用卡是指商业银行向企业或个人发行的、凭以向特约单位购物、消费和向银行存取现金，且具有消费信用的特别载体卡片。信用卡存款的核算方法与银行汇票存款的核算方法基本相同。

(六)在途货币资金的核算

在途货币资金是指旅游企业与所属单位之间或上下级之间的汇、解款业务中，到月末尚未到达的汇款。

[例 3－12]某旅行社收到下属单位汇款通知，汇出 5 000 元结清代垫款，月末尚未收到。应作会计分录如下：

借:其他货币资金——在途资金　　　　5 000
　贷:其他应收款　　　　　　　　　　　5 000

四、旅游企业外币业务的核算

随着全球经济一体化的发展，中国与其他国家的经贸往来日益密切，旅游企业的涉外经济业务不断增多，因此外币业务在旅游企业会计核算中占据了十分重要的地位。

外币业务是指以记账本位币以外的货币进行的款项收付、往来结算及计价的业务。主要包括：外币兑换业务、企业购买或销售以外币计价的商品或劳务、外币借贷业务、接受外币投资业务等。

（一）外币兑换业务包括企业将外币卖给银行或向银行购入外币的业务

[**例** 3－13]某国际旅行社4月从外币存款中支出1 000美元，兑换人民币。当日银行美元买入汇率为6.76元，卖出汇率为6.84元。有关计算如下：

企业实际兑得数（银行存款增加数）＝1 000×6.76＝6 760（元）

企业美元户减少数（按中间汇率入账）＝1 000×（6.76＋6.84）÷2＝6 800（元）

应作会计分录如下：

借：银行存款——人民币户　　6 760

　财务费用——汇兑损益　　40

　贷：银行存款——美元户　　6 800

（二）购销业务的核算

企业外币购销业务是指企业在采购原材料等物品以及销售商品时，需要用外币进行结算的业务。

[**例** 3－14]某星级酒店4月进口原材料一批，价款为5 000美元，当日美元中间汇率为6.80元。有关计算如下：

原材料价款折合人民币＝5 000×6.80＝34 000（元）

应作会计分录如下：

借：原材料　　34 000

　贷：银行存款——美元户（$5 000 ×6.80）　　34 000

[**例** 3－15]国内某国际旅行社2009年5月上旬接待国外组团社汉文化旅游团共30人，团款10 000美元，团款尚未收到，当日美元中间汇率为6.80元。有关计算如下：

团款折合人民币＝10 000×6.80＝68 000（元）

应作会计分录如下：

借：应收账款——国外组团社（美元户）　　68 000

　贷：主营业务收入　　68 000

该接待社5月中旬收到国外组团社团款10 000元，当日中间汇率为6.75元，有关计算如下：

收回国外组团社所欠团款折合人民币＝10 000×6.75＝67 500（元）

应作会计分录如下：

借：银行存款——美元户　　67 500

　贷：应收账款——国外组团社（美元户）　　67 500

期末美元中间汇率6.75元，对“应收账款”账户的汇兑损益进行调整，应作会计分录如下：

借：财务费用——汇兑损益　　500

　贷：应收账款——国外组团社（美元户）　　500

（三）借款业务的核算

[例3-16]某酒店3月向银行借入美元10 000元，当日中间汇率为6.80元。有关计算如下：

借款折合人民币 = 10 000 × 6.80 = 68 000（元）

应作会计分录如下：

借：银行存款——美元户（$1 000 × 6.80）　68 000

　贷：短期借款——美元户　68 000

该酒店于4月10日归还这笔借款，当天美元汇率为6.85元，有关计算如下：

归还款项折合人民币 = 10 000 × 6.85 = 68 500（元）

应作会计分录如下：

借：短期借款——美元户　68 500

　贷：银行存款——美元户　68 500

期末中间汇率为6.85元，对"短期借款"账户的汇兑损益进行调整，应作会计分录如下：

借：财务费用——汇兑损益　500

　贷：短期借款——美元户　500

（四）接受外币投资业务核算

旅游企业接受外币投资时，按实际收到的外币款项时的市场汇率核算资产账户的入账价值；按合同规定的汇率核算实收资本账户的入账价值，其差额记入"资本公积"账户，对合同中没有规定汇率的，按实际收到出资额时的市场汇率核算。

[例3-17]2009年8月某酒店接受外商投资200 000美元，合同规定汇率为6.70元，当时市场汇率为6.80元。有关计算如下：

企业银行存款增加额 = 200 000 × 6.80 = 1 360 000（元）

企业实际资本增加额 = 200 000 × 6.70 = 1 340 000（元）

应作会计分录如下：

借：银行存款——美元户　1 360 000

　贷：实收资本　1 340 000

　　资本公积——外币资本折算差额　20 000

[例3-18]某酒店接受外商投资25万美元，其中机器设备10万美元，现汇15万美元，当时美元汇率为6.80元，无合同约定汇率。有关计算如下：

企业接受机器设备折合人民币 = 100 000 × 6.80 = 680 000（元）

企业接受美元现汇折合人民币 = 150 000 × 6.80 = 1 020 000（元）

应作会计分录如下：

借：固定资产　680 000

　银行存款——美元户　1 020 000

　贷：实收资本　1 700 000

（五）汇兑损益的核算

汇兑损益是指因汇率的变动而使相同单位的外币折合成记账本位币时金额上产生的差额。在上面的例题中也涉及了有关汇兑损益的问题。产生汇兑损益的原因很多，主要有：企业发生兑换业务时实际采用的外汇买入价或卖出价与企业采用的记账汇率不同，而导致的折合成记账本位币之间的差额；一笔外币业务因兑换的汇率依据改变，而导致的折合成记账本位币的差额。

汇兑损益的会计处理主要有以下几种情况：

(1)在企业筹建期间发生的汇兑损益，在"递延资产——开办费"账户核算。

(2)在企业生产经营期间发生的汇兑损益，在"财务费用"账户核算。

(3)与购进固定资产直接相关的汇兑损益，予以资本化，计入固定资产价值。

(4)接受外币投资时因当时汇率与约定汇率不同而产生的汇兑损益，在"资本公积"账户核算。

[例3-19]某饭店需要进口商品而向中国银行购买1 000美元，当日美元中间汇率为6.70元，银行美元卖出汇率为6.80元。企业实付人民币6 800(1 000×6.80)元。

该项经济业务是人民币兑换外币，而人民币是企业的记账本位币，不存在折算问题，应按实际兑付金额入账。美元增加多少，按当日中间汇率折算入账，从而确认汇兑损益。应作会计分录如下：

借：银行存款——美元户($1 000 ×6.70)　6 700

　　财务费用——汇兑损益　100

　贷：银行存款——人民币户　6 800

[例3-20]某旅游商品公司2009年8月上旬向广大公司销售一批货物，价值5 000美元，当时美元的汇率为6.80元。确认当时销售收入34 000(5 000×6.80)元。应作会计分录如下：

借：应收账款——广大公司(美元)　34 000

　贷：主营业务收入　34 000

某旅游商品公司2009年8月中旬收到广大公司货款，此时美元汇率上升至6.85元。此时确认货款34 250($5 000 ×6.85)元。应作会计分录如下：

借：银行存款——美元户($5 000 ×6.85)　34 250

　贷：应收账款——广大公司(美元)　34 250

该项经济业务属于交易业务，月末，对"应收账款"账户的汇兑损益进行调整，应作会计分录如下：

借：应收账款——广大公司(美元)　250

　贷：财务费用——汇兑损益　250

以上所举外币业务的核算，均采用逐日结算法，它是在现行汇率制下，对企业外币业务采用业务发生当日的汇率入账的一种方法。采用这种方法，每笔会计分录的借贷方均采用当日汇率记账，无须分别注销原有外币账户的账面汇率，除兑换业务外，平时不确认汇兑损益，到月末应将所有外币存款及债权、债务账户按月末汇率确认其汇兑损益，并进行调整。这种方法适用于外币业务较少的企业。

外币业务较多的企业，可采用月终调整法，它是在现行汇率制下，对每笔外汇业务的发生，均采用业务发生当月1日的汇率入账。每笔会计分录借贷方均采用此月内统一的汇率记账，也无须分别注销原有外币账户的账面汇率，除兑换业务外，平时不确认汇兑损益，到月末将所有外币存款户和所有外币债权、债务账户按月末汇率调整，确认其全月的汇兑损益。

第二节 应收及预付款项

应收及预付款项是旅游企业进行信用交易而形成的债权（即发生延期收回款项和预先支付款项）。应收款项包括应收票据、应收账款和其他应收款。预付款项指企业按合同规定预付的款项。

在旅游企业的经营中，发生应收款项的情况比较多。特别是旅游酒店，客人消费时一般是先签单，等办理退房手续时才结清账款；为了提高客房出租率，对信用较好的客户，一般都会提供赊账服务；因此旅游企业必须加强对应收和预付款项的日常管理和核算，防止漏账及坏账损失。

一、应收票据

（一）应收票据概述

应收票据是指旅游企业因销售商品、产品、提供劳务等而收到的商业汇票。商业汇票按承兑人不同，分为商业承兑汇票和银行承兑汇票。按是否带息，可分为带息应收票据和不带息应收票据。

（二）应收票据的核算

为了反映和监督应收票据的发生和收回情况，企业应设置"应收票据"账户。该账户属于资产类账户，应收票据的借方登记取得的票据面值，贷方登记到期收回票款或到期前转让（或贴现）的票据的票面余额，期末余额在借方，反映企业持有的商业票据的票面金额。在"应收票据"总账下，按开出、承兑商业汇票的单位进行明细核算。

1. 不带息应收票据的核算

不带息应收票据的到期价值等于应收票据的面值。企业收到应收票据时，按应收票据的票面金额，借记"应收票据"账户，按实现的营业收入或抵偿应收账款的金额，贷记"主营业务收入"、"应收账款"等账户。应收票据到期收回款项时，按票面金额，借记"银行存款"账户，贷记"应收票据"账户。

[例3－21]2009年1月10日，南郊宾馆完成了上海国旅委托的旅游接待服务任务，收到签发的不带息商业承兑汇票一张，票面金额12 000元，期限6个月。

收到商业承兑汇票时，作会计分录如下：

借：应收票据——国旅　　12 000

　　贷：主营业务收入　　12 000

6个月后，宾馆收回欠款，全部存入银行，作会计分录如下：

借：银行存款　　12 000

　　贷：应收票据——国旅　　12 000

2. 带息应收票据的核算

对于带息应收票据的核算，应于期末，按应收票据的票面价值和票面利率计算票据利息，并增加应收票据的账面余额，同时冲减财务费用，即借记"应收票据"账户，贷记"财务费用"账户。

票据利息的计算公式为：

应收票据利息 = 应收票据票面金额 × 票面利率 × 票据期限

式中，“票面利率”一般指年利率；“期限”指签发日至到期日的时间间隔（即有效期）。票面期限一般以“月”或“日”表示，在实务中，为了计算方便，常把一年定为360天。

带息应收票据到期收回款项时，按收到的本息，借记“银行存款”账户，按账面余额，贷记“应收票据”账户，按其差额，贷记“财务费用”账户。

［例3－22］2009年9月1日，某旅行社承接新华学校委托组织其职工三日游项目，新华学校签发6个月期商业承兑汇票一张，金额为15 000元，票面利率为10%，旅行社履约完成了合同。

收到票据时，作会计分录如下：

借：应收票据——新华学校	15 000	
贷：主营业务收入		15 000

年度终了，计提票据利息（2009年9月1日到2009年12月31日）：

应提票据利息 = 15 000 × 10% × 4/12 = 500（元）

作会计分录如下：

借：应收票据——新华学校	500	
贷：财务费用		500

票据到期收回款项：

借：银行存款	15 750	
贷：应收票据——新华学校		15 500
财务费用		250

3. 应收票据贴现

所谓贴现，是指持票人将未到期的应收票据背书后交给银行，银行受理后，从票据到期值中扣除按银行贴现率计算的贴现利息，然后将余额付给持票人。

企业持未到期的应收票据向银行贴现，应按实际收到的金额（即减去贴现息后的净额），借记“银行存款”账户，按贴现息部分，借记“财务费用”等账户，按商业汇票的票面金额，贷记“应收票据”账户。如为带息应收票据，按实际收到的金额借记“银行存款”账户，按应收票据账面金额贷记“应收票据”账户，按其差额，借记或贷记“财务费用”账户。

贴现的商业承兑汇票到期，因承兑人的银行存款账户不足支付，申请贴现的企业收到银行退回的商业承兑汇票时，按商业汇票的票面金额，借记“应收账款”账户，贷记“银行存款”账户。如为带息票据，应按所付票据本息转作应收账款，借记“应收账款”账户，贷记“银行存款”账户。

申请贴现企业的银行存款账户余额不足，银行作逾期贷款处理，借记“应收账款”账户，贷记“短期借款”账户。

票据贴现有关计算公式如下：

票据到期价值 = 票据面值 ×（1 + 票面利率 × 票据到期天数/360），或

票据到期价值 = 票据面值 ×（1 + 票面利率 × 票据到期月数/12）

贴现息 = 票据到期值 × 贴现率 × 贴现天数/360

贴现期限（天数）= 贴现日至票据到期日实际天数 － 1

贴现所得金额 = 票据到期价值 － 贴现息

[例3-23]原野旅行社将持有的光明公司2009年4月25日开出的、期限6个月，票面利率8%，票面金额20 000元的带息商业承兑汇票一张，于2009年7月2日向开户银行申请贴现，银行贴现率为10%。

该商业承兑汇票到期日为10月25日，

到期值 = 20 000 ×（1 + 8% ×6/12）= 20 800（元）

贴现天数 =（30 + 31 + 30 + 25）- 1 = 115（天）

贴现息 = 20 800 × 10% ÷ 360 × 115 = 664.44（元）

贴现所得金额 = 20 800 - 664.44 = 20 135.56（元）

作会计分录如下：

借：银行存款	20 135.56	
贷：财务费用		135.56
应收票据——光明公司		20 000

二、应收账款

（一）应收账款概述

应收账款是指旅游企业因销售商品、产品或提供劳务等，应向购货单位或接受劳务单位收取的款项（包括代垫的运杂费、包装费等）。

应收账款应当按实际发生额记账，即旅游企业因销售商品或提供劳务、服务时应按买卖双方在成交时的实际金额记录。

（二）应收账款的核算

为了反映和监督应收账款的发生和收回情况，企业应设置“应收账款”账户。该账户属于资产类账户，借方登记应收账款的增加，贷方登记应收账款的收回及确认的坏账损失，期末余额一般在借方，反映尚未收回的应收款金额。在“应收账款”总账下，应按照债务人设置明细分类账，进行明细分类核算。

企业发生应收账款时，按应向购货单位或接受劳务单位收到的金额，借记“应收账款”，按实现的营业收入，贷记“主营业务收入”账户，按代购货单位垫付的包装费、运杂费金额，贷记“银行存款”等账户。收到应收账款时，借记“银行存款”账户，贷记“应收账款”账户。

[例3-24]2009年5月1日，中山饭店承办大兴公司酒席，获得收入16 800元，款项尚未收到。编制会计分录如下：

借：应收账款——大兴公司	16 800	
贷：主营业务收入		16 800

5月10日，收到大兴公司交来的转账支票14 800元结算所欠款项，存入银行。作会计分录如下：

借：银行存款	16 800	
贷：应收账款——大兴公司		16 800

（三）坏账及坏账损失的核算

1. 坏账及其确认

坏账是指企业无法收回或收回的可能性很小的应收款项，由于发生坏账而产生的损失，称为坏账损失。

旅游企业由于多数情况是提供劳务在先，收款在后，因此应收款较多，又由于面对的客户复杂，既有团体客人，又有大量的散客，应收款项具有笔数多、金额大小不一、信用期限不一、债务人情况不一等特点，所以，旅游企业应根据谨慎性原则要求，于期末对应收款项进行全面检查，预计可能发生的坏账损失，计提坏账准备。

一般而言，企业应收款项符合下列条件之一的，应该被确认为坏账。

(1)因债务人破产，以其破产财产偿债后，仍不能收回。

(2)因债务人死亡，以其遗产偿债后，仍无法收回。

(3)因债务人撤销、资不抵债或现金流量严重不足，确实不能收回。

(4)因发生严重的自然灾害等导致债务单位停产而在短时间内无法偿付债务，确实无法收回。

(5)因债务人逾期未履行偿债义务超过三年，经核查确实无法收回。

2. 坏账损失的会计处理

我国坏账的核算采用"备抵法"。所谓备抵法即在实际发生坏账损失之前，按期估计坏账损失，并记入资产减值损失，同时形成坏账准备，当某一应收款项全部或部分被确认为坏账时，应根据其金额冲减坏账准备金，同时转销相应的应收款项。

采用备抵法核算企业坏账损失，应设置"坏账准备"账户，核算坏账准备计提、转销情况。"坏账准备"账户的贷方登记当期计提的坏账准备金额，借方登记实际发生的坏账损失金额和冲减的坏账准备金。期末余额在贷方，反映已计提但尚未转销的坏账准备。

企业提取坏账准备时，若本期按应收款项计算应提坏账准备大于"坏账准备"账面余额，则按差额借记"资产减值损失——计提坏账准备"账户，贷记"坏账准备"账户；若本期按应收账款计算应提坏账准备小于"坏账准备"账面余额，则按差额冲减已提的坏账准备，借记"坏账准备"账户，贷记"资产减值损失——计提坏账准备"账户。

本期应计提的坏账准备 = 本期按应收款项计算应提坏账准备金额 -"坏账准备"科目的贷方余额(若借方余额用" + ")

对于确实无法收回的应收款项，按管理权限报经批准后作为坏账损失，转销应收款项时，借记"坏账准备"账户，贷记"应收账款"、"预付账款"、"其他应收款"等账户。已确认并转销的应收款项以后又收回的，应按实际收回的金额，借记"应收账款"、"预付账款"、"其他应收款"，贷记"坏账准备"账户。

计提坏账准备的方法一般有余额百分比法、销货百分比法、账龄分析法、个别认定法等。余额百分比法是企业根据会计期末应收款项的余额和一定比例估计坏账率，估计坏账损失额，并据此提取坏账准备的方法；账龄分析法是根据应收款项账龄长短确定不同百分比来估计坏账损失额的方法。企业可根据自身管理要求，确定一种或几种计提方法，无论采用何种方法，一经确定，不得随意变更。下面举例说明余额百分比法的核算。

[例 3 -25]中山饭店 2007 年 12 月 31 日首次采用余额百分比法计提坏账准备，坏账准备的提取率为5%。年末计提坏账准备的应收账款余额400 000 元；2008 年 4 月确认应收红星旅行社的房费 15 000 元无法收回，作坏账核销，2008 年年末，酒店应收账款余额为 520 000 元；2009 年 1 月，上年确认的坏账中有 8 000 元又收回，2009 年年末，酒店应收账款余额为 600 000 元；坏账准备的提取率保持不变。

①2007 年年末，按应收账款余额计算应提坏账准备金额 = 400 000 × 5% = 20 000(元)

编制会计分录如下：

借：资产减值损失——计提坏账准备　　20 000

　贷：坏账准备　　20 000

②2008 年 4 月发生坏账 15 000 元时，转销应收账款，同时冲销坏账准备金，作会计分录如下：

借：坏账准备　　15 000

　贷：应收账款——红星旅行社　　15 000

③2008 年末，中山饭店应计提坏账准备：

按应收账款余额计算应提坏账准备金额 = 520 000 × 5% = 26 000（元）

计提前坏账准备余额（贷方）= 20 000 − 15 000 = 5 000（元）

应计提的坏账准备 26 000 − 5 000 = 21 000（元），作会计分录如下：

借：减产减值损失——计提坏账准备　　21 000

　贷：坏账准备　　21 000

④2009 年已确认的坏账 8 000 元又收回时，作会计分录如下：

借：应收账款　　8 000

　贷：坏账准备　　8 000

同时：

借：银行存款　　8 000

　贷：应收账款　　8 000

⑤2009 年年末，酒店应计提坏账准备：

按应收账款余额计提坏账准备金额 = 600 000 × 5% = 30 000（元）

计提前坏账准备余额 = 26 000 + 8 000 = 34 000（元）

应计提的坏账准备 = 30 000 − 34 000 = −4 000（元），作会计分录如下：

借：坏账准备　　4 000

　贷：资产减值损失——计提坏账准备　　4 000

三、预付账款

（一）预付账款概述

预付账款是指企业按照购货合同或劳务合同的规定预付给供应商的款项。旅游企业经营所需的原材料、库存商品等多数可以现货购买，但是，对于某些市场供应紧张或产品价格波动大的货物，为了保证旅游企业的经营需要，或获得价格优惠，有时采用预先订购的方式，即企业与供货单位签订购货合同预先付给供货单位一定比例的货款，以取得该货物的优先购买权。预付账款按实际付出的金额入账。

（二）预付账款的核算

为反映和监督预付款项的增加、减少和结存情况，企业应设置“预付账款”账户，该账户属于资产类账户，借方登记预付金额及补付金额，贷方登记根据发票账单应付的金额及收到多付款。在“预付账款”总账下，企业应当按照供应单位设置明细分类账，进行明细分类核算。

企业因购货而预先支付款项时，借记“预付账款”账户，贷记“银行存款”等账户；收到所购物资时，按应计入购入物资成本的金额，借记“材料采购”或“原材料”、“库存商品”等账户，贷记“预付账款”账户；需补付货款时，借记“预付账款”账户，贷记“银行存款”等账户；退回多付的款项时，借记“银行存款”等账户，贷记“预付账款”账户。

[例3－26]南郊宾馆2009年3月2日因采购材料，按购货合同预付给便利粮油商店30 000元。

①预付货款时，根据付款凭证，作会计分录如下：

借:预付账款——便利粮油商店　　30 000
　贷:银行存款　　30 000

②4月11日，收到采购的材料并验收入库，实际结算材料款为32 000元。根据发票账单和入库凭证，作会计分录如下：

借:原材料　　32 000
　贷:预付账款——便利粮油商店　　32 000

③4月12日，以银行存款补付其余货款2 000元。根据付款凭证，作会计分录如下：

借:预付账款——便利粮油商店　　2 000
　贷:银行存款　　2 000

四、其他应收款

(一)其他应收款概述

其他应收款是指除应收票据、应收账款、预付账款等以外的其他各种应收、暂付款项。包括应收的各种赔款、应收的各种罚款、应收出租包装物的租金、应向职工收取的各种垫付款项、拨付给各部门周转使用的备用金、存出的保证金(如租入包装物押金)、其他各种应收与暂付款项。

(二)其他应收款的核算

为了反映和监督其他各种应收、暂付款项，企业应设置“其他应收款”账户，该账户属于资产类账户，借方登记其他应收款的增加，贷方登记其他应收款的收回，期末余额在借方，反映尚未收回的款项。在“其他应收款”总账下，应按照其他应收款的项目和对方单位(或个人)设置明细分类账，进行明细分类核算。

企业发生其他各种应收、暂付款项时，借记“其他应收款”账户，贷记有关账户；收回或转销各种款项时，借记“库存现金”、“银行存款”等账户，贷记“其他应收款”账户。

[例3－27]2009年，中山饭店发生以下经济业务：

①5月7日，向彭城酒厂租入包装物支付押金2 000元。作会计分录如下：

借:其他应收款——彭城酒厂　　2 000
　贷:银行存款　　2 000

②9月2日，为职工张庆垫付应由其个人负担的医药费15 000元。作会计分录如下：

借:其他应收款——张庆　　15 000
　贷:银行存款　　15 000

③11月23日，收到张庆所归还的医药费垫付15 000元，存入银行。作会计分录如下：

借:银行存款　　15 000
　贷:其他应收款——张庆　　15 000

④12月1日，职工刘莹因违规操作，被罚款100元。作会计分录如下：

借:其他应收款——刘莹　　100
　贷:营业外收入　　100

收到罚款时：

借：库存现金　　100

　贷：其他应收款——刘莹　　100

⑤12 月 20 日，中山饭店发生意外财产损失，按照保险合同规定，应由保险公司赔偿 2 500 元，款项尚未收到。作会计分录如下：

借：其他应收款——保险公司　　2 500

　贷：待处理财产损益　　2 500

第三节　交易性金融资产

一、交易性金融资产的概念

根据《企业会计准则第 22 号——金融工具确认和计量》，可按金融工具的属性将资产划分为以公允价值计量且其变动计入当期损益的金融资产、持有至到期投资、贷款和应收款项以及可供出售金融资产四大类。《企业会计准则第 22 号——金融工具确认和计量》第九条对一项金融资产划分为交易性金融资产的条件做了具体规定。

1. 企业持有的目的主要是为了近期内出售或回购，通常用于从价格或交易保证金的短期波动中获利。例如：企业为了充分利用闲置资金，以赚取差价为目的从二级市场购入的股票、债券、基金等。

2. 属于进行集中管理的可辨认金融工具组合的一部分，且有客观证据表明企业近期采用短期获利方式对该组合进行管理。

3. 该准则范围内的衍生工具（包括远期合同、互换和期权，以及具有远期合同、期货合同、互换和期权中一种或一种以上特征的工具），如果属于资产且不作为有效套期工具的，也应划分为交易性金融资产。

二、交易性金融资产的核算

为了核算交易性金融资产的取得、收取现金股利和利息、处置等业务，企业应当设置“交易性金融资产”、“公允价值变动损益”、“投资收益”等科目。

“交易性金融资产”科目核算企业为交易目的持有的债券、股票投资、基金投资等交易性金融资产的公允价值。企业持有的直接指定为以公允价值计量且变动计入当期损益的金融资产也在“交易性金融资产”科目核算。“交易性金融资产”科目的借方登记交易性金融资产的取得成本、资产负债表日其公允价值高于账面余额的差额；贷方登记资产负债表日其公允价值低于账面余额的差额，以及企业出售交易性金融资产时结转的成本和公允价值变动损益。企业应当按照交易性金融资产的类别和品种，分别设置“成本”、“公允价值变动”等明细科目进行核算。

“公允价值变动损益”科目核算企业交易性金融资产等公允价值变动而形成的应计入当期损益的利得或损失。贷方登记资产负债表日企业持有的交易性金融资产等的公允价值高于账面余额的差额；借方登记资产负债表日企业持有的交易性金融资产等的公允价值低于账面余额的差额。

"投资收益"科目核算企业持有交易性金融资产等期间取得的投资收益以及处置交易性金融资产等实现的投资收益或投资损失，贷方登记企业出售交易性金融资产等实现的投资收益;借方登记企业出售交易性金融资产等发生的投资损失。

(一)交易性金融资产初始成本的确认

企业在取得交易性金融资产时，应当按照金融资产取得时的公允价值作为其初始确认金额，记入"交易性金融资产——成本"科目。按发生的交易费用借记"投资收益"科目，已到付息期但尚未领取的利息或已宣告但尚未发放的现金股利，应当单独确认为应收项目，借记"应收股利"或"应收利息"科目，按实际支付的金额，贷记"银行存款"科目。

取得交易性金融资产所发生的相关交易费用应当在发生时计入投资收益。交易费用是指可直接归属于购买、发行或处置金融工具新增的外部费用，包括支付给代理机构、咨询公司、券商等的手续费和佣金及其他必要支出。

[例3-28]2008年2月1日，中山饭店委托某证券公司从上海证券交易所购入A上市公司股票20万股，并将其划分为交易性金融资产。该笔股票投资在购买日的公允价值为200万元。另支付相关交易费用5 000元。账务处理如下:

①2008年2月1日，购买A上市公司股票时

借:交易性金融资产——成本　　2 000 000

　贷:其他货币资金——存出投资款　　2 000 000

②支付相关交易费用时

借:投资收益　　5 000

　贷:其他货币资金——存出投资款　　5 000

在本例中，取得交易性金融资产所发生的相关交易费用5 000元应当在发生时计入投资收益。

[例3-29]2009年1月1日，中山饭店从二级市场支付价款102 000元(含已到付息日但尚未领取的利息2 000元)购入某公司发行的债券，另发生交易费用2 000元，该债券面值100 000元，剩余期限为二年，票面年利率为4%，每半年付息一次，中山饭店将其划分为交易性金融资产。2009年1月5日，收到该债券2008年下半年利息2 000元。假定不考虑其他因素，中山饭店的账务处理如下:

①2009年1月1日，购入债券

借:交易性金融资产——成本　　100 000

　应收利息　　2 000

　投资收益　　2 000

　贷:银行存款　　104 000

②2009年1月5日，收到该债券2008年下半年利息

借:银行存款　　2 000

　贷:应收利息　　2 000

(二)交易性金融资产的现金股利和利息

交易性金融资产持有期间被投资单位宣告发放的现金股利，或在资产负债表日按分期付息、一次还本债券投资的票面利率计算的利息，借记"应收股利"或"应收利息"科目，贷记"投资收益"科目。

[例3－30]2009年1月8日，中山饭店购入大地集团发行的公司债券，该笔债券于2008年7月1日发行，面值为500万元，票面利率为4.0%，债券利息按年支付。安邦公司将其划分为交易性金融资产，支付价款520万元(其中包括已宣告发放的债券利息10万元)，另支付交易费用3万元。2009年2月5日，安邦公司收到该笔债券利息10万元。2009年12月31日，安邦公司收到债券利息20万元。账务处理如下：

①2009年1月8日，购入债券时：

借:交易性金融资产——成本　　5 100 000
　应收利息　　100 000
　投资收益　　30 000
　贷:银行存款　　5 230 000

②2009年2月5日，收到购买价款中包含的已宣告发放的债券利息时

借:银行存款　　100 000
　贷:应收利息　　100 000

③2009年12月31日，确认债券利息收入时

借:应收利息　　200 000
　贷:投资收益　　200 000

④2009年12月31日，收到债券利息时

借:银行存款　　200 000
　贷:应收利息　　200 000

在本例中，取得交易性金融资产所支付价款中包含了已宣告但尚未发放的债券利息10万元，应当记入"应收利息"科目，不记入"交易性金融资产"科目。

[例3－31]承例3－29，假定2009年6月30日，该债券的公允价值为115 000元(不含利息)。假定不考虑其他因素。中山饭店的账务处理如下：

2009年6月30日，确认债券公允价值变动和投资收益

借:交易性金融资产——公允价值变动　　15 000
　贷:公允价值变动损益　　15 000
借:应收利息　　2 000
　贷:投资收益　　2 000

(三)交易性金融资产的期末计量

资产负债表日，交易性金融资产的公允价值高于其账面价值的差额，借记"交易性金融资产——公允价值变动"科目，贷记"公允价值变动损益"科目;公允价值低于账面价值余额的差额则作相反的会计分录。

[例3－32]承例3－30，假定2009年6月30日，中山饭店购买的该笔债券市价为516万元;2009年12月31日，中山饭店购买的该笔债券的市价为512万元。中山饭店应作如下账务处理:

(1)2009年6月30日，确认该笔债券的公允价值变动损益时

借:交易性金融资产——公允价值变动　　60 000
　贷:公允价值变动损益　　60 000

(2)2009年12月31日，确认该笔债券的公允价值变动损益时

借:公允价值变动损益　　40 000

贷:交易性金融资产——公允价值变动　　　　40 000

在本例中，2009 年 6 月 30 日，该笔债券的公允价值为 516 万元，账面余额为 510 万元，公允价值大于账面价值余额 6 万元，应记入“公允价值变动损益”科目的贷方;2009 年 12 月 31 日，该笔债券的公允价值为 512 万元，账面余额为 516 万元，公允价值小于账面余额 4 万元，应记入“公允价值变动损益”科目的借方。

[例 3 -33]承例 3 -31，假定 2009 年 12 月 31 日，该债券的公允价值为 110 000 元(不含利息)。假定不考虑其他因素。中山饭店的账务处理如下:

2009 年 12 月 31 日，确认债券公允价值变动和投资损益

借:公允价值变动损益　　　　5 000

贷:交易性金融资产——公允价值变动　　　　5 000

借:应收利息　　　　2 000

贷:投资收益　　　　2 000

(四)交易性金融资产的处置

出售交易性金融资产，应当将该金融资产出售时的公允价值与其初始入账金额之间的差额确认为投资收益，同时调整公允价值变动损益。

出售交易性金融资产，应按照实际收到的金额，借记“银行存款”等科目，按该金融资产账面余额，贷记“交易性金融资产”科目，按其差额，贷记或借记“投资收益”科目。同时，将原计入该金融资产的公允价值变动转出，借记或贷记“公允价值变动损益”科目，贷记或借记“投资收益”科目。

[例 3 -34]承例 3 -32，假定 2010 年 1 月 15 日，安邦公司出售了所持有的中和成信公司的债券，售价为 513 万元。账务处理如下:

借:银行存款　　　　5 130 000

贷:交易性金融资产——成本　　　　5 100 000

——公允价值变动　　　　20 000

投资收益　　　　10 000

同时，

借:公允价值变动损益　　　　20 000

贷:投资收益　　　　20 000

在本例中，企业出售交易性金融资产时，还应将原计入该金融资产的公允价值变动转出，即出售交易性金融资产时，应按“公允价值变动”明细科目的贷方余额 20 000 元，借记“公允价值变动损益”科目，贷记“投资收益”科目。

[例 3 -35]，承例 3 -33，假定 2010 年 1 月 5 日，收到该债券 2009 年下半年利息;2010 年 3 月 31 日，中山饭店将该债券出售，取得价款 118 000 元(含一季度利息 1 000 元)。假定不考虑其他因素。中山饭店的账务处理如下:

①2010 年 1 月 5 日，收到该债券 2009 年下半年利息:

借:银行存款　　　　2 000

贷:应收利息　　　　2 000

②2010 年 3 月 31 日，将该债券予以出售:

借:应收利息　　　　1 000

贷:投资收益　　1 000

借:银行存款　　117 000

公允价值变动损益　　10 000

贷:交易性金融资产——成本　　10 0000

——公允价值变动　　10 000

投资收益　　17 000

借:银行存款　　1 000

贷:应收利息　　1 000

第四节　酒店存货业务

存货，是旅游企业所拥有的为销售或耗用而储备的各种资产，是旅游企业从事经营活动的重要物质条件。

一、存货的概念及分类

(一)存货的概念

存货是指企业在日常生产经营过程中持有的以备生产、销售、或消耗的材料或物料等，包括库存的、加工的、在途的各类材料、商品、在产品、半成品、产成品、包装物、低值易耗品。

存货是旅游企业从事经营活动的重要物质条件，为了加强存货的核算与管理，必须明确存货的范围。企业存货的范围是以所有权为标准来确定的。凡是盘存日期内法定所有权属于企业的一切货品，不论其存放在何处，均属于企业存货的范围。

旅游企业的存货具有品种繁多、收发频繁的特点，而且各种物品的来源渠道、价值大小、性质和经济用途各不相同。为了便于管理和核算，会计上需要对存货进行科学分类，按存货的不同类别进行核算。

旅游企业的存货，按其购进的来源分类，可分为国内市场购进的存货和国外市场购进的存货。这种分类方法有助于会计部门分别按不同的交货条件来确定存货的入账时间和入账价格，便于分别核算和监督外汇及人民币货币资金的收付和结存，也有助于管理部门按照不同国家商品的习性对存货进行管理、供应和保管。

(二)存货的分类

旅游企业的存货，按其在经营过程中所起的作用分类，可分为以下几类:

1. 原材料。主要是指经过一定工艺加工后能构成产品实体的各种材料，包括食品原材料、维修材料。

(1)食品原材料。它是旅游企业的餐饮部门为生产或加工食品专用的各种食品原料、调料、配料等，包括库存未用、月末盘点的在产品、半成品，如米、面等粮食类，肉类、禽类、蛋类、干菜、海鲜、豆制品、糖、蔬菜、水果等食品原料、配料等。

(2)维修材料。是指用于维修本企业的设备、运输工具以及房屋和专用器具的各类维修材料，如各种设备、零配件、维修材料等。

2. 燃料。是指企业在生产、服务和经营过程中所需用的各种液体、气体和固体燃料，如汽油、煤气、柴油、煤及煤制品、酒精等各种燃料。

3. 外购商品。是指企业购入的不需要经过任何加工即可直接对外销售的商品，如酒店商品部外销的酒水、纪念品、日用品等。

4. 代销商品。是指企业委托其他单位代销的商品以及企业接受其他单位委托代销的商品。

5. 包装物。是指为了包装本企业的产品而储存的各种包装容器，如桶、箱、坛、袋等。

6. 低值易耗品。是指企业购置的价值在500元以下或使用年限不超过一年，不作为固定资产核算的各种用具、器皿等，如办公用品、餐具等。

7. 物料用品。是指除上述六类以外的各种经营管理用品，如客房为客人准备的茶叶包、小食品、卫生洗漱用品、床上用品等。

二、存货的确认和计量

(一)存货的确认

存货同时满足以下条件时，才能加以确认：

(1)与该存货有关的经济利益很可能流入企业。

(2)该存货的成本能够可靠地计量。

在判断存货所含经济利益能否流入企业时，通常应考虑该项存货的所有权的归属，这是判断存货包含的经济利益很可能会流入企业的一个重要标志。同时，存货作为资产的组成部分，要能够对其成本进行可靠的计量，这是资产确认的一个基本条件。

在实务中，确认存货的标准是企业对存货是否具有法定的所有权，凡在盘存日期，法定所有权属于企业的物品，不论其存放在何处或处于何种状态，都应确认为企业的存货。反之，凡是法定所有权不属于企业的物品，即使存放在企业，也不应确认为企业的存货。

(二)存货的计量

酒店外购存货(不含商场部外购商品)，其成本由含税价格和采购费用两部分组成。

(1)含税价格由买价和增值税两部分组成。旅游企业(商品销售除外)是交纳营业税的，因此即使购进存货时取得了增值税专用发票，也将增值税作为价内税，作为存货成本的组成部分，以含税价格入账。

(2)采购费用由运杂费、途中的合理损耗和税金组成。

运杂费用是指为采购材料而发生的运输费、装卸费、包装费、仓储费和保险费等。

运输途中合理损耗是指购入材料在运输途中发生的定额内的损耗。

税金是指进口存货支付的进口关税及进口消费税。

(3)加工存货的成本，只包括加工存货所消耗的主料、配料和调料的采购成本。存货的加工成本和其他成本即制造加工过程中发生的工资、燃料及设备磨损等各种实际支出，不计入存货的成本，而是计入销售费用。

(4)酒店商场部外购商品的购销按规定要交纳增值税，如为增值税一般纳税人，外购商品的成本包括不含增值税的买价及进口商品支付的进口关税及进口消费税，外购时支付的增值税作为进项税额，可予以抵扣；如为小规模纳税人，外购商品的成本由含税价格(含增值税)、进口商品支付的进口关税及进口消费税组成。外购时发生的采购费用应当计入商品成本，也可以先进行归集，期末根据所购商品的存销情况进行分摊。对于已售商品的进货费用，计入当期损益；对于未售商品的进货费用，计入期末存货成本。企业采购商品的进货费用金额较小的，可以在发生时直接计入当期损益。

三、发出存货的计价方法

存货的计价方法，是指发出存货和每次发出后的期末存货之间成本的分配方法，即发出存货和期末存货价值的计算确定方法。日常核算中，旅游企业发出的存货可以按照实际成本核算，也可以按照计划成本核算。存货按实际成本计价是指存货的日常收入、发出和结存，其总分类核算和明细分类核算都按照实际成本进行计价。存货按计划成本计价是指存货的日常收入、发出和结存，其总分类核算及明细分类核算都按照计划成本进行计价。如果用计划成本核算，会计期末应调整为实际成本。

旅游企业应根据企业管理要求以及存货的性质等实际情况，合理选择确定发出存货成本的计价方法，只有正确计算和确定发出存货的价值，才能准确地计算营业成本。

常见的存货计价方法有：先进先出法、加权平均法（月末一次加权平均法、移动加权平均法）、个别计价法、毛利率法、售价金额核算法、计划成本法等。企业发出存货的计价方法一经确定，不得随意变更。

南郊宾馆2009年7月份甲原材料的明细账如表3-4所示。

表3-4　　原材料的明细账

原材料：甲材料　　　　计量单位：只

日期	摘要	收入			发出			结存		
		数量	单价	金额	数量	单价	金额	数量	单价	金额
7月1日	期初余额							200	20	4 000
7月7日	购入	100	25	2 500						
7月15日	发出				200					
7月20日	购入	100	24	2 400						
7月28日	发出				180					
7月31日	合计	200		4 900	380					

（一）先进先出法

先进先出法是假设先购进的存货先耗用，并根据这一假设的成本流转顺序对发出存货和期末存货进行计价的方法。在收到存货时，应逐笔登记存货的数量、单价和金额；发出存货时，按照先购进先发出的原则，逐笔登记存货发出和结存的金额。其计算如表3-5所示。

表 3－5　　　　原材料明细账（先进先出法）

原材料：甲材料　　　　计量单位：只

日期	摘要	收入			发出			结存		
		数量	单价	金额	数量	单价	金额	数量	单价	金额
7月1日	期初余额							200	20	4 000
7月7日	购入	100	25	2 500				200	20	
								100	25	6 500
7月15日	发出				200	20	4 000	100	25	2 500
7月20日	购入	100	24	2 400				100	25	
								100	24	4 900
7月28日	发出				100	25	2 500			
					80	24	1 920	20	24	480
7月31日	合计	200		4 900	380		8 420	20	24	480

根据以上原材料明细账，可以得出 2009 年 7 月份南郊宾馆发出材料的成本 $=200\times20+100\times25+80\times24=8\ 420$ 元，月末结存材料成本为 480 元。

采用先进先出法，其优点是可以随时结转发出存货的成本，并及时登记发出存货的金额，有利于均衡核算工作。其缺点是比较繁琐，特别是对于收发业务多的企业，工作量较大。同时，当物价上涨时，发出存货成本偏低，会高估企业当期利润；当物价下跌时，发出存货成本偏高，会低估企业当期利润。

（二）加权平均法

加权平均法是在计算存货的单价时，以期初存货数量和本期各批收入的存货数量作为权数的计价方法。这种平均单价在月末计算一次。其计算公式为：

加权平均单价 =（期初结存存货金额 + 本期收入存货金额）/（期初结存存货数量 + 本期收入存货数量）

本期发出存货金额 = 本期发出存货数量 × 加权平均单价

其计算如表 3－6 所示。

表 3－6　　　　原材料明细账（加权平均法）

原材料：甲材料　　　　计量单位：只

日期	摘要	收入			发出			结存		
		数量	单价	金额	数量	单价	金额	数量	单价	金额
7月1日	期初余额							200	20	4 000
7月7日	购入	100	25	2 500				300		6 500
7月15日	发出				200			100		
7月20日	购入	100	24	2400				200		
7月28日	发出				100					
					80			20		
7月31日	合计	200		4 900	380	22.25	8 455	20	22.25	445

采用这种计价方法，由于每期发出存货的加权平均单价在月末一次计算，因而月内发出

存货和结存存货的单价和金额均不能计算、登记，只能在月末时才计算、登记一次全月发出存货的单价和发出存货的金额合计，以及月末结存存货的单价和金额。

采用这种方法，发出存货的单价只在月末计算一次，可以大大简化平时的核算工作，但平时账面不能及时反映存货的发出金额和结存金额，不利于存货的日常管理。由于发出存货的凭证计价和明细账登记金额的工作集中在月末进行，因而影响存货核算工作的均衡性和及时性。

（三）个别计价法

个别计价法又称具体辨认法、分批实际法等。采用这一方法是假设存货的成本流转与实物流转相一致，按照各种存货逐一辨认其发出和期末结存所属的购进批次或生产批次，分别按其购入或生产时所确定的单位成本作为计算各批次发出和期末结存存货成本的方法。

采用这种方法所确定的发出存货的成本、期末结存存货的成本比较真实、准确，而且可以随时结转成本。但是，采用这种方法必须具备必要的条件，即存货项目必须是可以按不同进货单价辨别认定的；必须有详细的记录，据以了解每一个存货或每批存货项目的收入、发出和结存情况。因而，实务操作中的工作量繁重，困难较大。

个别计价法适用于容易识别、存货品种数量不多、单位成本较高的存货，如房产、船舶、飞机、重型设备、珠宝、名画等贵重物品；能够分清批次、整批进整批出的存货也可以采用这种方法；不能互换使用的存货或为特定项目专门购入或制造并单独存放的存货也可采用这种方法。

四、存货的核算

（一）实际成本计价的核算

存货按实际成本计价是指存货的日常收入、发出和结存，其总分类核算和明细分类核算都按照实际成本进行计价。

1. 实际成本法下原材料收入的核算

原材料是旅游企业为完成其经营业务活动储存的主体物质资料之一，主要指旅游企业库存和在途的各种原材料、材料，包括饮食业的库存食品原材料等。

为了总括反映库存和在途的各种原材料的实际成本，应设置“原材料”和“在途物资”账户。

“原材料”账户用于核算企业库存的各种原材料的收入、发出和结存情况。借方登记购入并已验收入库的原材料的实际成本的增加额，贷方登记库中原材料实际成本的减少额（即领用、发出材料的实际成本），期末余额在借方，反映期末库存原材料的实际成本。“原材料”总分类账户除按类别设置二级账进行核算以外，还应按材料的保管地点（仓库）、材料的类别、品种和规格等设置明细分类账，进行明细核算。

“在途物资”账户用于采用实际成本法核算材料的企业对货款已付但尚未验收入库的材料或商品进行采购成本的核算。借方登记企业已付款或已开出、承兑商业汇票，但尚未到达或尚未验收入库的在途材料、商品的实际采购成本，贷方登记验收入库材料的实际成本，本账户应当按照材料的类别进行明细核算。

企业外购材料时，由于采购地点和结算方式不同，经常出现货款支付和材料验收入库在时间上不一致的情况，应分不同情况进行核算。

（1）对于发票账单与材料同时到达的采购业务，在支付货款或开出、承兑商业汇票、材料验收入库后，企业应根据发票账单、结算凭证、入库单等确定的材料成本，借记“原材料”账户，贷记“银行存款”或“应付票据”等账户。

[例3-36]中山饭店向本市粮店购大米100斤，每斤1.70元，合计金额170元，货款已付，大米已验收入库。作会计分录：

借:原材料——大米　　170

　贷:银行存款　　170

(2)对于已经付款或已开出、承兑商业汇票，但材料尚未到达或尚未验收入库的采购业务，企业应根据发票账单、结算凭证等确定的材料成本，借记"在途物资"账户，贷记"银行存款"、"应收票据"等账户。待料到达，验收入库后，根据入库单，借记"原材料"账户，贷记"在途物资"账户。

[例3-37]中山饭店2009年5月2日向大连水产公司购入海产品，货款30 000元，增值税款5 100元，运杂费500元，发票账单、结算凭证等已经收到，款已通过银行支付，但货未到。

根据发票账单及转账凭证，作会计分录如下：

借:在途物资——海产品　　35 600

　贷:银行存款　　35 600

5月7日，货运到并验收入库时，作会计分录如下：

借:原材料——海产品　　35 600

　贷:在途物资——海产品　　35 600

(3)对于材料已经到达并验收入库，但发票账单等结算凭证未到、货款尚未支付的采购业务，在收到材料时，暂不进行总分类核算，只将收到的材料登记明细分类账，待收到发票账单后，再按材料的实际价款进行总分类核算。若到月末，发票账单仍未到达，应按材料的暂估价值入账，借记"原材料"账户，贷记"应付账款"账户。下月初，用红字做同样的记账凭证予以冲回。发票账单到达，支付货款或开出、承兑商业汇票时，借记"原材料"账户，贷记"银行存款"、"应付票据"等账户。

[例3-38]中山饭店2009年6月7日向便利粮店购入大米2 000公斤，单价2元，材料已运到，并验收入库，但发票账单尚未收到，货款尚未支付。

①6月7日大米到货时，只登记明细账，不登记总账。

②6月23日收到发票账单时，价款4 000元，以银行存款支付。编制会计分录如下：

借:原材料——大米　　4 000

　贷:银行存款　　4 000

③假如6月30日，发票账单仍未到，按暂估价3 600元入账，编制会计分录如下：

借:原材料——大米　　3 600

　贷:应付账款——便利粮店　　3 600

7月1日，用红字冲回，作会计分录如下：

借:原材料——大米　　3 600

　贷:应付账款——便利粮店　　3 600

7月6日，收到发票账单时，价款以银行存款支付：

借:原材料——大米　　4 000

　贷:银行存款　　4 000

(4)采用预付货款的方式采购材料，应在预付货款时，按实际支付金额，借记"预付账款"账户，贷记"银行存款"等账户。材料到达验收入库，根据发票账单、入库单等凭证所确定的价款，借记“原材料”账户，贷记“预付账款”账户；需要补价的，按补付金额，借记“预付账款”账户，贷记“银行存款”账户；退回多付款项，借记“银行存款”账户，贷记“预付账款”账户。

[例3-39]2009年3月16日，南郊宾馆与三力家具厂签订购货合同，购入一批餐桌椅，3月20日按合同规定，预付110 000元货款，3月31日，酒店收到桌椅并验收入库，发票账单同时到达，总价为100 000元，4月5日，收到三力家具厂返回的多付货款。

①3月20日，预付货款时，作会计分录如下：

借：预付账款——三力家具厂　　110 000

　贷：银行存款　　110 000

②3月31日，收到桌椅和发票账单时，作会计分录如下：

借：周转材料——低值易耗品　　100 000

　贷：预付账款——三力家具厂　　100 000

③4月5日，收到返回的多付货款时，作会计分录如下：

借：银行存款　　10 000

　贷：预付账款——三力家具厂　　10 000

2. 实际成本法下原材料发出的核算

旅游酒店原材料品种多，需求量变化大而且需求频繁，因此发料凭证较多。为简化手续，平时一般只登记原材料的明细分类账，反映各种原材料的收入、发出和结存情况，月末，根据企业选择的存货发出计价方法，确定发出存货的实际成本，汇总编制“发料凭证汇总表”据以登记总分类账，进行原材料发出的总分类核算。

根据“发料凭证汇总表”，借记“主营业务成本”、“销售费用”、“管理费用”、“其他业务成本”等账户，贷记“原材料”账户。

出售原材料时，按收到或应收价款，借记“银行存款”或“应收账款”等账户，按实现的营业收入，贷记“其他业务收入”等账户。结转出售材料的成本时，借记“其他业务成本”账户，贷记“原材料”等账户。

[例3-40]中山饭店厨房5月份领用大米2 000斤，单价为1.8元，干贝、香菇、木耳等干菜1 200元，销售部门为布置“酒店营销会”领用装饰品及水果、罐头等，价值840元。作会计分录如下：

借：主营业务成本　　4 800

　　销售费用　　840

　贷：原材料——食品类　　5 640

（二）　按计划成本计价的核算

1. 计划成本法概述

存货按计划成本计价是指存货的日常收入、发出和结存，其总分类核算及明细分类核算都按照计划成本进行计价。原材料实际成本和计划成本之间的差额通过“材料成本差异”账户进行核算。月末对材料成本差异进行分配，将本月发出材料的计划成本调整为实际成本。

计划成本价按如下步骤进行核算：

(1)预先制定各种存货的计划成本目录，规定存货的分类、各种存货的名称、规格、编号、计量单位和计划单位成本。无特殊情况，在年度内计划单位成本不作调整。

(2)平时收到存货时，按计划单位成本计算出收入存货的计划成本，并将实际成本与计划成本的差额，分类登记“材料成本差异”账户。

(3)平时领用、发出的存货，都按计划成本计算。

(4)月末，再将本月发出存货应负担的成本差异进行分摊，随同本月发出存货的计划成本计入有关账户，将发出存货的计划成本调整为实际成本。

$$\text{材料成本差异率}=\frac{\text{月初结存存货的成本差异}+\text{本月收入存货的成本差异}}{\text{月初结存存货的计划成本}+\text{本月收入存货的计划成本}}$$

本月发出存货应分摊的成本差异 = 发出存货的计划成本 × 材料成本差异率

发出存货实际成本 = 本月发出存货的计划成本 ± 本月发出存货应分摊的成本差异

2. 计划成本法下材料收入的核算

在计划成本法下对材料核算，应设置“原材料”、“材料采购”和“材料成本差异”三个账户。

“材料采购”账户借方登记采购材料的实际成本，贷方登记入库材料的计划成本。借方大于贷方表示超支，从本账户贷方转入“材料成本差异”的借方；贷方大于借方表示节约，从本账户借方转入“材料成本差异”的贷方，期末余额在借方，反映在途材料的采购成本。

“原材料”账户用于核算库存材料的收发与结存情况。借方登记入库材料的计划成本，贷方登记发出材料的计划成本，期末余额在借方，反映库存材料的计划成本。

“材料成本差异”用于核算采用计划成本进行原材料日常核算的企业实际成本与计划成本之间的差额，借方登记实际成本大于计划成本的差额(即超支)及发出材料应负担的节约差异，贷方登记实际成本小于计划成本的差额(即节约)以及发出材料应负担的超支差异。期末如果是借方余额，表示库存材料的超支差额；如果是贷方余额，表示库存材料的节约差异。

[例 3-41] 中山饭店 2009 年 4 月初，大米原材料借方余额 2 500 元，材料成本差异期初借方余额 100 元，4 月份又发生了以下经济业务：

①8 日，购入大米一批，采购成本 5 000 元，货物运到并验收入库，货款以银行存款支付，该批材料计划成本为 4 500 元，作会计分录如下：

借：材料采购	5 000	
贷：银行存款		5 000

入库时：

借：原材料	4 500	
材料成本差异	500	
贷：材料采购		5 000

②17 日，购入大米一批，采购成本 2 000 元，发票账单已经收到，开出不带息商业承兑汇票一张，大米尚未到达，该批大米的计划成本是 2 200 元，作会计分录如下：

借：材料采购	2 000	
贷：应付票据		2 000

③25 日，17 日购入的大米到货，验收入库，作会计分录如下：

借：原材料	2 200	
贷：材料成本差异		200
材料采购		2 000

3. 计划成本法下材料发出的核算

平时领用、发出的存货，都按计划成本计算。月末，再将本月发出存货应负担的成本差异进行分摊，随同本月发出存货的计划成本计入有关账户，结转发出材料应负担的材料成本差异时，如果实际成本大于计划成本的差异，借记"主营业务成本"、"销售费用"、"管理费用"、"其他业务成本"等账户，贷记"材料成本差异"账户；如果实际成本小于计划成本的差异，则作相反的会计分录。

[例3-42]沿用例3-19资料，本月餐厅领用大米的计划成本为7 500元，编制会计分录：

借:主营业务成本　　　　7 500

　贷:原材料　　　　　　　7 500

材料成本差异率 = (100 + 500 - 200)/(2 500 + 4 500 + 2 200) = 4.35%

领用大米应分摊的材料成本差异 = 7 500 × 4.35% = 326.5 元

作会计分录如下：

借:主营业务成本　　　　326.25

　贷:材料成本差异　　　　326.25

库存大米应分摊的成本差异 = 400 - 326.25 = 73.75(元)

库存大米实际成本 = 1 700 + 73.75 = 1 773.75(元)

(三)低值易耗品的核算

低值易耗品是指使用期限不满一年或单位价值不足规定标准，不能作为固定资产核算的各种劳动资料，如柜台、货架、家具、管理用具、玻璃器皿等以及在经营过程中周转使用的包装容器等。低值易耗品的特点是价值低、品种多、数量大、但易损耗，有的使用期限较短，购置和报废比较频繁。为了核算低值易耗品价值的增减变化及结存情况，旅游企业应设置"周转材料——低值易耗品"账户。该账户属于资产类账户，凡购进、自制、盘盈或其他原因增加低值易耗品数额，计入该账户的借方；凡领用、摊销、报废、出售或其他原因减少的低值易耗品的数额，计入该账户的贷方；余额在借方，表示期末低值易耗品的实存数。

有关部门领用低值易耗品时，应填制"领用单"办理领用手续，交财务部门以此进行账务处理。餐饮等业务部门领用的低值易耗品应列入"销售费用"账户，管理部门领用的则应列入"管理费用"账户。低值易耗品摊销的方法通常有一次摊销法和五五摊销法。

1. 一次摊销法

一次摊销法是指低值易耗品在领用时，将其全部价值一次计入有关资产成本或者当期损益的一种摊销方法。采用这种方法，在领用时将低值易耗品的全部价值，借记"销售费用——低值易耗品摊销"或"管理费用——低值易耗品摊销"账户，贷记"周转材料——低值易耗品"账户。

[例3-43]中山饭店餐饮部领用玻璃鱼缸一只，成本价150元。办公室领用办公用品，成本价100元。作会计分录如下：

借:销售费用　　　　150

　管理费用　　　　100

　贷:周转材料——低值易耗品　　　250

采用一次摊销法，核算手续简便，但企业费用负担不均衡。这种方法适用于价值低、使用期短、一次领用数量不多或极易损坏的低值易耗品。

2. 五五摊销法

五五摊销法是指领用低值易耗品时摊销其价值一半，报废时再摊销其价值的另一半，报废时，有残料收回，冲减已摊销的费用。

采用五五摊销法在“周转材料——低值易耗品”账户下设“在库低值易耗品”、“在用低值易耗品”和“低值易耗品摊销”三个明细账户。

［例 3－44］中山饭店本月购入床架 100 副，每副成本 180 元，以银行存款支付。客房部本月全部领用，报废时残料销售获得现金 200 元。采用五五摊销法摊销。

①购入时：

借：周转材料——低值易耗品——在库低值易耗品	18 000	
贷：银行存款		18 000

②领用时：

借：周转材料——低值易耗品——在用低值易耗品	18 000	
贷：周转材料——低值易耗品——在库低值易耗品		18 000
借：销售费用	9 000	
贷：周转材料——低值易耗品——低值易耗品摊销		9 000

报废时：

借：销售费用	9 000	
贷：周转材料——低值易耗品——低值易耗品摊销		9 000
借：库存现金	200	
贷：销售费用		200

同时核销低值易耗品：

借：周转材料——低值易耗品——低值易耗品摊销	18 000	
贷：周转材料——低值易耗品——在用低值易耗品		18 000

五五摊销法手续简便，账面留有在用低值易耗品的另一半价值，便于控制使用中的实物，但在领用和报废时摊销的数额较大。这种方法适合于价值较低、使用期限较短的低值易耗品，也适合于每期领用数量和报废数量较均衡的低值易耗品。

五、存货清查

（一）存货清查概述

由于存货种类繁多，收发频繁，在日常收发过程中可能发生计量错误、计算错误、自然损耗，还可能发生损坏变质以及贪污、盗窃等情况，造成账实不符。为了加强对存货的日常管理，准确地掌握存货的收发、结存信息，应定期或不定期地对存货进行清查。存货清查就是指通过存货实地盘点，确定存货的实有数量，并与账面记录进行核对，从而确定存货实有数与账面数是否相符的一种专门方法。

企业对存货进行的盘点清查，无论是定期清查还是不定期清查，均可采用点数、过磅、测量等实地盘点的方法。

清查结束，凡账实不符的，应及时查明原因，编制“存货盘点盈亏报告表”，并注明原因，提出处理意见，上报审批。根据审批结果，作出相关的会计处理。

（二）存货清查的核算

为了反映企业在财产清查中查明的各种存货的盘盈、盘亏和毁损情况，企业应设置“待处理财产损益”账户，借方登记存货的盘亏、毁损金额及盘盈的转销金额，贷方登记存货的盘盈金额及盘亏的转销金额。企业清查的各种存货损益，应在期末结账前处理完毕，期末处理后，本账户应无余额。

1.存货盘盈的核算

发生存货盘盈，借记“原材料”、“库存商品”、“周转材料——低值易耗品”等账户，贷记“待处理财产损益——待处理流动资产损益”账户。经批准后，冲减管理费用，借记“待处理财产损益——待处理流动资产损益”账户，贷记“管理费用”账户。

[例3-45]中山饭店在存货盘点清查中，发现面粉多出50斤，每斤单价为1.8元。

①发生盘盈时，作会计分录如下：

借:原材料——粮食类(面粉)　　90

　贷:待处理财产损益——待处理流动资产损益　　90

②批准后,转销处理，作会计分录如下：

借:待处理财产损益——待处理流动资产损益　　90

　贷:管理费用　　90

2.存货盘亏的核算

发生存货盘亏或毁损，借记“待处理财产损益——待处理流动资产损益”账户，贷记“原材料”、“库存商品”、“周转材料——低值易耗品”等账户，待查明原因后分别情况进行处理：①属自然损耗产生的定额内合理损耗或无法确定责任人的，借记“管理费用”账户；②应由责任人赔偿的(或应由保险公司赔偿的)，借记“其他应收款——××人(或××保险公司)”账户；③属非正常损失的，借记“营业外支出——非常损失”账户，贷记“待处理财产损益——待处理流动资产损益”账户。

[例3-46]华美酒店在存货盘点清查中，发现豆油少3桶，每桶单价69元，大米少40斤，每斤单价2元，经查豆油丢失是由于保管员江明工作失职造成的，责令由其赔偿，大米的短少，原因无法查明。

①发生盘亏时，作会计分录如下：

借:待处理财产损益——待处理流动资产损益　287

　贷:原材料——粮食类(豆油)　　207

　　　粮食类(大米)　　80

②批准后，转销处理，作会计分录如下：

借:其他应收款——江明　　207

　管理费用　　80

　贷:待处理财产损益——待处理流动资产损益　　287

六、存货的期末计价

(一)存货的期末计价原价

《企业会计准则第1号——存货》第十五条规定:“资产负债表日，存货应当按照成本与可变现净值孰低计量”。

所谓成本与可变现净值孰低，是指对期末存货按照成本与可变现净值两者中较低者进行计价的方法。成本是指存货的历史成本，即期末存货的实际成本(在计划成本法下，成本为经调整后的实际成本)；“可变现净值”是指在日常活动中，存货的估计售价减去至完工时估计将要发生的成本、估计的销售费用以及相关税费后的金额。当存货成本高于其可变现净值时，应当计提存货跌价准备，计入当期损益(资产跌价损失)。

(二)存货期末核算方法

企业应设置“存货跌价准备”账户，用于核算企业存货发生减值时计提的存货跌价准备。该账户贷方登记计提的存货跌价准备金额，借方登记实际发生的存货跌价损失金额和冲减的存货跌价准备金额，期末余额一般在贷方，反映企业已计提的尚未转销的存货跌价准备。

(1)资产负债表日，企业根据存货准则确定存货发生减值的，按存货可变现净值低于成本的差额，作会计分录：

借:资产减值损失——计提存货跌价准备

　　贷:存货跌价准备

(2)已计提跌价准备的存货价值以后又得以恢复，在原已计提的存货跌价准备金额内，按恢复增加的金额，作会计分录：

借:存货跌价准备

　　贷:资产减值损失——计提存货跌价准备

(3)发出存货结转计提的存货跌价准备，作会计分录：

借:存货跌价准备

　　贷:主营业务成本

☆ **思考与练习**

一、思考题

1. 企业的“库存现金”和“银行存款”各有哪些管理规定?
2. 通过“银行存款”总分类账户核算的结算方式有哪几种?
3. 何谓“未达账项”?
4. 旅游企业的其他货币资金包括哪些?
5. 旅游企业的外币业务主要包括哪些?
6. 何谓“汇兑损益”?
7. 何谓“贴现”?
8. “应收账款”符合什么条件可以确认为坏账?
9. 符合哪些条件的金融资产可以划分为“交易性金融资产”?
10. 旅游企业的存货如何确认?
11. 常见的存货计价方法有哪些?
12. 资产负债表日，存货应当如何计量?

二、业务练习题

1. 甲酒店2010年某月发生以下经济业务:

(1)1日，企业开出现金支票一张，从银行提取现金3 000元备用。

(2)2日，业务员耿小平外出联系业务，预借差旅费2 000元，以现金支付。

(3)4日，企业清查库存现金发现短款300元，未能查明原因，作为管理费用处理。

(4)10 日，企业商场部销售商品一批，售价10 000 元，增值税1 700 元，收到等额转账支票一张，存入银行。

(5)12 日，企业开出面值23 400 元、于次月12 日到期的商业汇票一张用于采购货物。

(6)15 日，旅游企业填写“银行汇票委托书”一份，向开户银行申请银行汇票一张，金额为30 000 元，用于采购员持往外地采购设备。

(7)16 日，旅游企业收到下属单位汇款通知，汇出8 000 元结清代垫款，月末尚未收到。

(8)20 日，旅游企业从外币存款中支出5 000 美元，兑换人民币。当日银行美元买入汇率为6.76 元，卖出汇率为6.79 元。

(9)22 日，旅游企业接受外商投资50 万美元，其中机器设备20 万美元，现汇30 万美元，当时美元汇率为6.70 元，无合同约定汇率。

(10)25 日，旅游企业完成委托的旅游接待服务任务，收到签发的不带息商业承兑汇票一张，票面金额18 000 元，期限6 个月。

(11)28 日，旅游企业承办和盛公司酒席，获得收入24 000 元，款项尚未收到。

(12)30 日，向超市购入大米1 000 公斤，单价3 元，材料已运到，并验收入库，但发票账单尚未收到，货款尚未支付。

(13)全月领用大米800 公斤，单价为1.5 元，干贝、香菇、木耳等干菜1 200 元。

要求:根据以上资料编制会计分录。

2. 乙饭店2007 年12 月31 日首次采用余额百分比法计提坏账准备，坏账准备的提取率为4%。年末计提坏账准备的应收账款余额300 000 元;2008 年6 月确认应收江南旅行社的房费12 000 元无法收回，作坏账核销，2008 年年末，酒店应收账款余额为350 000 元;2009 年1 月，上年确认的坏账中有6 000 元又收回，2009 年年末，酒店应收账款余额为400 000 元;坏账准备的提取率保持不变。

要求:根据以上资料作相关会计处理。

第四章　长期股权投资

本章主要内容

- 长期股权投资概述
- 长期股权投资的核算

第一节　长期股权投资概述

一、长期股权投资的概念

长期股权投资是指企业持有的对其子公司、合营企业及联营企业的权益性投资，以及企业持有的对被投资单位不具有控制、共同控制或重大影响，并且在活跃市场中没有报价、公允价值不能可靠计量的权益性投资。

旅游企业进行长期投资的目的通常有以下几种：①管理和控制被投资单位；②对被投资单位施加重大影响；③与被投资单位建立密切的合作关系；④实现多元经营，分散经营风险。这种投资的特点是投资数额大，投资期限长，投资风险大，能为企业带来较大利益等。

旅游企业长期股权投资按照对被投资企业产生的影响可以划分为四种类型：

1. 企业持有的能够对被投资单位实施控制的权益性投资，即对子公司投资。控制是指投资企业有权决定被投资企业的财务和经营政策，并能据以从该被投资企业的经营活动中获取利益。包括：投资企业直接拥有被投资企业50%以上的表决权资本；投资企业虽然直接拥有被投资企业50%以下的表决权资本，但具有实质性控制权。

2. 企业持有的能够与其他合营方一同对被投资企业施加重大影响的权益性投资，即对合营企业投资。共同控制是指按合同约定对某项经济活动所共有的控制。

3. 企业持有的能够对被投资企业施加重大影响的权益性投资，即对联营企业投资。重大影响，是指投资企业对被投资企业的财务和经营政策有参与决策的权利，但并不决定这些政策。

4. 企业对被投资企业不具有控制、共同控制或重大影响，在活跃市场上没有报价且公允价值不能可靠计量的权益性投资。长期股权无控制、共同控制且无重大影响的投资是指除上述三种类型以外的投资，包括投资企业直接拥有被投资企业20%以下的表决权资本，同时不存在其他实施重大影响的途径；投资企业直接拥有被投资企业20%以上的表决权资本，但实质上对被投资企业不具有控制、共同控制和重大影响。

二、长期股权投资核算的账户设置

旅游企业为了能恰当地反映和监督企业长期股权投资的增减变动和结存情况，应设置“长期股权投资”账户。该账户借方登记长期股权投资的增加额，贷方登记长期股权投资的减少额；期末余额在借方，表示企业期末持有的长期股权投资金额。该账户应按被投资单位设置明细账，进行明细分类核算。在权益法核算下，还要在该科目下设置“成本”、“损益调整”、“其他权益变动”等明细科目。

第二节　长期股权投资的核算

一、长期股权投资取得的会计处理

(一)企业合并形成的长期股权投资

企业合并分为两种，即同一控制下的企业合并与非同一控制下的企业合并，长期股权投资其初始投资成本的确定在不同情况下处理方法也不相同。

1. 同一控制下企业合并形成的长期股权投资

根据《企业会计准则第20号——企业合并》第五条的规定，同一控制下的企业合并，是指参与合并的企业在合并前后均受同一方或者相同的多方最终控制且该控制并非暂时性的情况。

根据《企业会计准则第2号——长期股权投资》第三条的规定，合并方以发行权益性证券作为合并对价的，应当在合并日按照取得被合并方所有者权益账面价值的份额作为长期股权投资的初始投资成本。

在按照合并日应享有的被合并方所有者权益账面价值的份额作为长期股权投资的初始投资成本时，应该考虑的前提是合并前合并方与被合并方采用的会计政策应当一致。合并前合并方与被合并方采用的会计政策不同的应在按照合并方的会计政策对被合并方资产、负债的账面价值进行调整的基础上，计算确定形成长期股权投资的初始投资成本。

合并方以支付现金、转让现金、转让非现金资产或承担债务方式作为合并对价的，长期股权投资的初始投资成本与支付的现金、转让的非现金资产或承担债务账面价值之间的差额，应当调整资本公积(资本溢价或股本溢价)；资本公积(资本溢价或者股本溢价)的余额不足冲减的，调整留存收益。

合并方在合并日按取得被合并方所有者权益账面价值的份额，借记“长期股权投资”科目，按应享有被投资单位已宣告但尚未发放的现金股利或利润，借记“应收股利”科目，按支付的合并对价的账面价值，贷记有关资产或借记有关负债科目，按其差额，贷记“资本公积——资本溢价或股本溢价”科目。如为借方差额，应借记“资本公积——资本溢价或股本溢价”科目，资本公积不足冲减的，借记“盈余公积”、“利润分配——未分配利润”科目。

[**例**4－1]2009年7月1日，同一控制下的甲饭店以1 000万元现金、1 000万元固定资产，并且承担了乙饭店200万元的债务的合并对价取得乙饭店60%的股权。乙饭店合并日账面资产4 000万元、债务200万元、所有者权益3 800万元。

则该投资的初始投资成本为3 800×60%＝2 280(万元)。该初始投资成本与支付的现金、转让的非现金资产、承担的债务之间的差额80万元应确认为资本公积的增加，其会计处理如下：

借：长期股权投资	22 800 000	
贷：银行存款		10 000 000
固定资产		10 000 000

长期借款　　2 000 000

资本公积——其他资本公积　　800 000

2. 非同一控制下的企业合并形成的长期股权投资

非同一控制下的控股合并中，购买方应当按照确定的企业合并成本作为长期股权投资的初始投资成本。企业合并成本包括购买方付出的资产、发生或承担的负债、发行的权益性证券的公允价值以及为进行企业合并发生的各项直接相关费用之和。

应在购买日按企业合并成本，借记“长期股权投资”科目，按享有被投资单位已宣告但尚未发放的现金股利或利润，借记“应收股利”科目，按支付合并对价的账面价值，贷记有关资产或借记有关负债科目，按其发生的直接相关费用，贷记“银行存款”等科目，按其差额，贷记“营业外收入”或借记“营业外支出”等科目。在涉及以库存商品作为合并对价的，应按库存商品的公允价值，贷记“主营业务收入”科目，并同时结转相关的成本。

[例 4－2] 甲饭店于 2009 年 5 月 31 日取得乙饭店 70% 的股权，取得该部分股权后甲饭店能够控制乙饭店的生产经营决策。为核实乙饭店的资产价值，甲饭店聘请专业资产评估机构对乙饭店的资产进行评估，支付评估费 200 万元。合并中，甲饭店支付的有关资产在购买日的账面价值如表 4－1 所示。甲饭店用作合并对价的土地使用权原价为 7 200 万元，专利技术原价为 3 000 万元。合并前甲饭店与乙饭店不存在任何关联方关系。

表 4－1　　甲饭店支付的有关资产在购买日的账面价值表

2009 年 5 月 31 日

单位：万元

项　目	账面价值	公允价值
土地使用权	6 000	7 200
专利技术	2 400	3 000
库存商品	5 000	5 500
银行存款	2 400	2 400
合　计	15 800	18 100

因为甲饭店与乙饭店合并前不存在任何关联方关系，应作为非同一控制下的企业的合并处理。其会计处理如下：

借：长期股权投资　　183 000 000（181 000 000＋2 000 000）

累计摊销　　18 000 000（72 000 000＋30 000 000－60 000 000－24 000 000）

贷：无形资产——土地使用权　　72 000 000

土地使用权　　30 000 000

主营业务收入　　55 000 000（库存商品的公允价值）

银行存款　　26 000 000（24 000 000＋2 000 000）

营业外收入　　18 000 000（差额）

同时，结转库存商品的成本

借：主营业务成本　　50 000 000（库存商品的账面价值）

贷：库存商品　　50 000 000

通过多次交换交易，分步取得股权最终形成企业合并的，企业合并成本为每一单项交换交易的成本之和。其中，达到企业合并前对持有的长期股权投资采用成本法核算的，长期股权投资在购买日的成本应为原账面余额加上购买日为取得进一步的股份新支付对价的公允价值之和；达到企业合并前对长期股权投资采用权益法等方法核算的，购买日应对权益法下长期股权投资的账面余额进行调整，将有关长期股权投资的账面余额调整至最初取得成本，在此基础上加上购买日新支付对价的公允价值作为购买日长期股权投资的成本。

[**例** 4－3]A 饭店 2008 年 1 月以 5 000 万元取得 B 饭店 20% 的股权，因能够对 B 饭店施加重大影响，对所取得的长期股权投资按照权益法核算。2008 年 B 饭店取得净利润 1 000 万元。2009 年 4 月 1 日，A 饭店又斥资 20 000 万元取得 B 饭店 80% 的股权。A 饭店在取得对 B 饭店的长期股权投资之后，B 饭店并未宣告发放现金股利或利润。A 饭店按净利润的 10% 提取盈余公积。A 饭店对该长期股权投资未计提任何减值准备。

本例中 A 饭店是通过分步购买最终达到对 B 饭店实施控制，形成企业合并的。在购买日，A 饭店应进行以下会计处理：

购买日前对 B 饭店长期股权投资的账面余额 = 5 000 + 200 = 5 200（万元）

2009 年 4 月 1 日，作会计分录如下：

借：盈余公积　　200 000

　　利润分配——未分配利润　　1 800 000

　　贷：长期股权投资　　2 000 000

借：长期股权投资　　200 000 000

　　贷：银行存款　　200 000 000

购买日对 B 公司长期股权投资的账面余额 =（5 200 － 200）+ 20 000 = 25 000（万元）

（二）除企业合并以外，其他方式取得的长期股权投资

除企业合并外，其他方式取得的长期股权投资，应当按照下列规定确定其初始投资成本。

1. 企业以现金购入的长期股权投资，应按实际支付的购买价款（包括支付的税费、手续费等相关费用）作为初始投资成本。在实际支付的价款中包含被投资单位已宣告但尚未发放的现金股利或利润应作为应收项目核算，不构成取得长期股权投资的初始投资成本。此外，企业为取得长期股权投资所发生的评估、审计、咨询等费用，不构成初始投资成本。

[**例** 4－4]甲饭店 2009 年 2 月 10 日购入 A 饭店股票 100 万股并准备长期持有，每股价格 5.1 元（其中含有已经宣布发放但尚未领取的现金股利 0.1 元），另支付手续费 20 000 元，款项已经用银行存款支付。

甲饭店对 A 饭店的长期股权投资的初始成本

=（5.1 － 0.1）× 1 000 000 + 20 000

= 5 020 000（元）

2009 年 2 月 10 日，做会计处理如下：

借：长期股权投资　　5 020 000

　　应收股利　　100 000

　　贷：银行存款　　5 120 000

2. 以发行权益性证券取得的长期股权投资，应当按照发行权益性证券的公允价值作为初始投资成本。

[**例** 4－5]2009 年 8 月 1 日，甲饭店通过增发 1 000 万股普通股（每股面值 1 元）取得乙

饭店20%的股权，该1 000万股股份的公允价值为9 000万元。甲饭店向证券承销机构等支付了400万元的手续费。甲饭店取得该部分股权后，能够对乙饭店的生产经营决策施加重大影响。

2009年8月1日，甲饭店做会计处理如下：

借：长期股权投资　　90 000 000
　贷：股本　　10 000 000
　　资本公积　　80 000 000
借：资本公积　　4 000 000
　贷：银行存款　　4 000 000

3. 投资者投入的长期股权投资，应当按照投资合同或协议约定的价值作为初始投资成本，但合同或协议约定的价值不公允的除外。投资者在合同或协议中约定的价值明显不公允的，应当按取得长期股权投资的公允价值作为其初始投资成本。

4. 企业按接受债务人以非现金资产抵偿债务方式取得的长期股权投资，应当将享有股份的公允价值确认为对债务人的投资，作为初始投资成本。重组债权的账面余额与接受的非现金资产的公允价值之间的差额，确认为债务重组损失，计入当期损益。

5. 企业以非货币性交易换入的，分为两种情况：若该项交换具有商业实质，且换出资产的公允价值能够可靠计量，则企业应当以公允价值和应支付的相关税费作为长期股权投资的初始投资成本；若该项交换不具有商业实质，则应当以换出资产的账面价值和应支付的相关税费作为长期股权投资初始投资成本。

二、长期股权投资持有期间的会计处理

长期股权投资在持有期间，根据投资企业对被投资单位的影响程度以及是否存在活跃市场，公允价值能否可靠取得等进行划分，应当分别采用成本法及权益法进行核算。

（一）长期股权投资的成本法

1. 成本法的适用范围

企业持有的长期股权投资，在下列情况下应采用成本法核算：

（1）投资企业能够对被投资单位实施控制。

（2）投资企业对被投资单位不具有共同控制或重大影响，并且在活跃市场中没有报价、公允价值不能可靠计量的长期股权投资。

（3）被投资单位在严格的限制条件下经营，其向投资企业转移资金的能力受到限制。

成本法是指投资按投资成本计价的方法。在成本法下，长期股权投资以取得股权时的初始投资成本计价入账后，除了投资企业追加或收回投资外，长期股权投资的账面价值一般应保持不变。投资企业确认投资收益，仅限于所获得的被投资单位在接受投资后产生的累积净利润的分配额，所获得的被投资单位宣告分派的利润或现金股利超过上述数额的部分，作为初始投资成本的收回，冲减投资的账面价值。

2. 成本法的核算方法

长期股权投资采用成本法核算的方法及一般程序如下：

（1）企业进行初始投资或追加投资时，按照初始投资或追加投资时的投资成本增加长期股权投资的账面价值。

（2）被投资单位宣告分派利润或现金股利时，投资企业按应享有的部分，确认为当期投

资收益。但投资企业确认的投资收益仅限于所获得的被投资单位在接受投资后产生的累计净利润的分配额，所获得的被投资单位宣告分派利润或现金股利超过被投资单位在接受投资后产生的累积净利润的部分，应冲减长期股权投资的账面价值。

企业在确认享有的投资收益和应冲减的投资成本时，应分别按投资年度和以后的年度采用不同的方法计算确认。

①投资企业在取得投资当年自被投资单位获得的现金股利或利润，应按下列公式计算确认投资收益或冲减投资成本的金额；

应享有的投资收益 = 投资当年被投资企业每股盈余 × 投资企业所持股份 ×（当年投资持有月份/全年月份）

或

= 投资当年被投资企业实现的净收益 × 投资企业持股比例 ×（当年投资持有月份/全年月份）

应冲减投资成本的金额 = 被投资单位分派的利润或现金股利 × 投资企业持股比例 - 投资企业投资年度应享有的投资收益

如果投资企业投资年度应享有的被投资单位分派的利润或现金股利大于投资企业投资年度应享有的投资收益，应按上述公式计算冲减投资成本；如果投资企业投资年度应享有的被投资单位分派的利润或现金股利等于或小于投资企业投资年度应享有的投资收益，则不需要计算冲减投资成本的金额，应分得的利润或现金股利全部确认为当期投资收益。

②投资年度以后的有关确认方法。投资企业在以后年度获得的利润或现金股利，应按下列公式计算确认投资收益或冲减投资成本金额：

应冲减的投资成本 =（投资后至本年末止被投资单位累积分派的利润或现金股利 - 投资后至上年末止被投资单位累积实现的净损益）× 投资企业的持股比例 - 投资企业已冲减的投资成本

应确认的投资收益 = 投资企业当年获得的利润或现金股利 - 应冲减投资成本的金额

如果投资后至本年末止被投资单位累积分派的利润或现金股利大于投资后至上年末止被投资单位累积实现的净损益，则按上述公式计算应冲减投资成本的金额；如果投资后至本年末止投资单位累积分派的利润或现金股利等于或小于投资后至上年末止被投资单位累积实现的净损益，则被投资单位当期分派的利润或现金股利中应由投资企业享有的部分，应于当期全部确认为投资企业的投资收益。

[**例** 4-6] 甲饭店 2007 年 1 月 1 日以银行存款购入乙饭店 4% 的股份，并准备长期持有。甲饭店的实际投资成本为 3 000 万元。取得投资后，乙饭店实现的净利润及利润分配情况如表 4-2 所示。

表 4－2 乙饭店实现的净利润及利润分配情况表

单位：万元

年 度	乙饭店实现的净利润	当年度分配利润
2007	4 000	2 300
2008	5 000	4 200
2009	2 000	0

注：乙饭店 2007 年分派的利润属于对其 2006 年度及以前年度实现净利润的分配。

甲饭店 2007 年的会计处理如下：

①取得投资时，全部作为投资成本：

借：长期股权投资——乙饭店　　30 000 000

　贷：银行存款　　30 000 000

②乙饭店宣布发放现金股利时，应全部作为投资成本回收：

借：应收股利　　920 000

　贷：长期股权投资——乙饭店　　920 000

③实际收到股利时：

借：银行存款　　920 000

　贷：应收股利　　920 000

2007 年末，长期股权投资的账面余额＝(3 000－92)＝2 908(万元)

甲饭店 2008 年的会计处理如下：

应享有的投资收益金额＝5 000×4%＝200(万元)

应冲减的初始投资成本金额＝(23 000＋4 200－4 000)×4%－92＝8(万元)

当年度实际分配的利润＝4 200×4%＝168(万元)

应确认的投资收益＝168－8＝160(万元)

借：应收股利　　1 680 000

　贷：长期股权投资　　80 000

　　投资收益　　1 600 000

2008 年末，长期股权投资的账面余额＝2 908－8＝2 900(万元)

甲饭店 2009 年的会计处理如下：

应冲减的初始投资成本金额＝(2 300＋4 200－4 000－5 000)×4%－100

＝－200(万元)

当年度实际分配的利润＝0(万元)

在成本法下，转回后的长期投资账面余额不应超过长期股权投资的初始成本，所以，应该冲减的初始投资成本不应超过 100(万元)。

借：长期股权投资　　1 000 000

　贷：投资收益　　1 000 000

3. 成本法的优点与缺点

成本法的优点是：投资账户能反映投资的成本；会计处理比较简单而且稳健；将投资方与受资方作为独立法人反映二者之间的经济关系，更符合法律规范。其缺点是：投资企业在账面上无法反映其在被投资单位所有者权益中所占的份额，投资企业与被投资企业的关系反映得不充分。

（二）长期股权投资的权益法

1. 权益法的适用范围

按照《企业会计准则第2号——长期股权投资》的规定，投资企业对被投资企业具有共同控制或重大影响的长期股权投资应采用权益法。

一般来说，企业对其他单位的投资占该公司有表决权资本总额20%或20%以上，但低于50%，或虽投资不足20%但有重大影响时，应采用权益法核算。

权益法是指投资最初以投资成本计价，以后根据投资企业享有被投资单位所有权益份额变动对投资的账面价值进行调整的方法。在权益法下，长期股权投资的账面价值随着被投资单位所有者权益的变动而变动，包括被投资单位实现净利润或发生净亏损以及其他所有者权益项目的变动。

2. 权益法的核算方法

长期股权投资采用权益法核算的方法及程序如下：

（1）初始投资或追加投资时，按照初始投资或追加投资时的投资成本增加长期股权投资的账面价值。

采用权益法核算长期股权投资时，如果长期股权投资的初始投资成本大于投资时应享有被投资单位可辨认净资产公允价值的相应份额的，不调整长期股权投资的初始投资成本；如果长期股权投资的初始投资成本小于投资时应享有被投资单位可辨认净资产公允价值的相应份额的，其差额通过投资收益直接计入当期损益，同时将初始投资成本调整为应享有的被投资单位可辨认净资产公允价值相对应的份额价值。

［例4－7］假设某餐饮集团在2009年1月1日以银行存款投资720万元取得某一饭店有表决权的股份70%，如果被投资饭店所有者权益在2009年1月1日其公允价值为1 000万元，账面价值900万元。假定被投资饭店的净资产全部为可辨认净资产。

分析：初始投资成本为720万元大于投资时应享有被投资饭店所有者权益的公允价值份额为700万元（1000×70%），因此有关的会计处理为：

借：长期股权投资——投资成本　　7 200 000

　贷：银行存款　　7 200 000

如果投资680万元，取得该饭店有表决权的股份70%，其他资料同上。

分析：初始投资成本为680万元小于投资时应享有被投资饭店所有者权益的公允价值份额为700万元（1 000×70%），差额为20万元，应确认为当期损益。有关的会计处理为：

借：长期股权投资——投资成本　　7 000 000

　贷：银行存款　　6 800 000

　　投资收益　　200 000

（2）投资后，随着被投资单位所有者权益的变动而相应调整（增加或减少）长期股权投资的账面价值（主要通过"长期股权投资——损益调整"来进行）。在调整时，应分以下情况处理：

①企业持有的对联营企业或合营企业的投资，应享有被投资单位净利润的份额，即投资收益，应当以取得投资时被投资单位各项可辨认资产等的公允价值为基础，对被投资单位净利润进行调整后加以确定，不应仅按照被投资单位的账面净利润与持股比例计算的结果简单

确定。基于重要性原则，通常应考虑的调整因素为：以取得投资时被投资单位固定资产、无形资产的公允价值为基础计提的折旧额或摊销额以及减值准备的金额对被投资单位净利润的影响。其他项目如为重要的，也应进行调整。

无法合理确定取得投资时被投资单位各项可辨认资产公允价值的，或者投资时被投资单位可辨认资产的公允价值与其账面价值之间的差额较小，以及其他原因导致无法对被投资单位净损益进行调整，可以按照被投资单位的账面净利润与持股比例计算的结果确认投资收益，但应在附注中说明这一事实以及无法合理确定被投资单位各项可辨认资产公允价值等原因。

②投资企业确认被投资单位发生的净亏损，应当在长期股权投资的账面价值以及其他实质上构成对被投资单位净投资的长期股权减计至零为限，投资企业负有承担额外损失义务的除外。

③被投资单位宣告分派利润或现金股利时，投资企业按其持股比例计算的应分得的利润或现金股利，冲减长期股权投资的账面价值，借记“应收股利”科目，贷记“长期股权投资——损益调整”科目。应当指出，被投资单位分派的股票股利，投资企业不做账务处理，但应于除权日注明所增加的股数，以反映股份的变化。

④被投资单位除净利润以外其他所有者权益的变动。这些变动主要包括被投资单位因增资扩股等而增加的所有者权益、因被投资单位专项拨款转入资本公积、因被投资企业关联方交易差价形成的资本公积等。企业对于被投资单位除净利润以外其他所有者权益的变动，在持股比例不变的情况下，按照持股比例与被投资单位除净利润以外其他所有者权益的变动额计算应享有或承担的部分，调整长期股权投资的账面价值（主要通过“长期股权投资——所有者权益其他变动”来进行），同时增加或减少资本公积（其他资本公积）。

3. 权益法的优点与缺点

采用权益法的优点是能真实地反映投资企业在被投资单位所有者权益中所占的实际份额，并且可以防止人为操纵利润。但投资企业和被投资单位毕竟是两个独立的法人，权益法的处理往往与法律现实不一致，投资收益的实现与现金流入的时间不相吻合。而且在权益法下，“长期股权投资”在报表中的余额反映不出投资时的原始成本，且会计核算比较复杂。

（三）成本法和权益法的转换

1. 成本法转为权益法

因追加投资等原因能够对被投资单位实施共同控制或重大影响但不构成控制的，应当改按权益法核算，并以成本法下长期股权投资的账面价值或按照《企业会计准则第22号——金融工具确认和计量》确定的投资账面价值作为按照权益法核算的初始投资成本。

将长期股权投资自成本法转按权益法核算的，应按转换时该项长期股权投资的账面价值作为权益法核算的初始投资成本，初始投资成本小于转换时占被投资单位可辨认净资产公允价值份额的差额，借记“长期股权投资——成本”科目，贷记“营业外收入”科目。

[**例4－8**]甲饭店于2008年1月1日以银行存款500万元购入圣阳集团股票一批，占圣阳集团实际发行在外股数的10%，另支付1万元相关税费等，甲饭店对圣阳集团的投资采用成本法核算。2008年3月2日，圣阳集团宣告分派2007年度的股利，每股分派0.1元的现金股利，甲饭店可以获得5万元的现金股利。2009年1月1日，甲饭店再以银行存款1 600万元购入圣阳集团实际发行在外股数的25%，另支付3万元相关税费。此时，甲饭店对圣阳集团实施共同控制，因而改用权益法核算该项投资。如果2009年1月1日圣阳集团可辨认资

产公允价值为6 000万元，2008年度实现的净利润为300万元，2009年度实现的净利润为400万元。甲饭店和圣阳集团适用的所得税税率为33%。甲饭店应作会计分录如下：

①2008年1月1日投资时：

借：长期股权投资　　5 010 000

　贷：银行存款　　5 010 000

②2008年宣告分派股利时：

借：应收股利　　50 000

　贷：长期股权投资　　50 000

③2009年1月1日再次投资时：

借：长期股权投资——成本　　20 990 000

　贷：长期股权投资　　4 960 000

　　银行存款　　16 030 000

因为长期股权投资成本 = 16 030 000 + 5 010 000 - 50 000 = 20 990 000元，可辨认净资产公允价值的份额 = 60 000 000 × 35% = 21 000 000元，计入当期损益 = 21 000 000 - 20 990 000 = 10 000元，可作会计分录如下：

借：长期股权投资——成本　　10 000

　贷：营业外收入　　10 000

④2009年圣阳集团实现净利润时：

借：长期股权投资——损益调整（400万元 ×35%）　　1 400 000

　贷：投资收益　　1 400 000

2. 权益法转为成本法

投资企业因减少投资等原因对被投资单位不再具有共同控制或重大影响的，并且在活跃市场中没有报价，公允价值不能可靠计量的长期股权投资，应当改按成本法核算，并以权益法下长期股权投资的账面价值作为按照成本法核算的初始投资成本。

长期股权投资权益法转按成本法核算的，除构成企业合并的以外，应按中止采用权益法时长期股权投资的账面价值作为成本法核算的初始投资成本。

[例4-9]A饭店2007年1月1日对B公司投资，占B公司注册资本的40%。B公司的其他股份分别由其他四个公司平均持有。A饭店采用权益法核算对B公司的投资，至2008年12月31日，A饭店对B公司投资的账面价值300万元，其中投资成本200万元，损益调整100万元。2009年1月5日，B公司的投资股东之一C公司收购了A饭店对B公司投资的30%，款项为250万元。A饭店持有B公司30%的股份，并失去影响力。为此，A饭店改按成本法核算。2009年3月1日，B公司宣告分派2008年度的现金股利，A饭店可获得现金股利10万元。A饭店应作如下会计分录：

①向公司出售持有B公司部分股权时：

借：银行存款　　2 500 000

　贷：长期股权投资——成本　　1 500 000

　　损益调整　　750 000

　　投资收益　　250 000

②出售部分股权后投资账面价值：

借：长期股权投资　　750 000

　　贷：长期股权投资——成本　　500 000

　　　　损益调整　　250 000

③2009 年 3 月 1 日，B 公司分派 2008 年度的现金股利时：

借：应收股利　　100 000

　　贷：长期股权投资　　100 000

注：A 饭店可获得现金股利 100 000 元，由于 B 公司分派的现金股利属于公司采用成本法前实现净利润的分配额，该部分分配额已计入公司对 A 饭店投资的账面价值，因此，A 饭店应作为冲减投资账面价值处理。

三、长期股权投资减值的核算

旅游企业在中期期末和年度终了时，应对长期股权投资按投资项目逐项进行检查。根据市价核算长期股权投资减值的增减变动及其结余情况，长期股权投资减值是指长期股权投资未来可收回的金额低于账面价值所发生的损失。可收回的金额是指企业所持有的长期股权投资预计在未来可得到的现金。预计可收回的现金可以按市价确定，也可以根据被投资单位的财务状况、现金流量等情况，对未来可能收回的投资额进行估计确定。

（一）长期股权投资减值的判断标准

企业在中期期末和年度终了时，应对长期股权投资按投资项目逐项进行检查，如果由于市价持续下跌或被投资单位经营状况恶化等原因，导致其可收回金额低于账面价值，并且这种降低的价值在可预计的未来期间内不可能恢复。此时，应将可收回金额低于长期股权投资账面价值的差额作为长期股权投资减值准备，调整长期股权投资账面价值。

企业持有的长期股权，有的有市价，有的没有市价，期末应根据具体情况判断确定各项长期股权投资是否应计提减值准备。

1. 有市价的长期股权投资减值的判断标准

（1）市价持续两年低于账面价值。

（2）该项投资暂停交易一年或一年以上。这种情况表明被投资单位已连续三年发生亏损。

（3）被投资单位当年发生严重亏损。

（4）被投资单位连续两年发生亏损。

（5）被投资单位出现不能持续经营的状况，如进行清理整顿、清算等。

应当说明的是，上述判断标准只是就一般情况而言的，有时可能出现这样一种情况：虽然存在上述减值的迹象，但证券的市场价值并未降低，甚至还高于账面价值。此时，应根据“实质重于形式”的原则，按被投资单位实际财务状况而不是市价，估计未来可以收回的金额，并计提投资减值准备。

2. 无市价的长期股权投资减值的判断标准

没有市价的长期股权投资，可以根据下列迹象判断是否应当计提减值准备：

（1）影响被投资单位经营的政治或法律环境发生变化，如税收、贸易等法规的颁布或修订，从而导致某些被投资单位发生巨额亏损。

（2）被投资单位所提供的商品或劳务，因产品过时或消费者偏好改变而使市场需求发生变化，从而导致被投资单位财务状况发生严重恶化。

(3)被投资单位所在行业的生产技术或竞争者数量发生重大变化，使企业之间的竞争加剧，导致产品积压，出现严重亏损。

(4)被投资单位陷入财务困境，如产品滞销、应收账款回收不畅、现金流入量严重不足、资金周转困难或陷入法律诉讼案件等，使被投资单位的持续经营能力受到怀疑。

(二)长期股权投资减值金额的确定

1. 企业对子公司、合营企业及联营企业的长期股权投资在资产负债表日的可收回金额低于其账面价值的，应将该股权投资的账面价值减计至可收回金额。

2. 企业对被投资单位不具有控制、共同控制或重大影响，在活跃市场中没有公允报价、公允价值不能可靠计量的长期股权投资，应当将该股权投资在资产负债表日的账面价值与按照类似金融资产当时市场利率对未来现金流量折现确定的现值之间的差额，确认为减值损失。

(三)长期股权投资减值准备的账务处理

为了核算和监督长期股权投资减值的计提和转回等情况，企业应设置“长期股权投资减值准备”总分类账户，进行总分类核算。该账户按长期股权投资的项目设置明细分类账户，进行明细分类核算。

在会计期末，应按前述判断标准，预计长期股权投资的减值并进行账务处理。当确认长期股权投资的预计可收回金额低于账面价值，即发生减值时，应计提长期股权投资减值准备，减值的会计处理为:借记“资产减值损失”，贷记“长期股权投资减值准备”。长期股权投资减值损失一经确定，在以后会计期间不得转回。长期股权投资减值准备应按照个别投资项目计算确定。

[例 4－10]A 饭店年终对其持有的长期股权投资进行逐项检查，发现被投资企业 C 公司的经营状况持续恶化，扭转的可能性极小。对 C 公司所投资产的账面价值为 600 000 元，估计该项投资可收回金额只有 400 000 元。应作会计分录如下：

借: 资产减值损失　　200 000

　贷:长期股权投资减值准备　　200 000

☆ **思考与练习**

一、思考题

1. 同一控制下的企业合并与非同一控制下的企业合并形成的长期股权投资取得成本的确定有何区别?

2. 分析长期股权投资核算的成本法与权益法的适用范围及各自的优缺点。

二、业务练习题

1. 甲饭店 2009 年发生以下经济业务:

(1)1 月 10 日以银行存款购买长信股份有限公司发行的股票 50 000 股准备长期持有，从而拥有长信股份有限公司 5% 的股份。每股买入价为 6 元，另外，企业购买该股票时发生有关税费 5 000 元。

(2)5 月 12 日收到长信股份有限公司宣告发放 2008 年度现金股利的通知，应分得现金股利 5 000 元。

(3)11 月 11 日将其作为长期投资持有的远海股份有限公司 15 000 股股票，以每股 10 元的价格卖出，支付相关税费 1 000 元，取得价款 149 000 元，款项存入银行。该长期股权投资账面价值为 140 000 元，假定没有计提减值准备。

要求：根据上述资料，编制甲饭店的会计分录。

2. 乙旅游公司发生以下业务：

(1)2008 年 1 月 20 日购买东方股份有限公司发行的股票 5 000 000 股准备长期持有，占东方股份有限公司股份的 30%。每股买入价为 6 元，另外，购买该股票时发生的有关税费 500 000 元，款项已用银行存款支付。2007 年 12 月 31 日，东方股份有限公司的所有者权益的账面价值(与其公允价值不存在差异)为 100 000 000 元。

(2)2008 年东方股份有限公司实现净利润 10 000 000 元。乙旅游公司按照持股比例确认投资收益 3 000 000 元。2009 年 5 月 15 日，东方股份有限公司已宣告发放现金股利，每 10 股派 3 元，乙旅游公司可派到 1 500 000 元。

(3)2009 年 6 月 15 日，乙旅游公司收到东方股份有限公司分派的现金股利。

(4)2009 年 8 月 30 日，乙旅游公司出售所持东方股份有限公司的股票 5 000 000 股，每股售价为 10 元，款项已收回。

要求：根据以上业务编制会计分录。

第五章　固定资产的核算

本章主要内容

- 固定资产的概念及特征
- 旅游企业固定资产的取得和计价
- 旅游企业固定资产的折旧管理
- 旅游企业固定资产的减值和处置

第一节　固定资产的概念及特征

一、固定资产的概念

固定资产是指同时具备下列特征的有形资产：一是为生产商品、提供劳务、出租或经营管理而持有的；二是使用寿命超过一个会计年度。

二、固定资产的特征

固定资产具有下列特征：

（一）它是为生产商品、提供劳务、出租或经营管理而持有

旅游企业持有固定资产的目的是为了生产商品、提供劳务、出租或经营管理，即企业持有的固定资产是企业的劳动工具或手段，而不是直接用于出售的产品。这里特别注意的是“出租”的固定资产是指用以出租的设备类固定资产，不包括经营租赁方式租出的建筑物。

（二）固定资产的使用寿命超过一个会计年度

固定资产的使用寿命是指企业使用固定资产的预计期间，或者该固定资产所能生产产品或提供劳务的数量。作为固定资产，它能多次参与生产经营过程，而基本不改变其原有的实物形态，随着使用和磨损，通过计提折旧的方式，使价值逐次转移。对固定资产计提折旧是固定资产后续计量的主要内容。

（三）固定资产为有形资产

固定资产具有实物特征，这一特征将固定资产与无形资产区别开来。固定资产具有明显的实物形态，可以看得见、摸得着，有些无形资产可能同时符合固定资产的其他特征，但是没有实物形态，所以不属于固定资产。

旅游企业的固定资产除了具有上述固有的特征外，还有其行业的特点：第一，由于旅游企业之间存在等级差异，对固定资产的要求也有所不同。比如五星级和三星级酒店对酒店设施、建筑风格等方面的要求就有所不同，奢侈型酒店和海滨度假村的要求也有差别。目前，我国旅游饭店接待的对象好多是国外来华旅游及商务客人，因此饭店的设计和造型必须标新立异，装饰要美观大方，设备的质量和性能要高。第二，由于旅游企业属于服务型企业，消

费者的需求对旅游企业至关重要，旅游企业固定资产的更新速度要跟上消费者的需求。一般星级酒店房间内都配有必要的商务设施，以满足客人的需要。

三、固定资产的确认条件

(一)与固定资产有关的经济利益很可能流入企业

我们知道，资产是指企业过去的交易或者事项形成的，由企业拥有或控制的，预期会给企业带来经济利益的资源。其中预期会给企业带来经济利益是最重要的特征，固定资产属于资产，当然要满足这一特征，并作为确认的条件。即企业在确认固定资产时，需要判断与该资产有关的经济利益是否很可能流入企业，如果与该固定资产有关的经济利益很可能流入企业，而且同时满足其他条件，那么应该将其确定为固定资产。

(二)该固定资产的成本能够可靠计量

成本能够可靠计量是资产确认的一项基本条件。固定资产作为企业资产的重要组成部分，要予以确认，其为取得该固定资产而发生的支出必须能够可靠地计量，并同时满足其他确认条件，就应该将其确认为固定资产。

四、旅游企业固定资产的分类

旅游企业的固定资产种类复杂，数量很多，为了合理组织固定资产核算，必须对固定资产分类。旅游企业的固定资产，可按经济用途和使用情况进行分类。

(一)固定资产按经济用途划分

固定资产按经济用途划分，可分为生产用固定资产和非生产用固定资产。

生产用固定资产，是指直接服务于旅游企业生产经营过程的各种房屋、建筑物、机器、机械、运输车辆、工具等。

非生产用固定资产，是指不直接服务于生产经营过程的固定资产。

固定资产按经济用途划分，可以清楚地反映企业生产经营用固定资产和和非生产经营用固定资产之间的组成变化情况，用来考核和分析企业固定资产管理和利用情况，进一步促进固定资产的合理配置，充分发挥其效用。

(二)固定资产按使用情况划分

固定资产按使用情况划分，可以分为使用中的固定资产、未使用的固定资产和不需用的固定资产。

使用中的固定资产，是指正在使用的经营性和非经营性固定资产。由于季节性经营或修理等原因，暂时停止使用的固定资产仍属于企业使用中的固定资产；企业出租给其他单位使用的固定资产以及内部替换使用的固定资产，也属于使用中的固定资产。

未使用的固定资产，是指已完工或已购建的尚未交付使用的固定资产以及因进行改建、扩建等原因停止使用的固定资产。如企业购建的尚待安装的固定资产、经营任务变更停止使用的固定资产等。

不需用的固定资产，是指本企业多余或不适用，需要调配处理的固定资产。

固定资产按使用情况进行分类，有利于企业掌握固定资产的使用情况，便于比较分析固定资产的使用效率，挖掘固定资产的使用潜力，促进固定资产的合理使用，同时也便于企业准确合理地计提固定资产折旧。

（三）按所有权划分

固定资产按所有权进行分类，可分为自有固定资产和租入固定资产。

自有固定资产是指企业拥有的可供企业自由支配使用的固定资产；租入固定资产是指企业采用租赁方式从其他单位租入的固定资产。

（四）按经济用途和使用情况综合划分

在实际工作中，旅游企业的固定资产采用经济用途和使用情况相结合形式划分为下列八类：

1. 房屋和建筑物。房屋是指旅游企业各部门用房，以及连同房屋不可分离的附属设备，如卫生设备等。建筑物是指房屋以外的围墙、水塔和企业内花园、广场中的亭台楼阁、喷水池等设施。

2. 机器设备。是指旅游企业用于经营服务的厨房设备、洗涤设备等其他机器设备。

3. 交通运输工具。是指用于经营服务和企业内部运输的各种载人、运货的机动车船。一切为运输设备组成部分的附属装置也包括在本类之内。

4. 家具设备。是指用于经营服务和旅游企业内部经营管理部门的高级沙发、组合家具等。

5. 地毯。是指企业营业区域和非营业区域所使用的全毛、混纺、化纤地毯。

6. 电器及影视设备。是指用于企业经营服务或管理用的电子计算机、通信设备、电视机、电冰箱、摄像机等。

7. 文体娱乐设备。是指健身房、娱乐厅用的各种设备，如桌球台、钢琴等。

8. 其他设备。是指不属于以上各类的其他固定资产。

由于企业的经营性质不同，经营规模有大有小，对于固定资产的分类可以有不同的分类方法，企业可以根据自己的实际情况和经营管理、会计核算的需要进行必要的分类。

五、固定资产核算时所用到的会计科目

固定资产的核算需要用到下列会计科目：

1. “固定资产”科目。用来核算固定资产的初始入账价值和结存情况。借方登记固定资产的增加数；贷方登记减少数，余额在借方，表示企业现有资产的原始入账价值。

2. “累计折旧”科目。是“固定资产”科目的备抵调整账户，用来核算固定资产的累计磨损价值，与“固定资产”科目对比，可以得出固定资产净值，即“固定资产”的借方余额减去“累计折旧”的贷方余额的差额，为现有固定资产的净值。计提折旧时，计入该账户的贷方；因出售、报废、投资转出等原因须转出减少的固定资产折旧时，计入该账户的借方。期末余额在贷方，表示现有固定资产的累计折旧数。

3. “固定资产减值准备”科目。用来核算固定资产当期发生减值的金额，具体会计处理在下面介绍。

4. “固定资产清理”科目。当固定资产因出售、报废、损毁等原因需要清理时，需要把固定资产净值，即“固定资产”、“累计折旧”、“固定资产减值准备”等相关科目中对应于此次转出的固定资产的余额部分，都转入“固定资产清理”科目。其次，“固定资产清理”科目还用于清理过程中清理费用和清理收入的核算。借方登记转入的固定资产净值和发生的各项清理费用；贷方登记固定资产的减少、残料变价收入等。期末，如果借方有余额，表示固定资产清理产生净损失，转入营业外支出；如果贷方有余额，则表示此项固定资产清理取得净收益，转入营业外收入。结转后此账户无余额。

5.“在建工程”科目。用来反映需要安装的固定资产在达到预定可使用状态前的价值，以及安装过程中发生的实际支出。另外，自行建造固定资产在未达到预计可使用状态前也在此账户下核算，以及固定资产更新改造时，也用此科目核算。会计处理在后面详细介绍。

6.“在建工程减值准备”科目。用来核算在建工程发生减值的金额，和“固定资产减值准备”科目性质相同。

第二节 旅游企业固定资产的取得和计价

一、固定资产的计量属性

会计计量是确定会计要素金额的过程，企业应当按照会计计量规定的会计计量要素进行计量，确定相关的金额。会计上，计量属性反映的是会计要素金额确定的基础，主要包括历史成本、重置成本、可变现净值、现值和公允价值等。

(一)历史成本

历史成本，又称实际成本，就是取得或制造某项资产时所实际支付的现金或者其他等价物。

(二)重置成本

重置成本，又称现行成本，是指按照当前的市场条件，重新获得同样一项资产所需要支付的现金或现金等价物金额。

(三)可变现净值

可变现净值，是指在正常生产经营过程中，以预计售价减去进一步加工成本和销售所必需的预计税金、费用后的净值。

(四)现值

现值是指对未来现金流量以恰当的折旧率进行折现后的价值，是考虑货币时间价值因素等的一种计量属性。

(五)公允价值

公允价值是指在公平交易中，熟悉情况的交易双方自愿进行资产交换或者债务清偿的金额。

在固定资产的计量中，一般应当用历史成本，在对固定资产进行减值测试时，确定固定资产的可回收金额时，会用到固定资产的公允价值以及未来现金流量的现值等计量属性。

二、固定资产的计价

(一)固定资产取得成本的确定

旅游企业固定资产在取得时，应按取得时的成本入账。固定资产取得时的成本是指企业取得固定资产时的成本，包括买价、进口关税、运输和保险等相关费用，以及为了使固定资产达到预定可使用状态前所发生的必要的支出。

企业固定资产的主要来源有购入、自行建造、投资者投入、融资租入固定资产、盘盈等等。因此，在具体确定固定资产的取得成本时，还要在基本原则的基础上，根据具体的取得方式而定：

1. 企业购置的不需安装就可使用的固定资产，按实际支付的买价、包装费、运输费、安装成本、缴纳的各种税金等，作为入账价值。

2. 企业自行建造的固定资产，应按建造该资产达到预定可使用状态前发生的全部支出，作为入账价值。

3. 投资者投入的固定资产，按投资各方确认的价值，作为入账价值。

4. 融资租入固定资产，按租赁开始日租赁资产的公允价值与最低租赁付款额的现值两者中低者，作为租入资产的入账价值。如果融资租入资产占企业资产总额的比例等于或低于30%的，在租赁开始日，企业也可按最低租赁付款额作为固定资产的入账价值。

5. 在原有固定资产的基础上进行改建、扩建的，按原固定资产的账面价值，加上由于改建、扩建使该项固定资产达到预定可使用状态前发生的支出，减去改建、扩建过程中发生的变价收入，作为入账价值。

6. 企业接受的债务人以非现金资产抵偿债务方式取得的固定资产或以应收债权换入固定资产的，应当对接受的固定资产按其公允价值入账，重组债权的账面余额与接受的固定资产的公允价值之间的差额，确认为债务重组损失，计入当期损益。如果已对固定资产计提减值准备的，应当先将该差额冲减减值准备，减值准备不足以冲减的部分，确认为债务重组损失，计入当期损益。

7. 以非货币性交易换入的固定资产，可分为两种情况：若该项交换具有商业实质，且换入固定资产或换出资产的公允价值能够可靠计量，则企业应当以公允价值和应支付的相关税费作为换入固定资产的成本，公允价值与换出资产账面价值的差额计入当期损益。若该项交换不具有商业实质，则应当以换出资产的账面价值和应支付的相关税费作为换入固定资产的成本，不确认收益。

8. 接受捐赠的固定资产若捐赠方提供了有关凭据的，按凭据上标明的金额加上应支付的相关税费，作为入账价值；若捐赠方未提供有关凭据的，则按同类或类似固定资产的市场价格估计的金额，加上应支付的相关税费作为入账价值。

9. 盘盈的固定资产，按同类或类似固定资产的市场价格，减去按该项固定资产的新旧程度估计的价值损耗后的余额，作为入账价值。

（二）固定资产的计价

企业购建固定资产而发生的借款利息支出和有关费用及外币借款的折合差额，在固定资产未交付使用或虽已投入使用但尚未办理竣工结算前发生的，应当计入固定资产价值，这之后发生的计入当期损益。已投入使用但尚未办理移交手续的固定资产可先按暂估价入账，待建设单位确定实际价值后，再按实际价调整。

对于已经入账的固定资产，原则上不得变更其原始价值，除非发生下列情况，才可以变动：①根据国家规定对固定资产进行重新估计；②增加补充设备或改良装置；③将固定资产的一部分拆除；④发现以前登记的固定资产价值是错误的。根据具体情况，现分述如下。

1. 外购的固定资产

（1）购入不需安装的固定资产

企业购入不需安装就可直接交付使用的固定资产，应按企业取得固定资产时的成本，包括买价、进口关税、运输和保险等相关费用，借记“固定资产”账户，贷记“银行存款”账户。

［例5－1］花园大酒店购入一台不需要安装的设备，增值税专用发票上注明的设备价款是2 000 000元，增值税进项税额340 000元，发生运输费5 000元，款项全部付清，不考虑其他费用，会计处理如下：

借:固定资产　　2 345 000

　　贷:银行存款　　2 345 000

(2)购入需要安装的固定资产

企业购入需要经过安装以后才能交付使用的固定资产，应按企业购入固定资产时实际支付的买价、运输、装卸费、安装调试费、专业人员调试费等相关费用，先通过“在建工程”账户核算，待安装完毕达到预定可使用状态时，再由“在建工程”账户转入“固定资产”账户。

“在建工程”是资产类账户，用于核算固定资产新建工程、改扩建工程、大修理工程等所发生的实际支出。其借方登记为购置、建造、安装固定资产所发生的一切支出，贷方登记工程完工交付使用的固定资产的实际成本。如有借方余额表示尚未完工或虽已完工但尚未办理竣工结算的工程实际成本。该科目下应按工程项目分设明细账，同时应单设“工程物资”明细科目，核算所购买的工程用物资。

[**例 5-2**]中山酒店购入一套需要安装的会议设备，取得时设备价款为 20 000 元，发生运输费 500 元;安装设备时，支出人员安装调试费 600 元。假定不考虑其他相关税费。账务处理如下:

①支付价款时:

借:在建工程　　20 500

　　贷:银行存款　　20 500

②支付安装费时:

借:在建工程　　600

　　贷:银行存款　　600

③设备安装完毕达到预定可使用状态:

借:固定资产　　21 100

　　贷:在建工程　　21 100

2. 自行建造的固定资产

企业自行建造的固定资产，应按建造该固定资产达到预定可使用状态前所发生的必要指标构成，包括工程用物资成本、人工成本、缴纳的相关税费，借记“在建工程”账户，贷记“银行存款”等账户;待工程达到预定可使用状态时，借记“固定资产”账户，贷记“在建工程”账户。

[**例 5-3**]开元大酒店自建仓库一幢，购入一批工程物资价款为 200 000 元，支付的增值税进项税额为 34 000 元，支付人员工资 50 000 元，工程完工并达到预定可使用状态。

①购入物资时:

借:工程物资　　234 000

　　贷:银行存款　　234 000

②领用物资时:

借:在建工程　　234 000

　　贷:工程物资　　234 000

③支付工人工资时:

借:在建工程　　50 000

　　贷:应付工资　　50 000

借:应付工资　　50 000

贷:银行存款　　　　　　　　　　　　　　　　　　50 000

④仓库达到预定可使用状态时:

借:固定资产　　　　　　　　　　　　　　284 000

贷:在建工程　　　　　　　　　　　　　　　　　284 000

3. 投资者投入的固定资产

投资者投入的固定资产,应按投资合同或协议约定的价值作为固定资产的入账价值,计入“固定资产”账户;按投资各方确认的投资者在注册资本中所占的份额,贷记“实收资本”或“股本”账户;按投资各方确认的价值与实收资本或股本之间的差额,贷记“资本公积”账户。

[例5-4]中山饭店注册资本为300 000元,接受南郊宾馆酒店投入的设备一台,该设备账面价值100 000元,已提折旧40 000元,经双方协商确认的价值为80 000元,占中山饭店注册资本的20%。企业收到固定资产时,作会计分录如下:

借:固定资产　　　　　　　　　　　　　　80 000

贷:实收资本——南郊宾馆　　　　　　　　　　60 000

资本公积　　　　　　　　　　　　　　　　20 000

4. 盘盈的固定资产

盘盈固定资产,作为前期差错处理,在按管理权限报经批准处理前,应先通过“以前年度损益调整”科目核算。

5. 融资租入的固定资产

融资租入的固定资产应单设明细科目进行核算。企业在租赁开始日,按租赁开始日租赁资产的公允价值与最低租赁付款额的现值两者中较低者作为入账价值,借记“固定资产”科目,按最低租赁付款额,贷记“长期应付款——应付融资租赁款”科目,按其差额借记“未确认融资费用”科目。同时企业还应按期分摊未确认融资费用,会计处理是:借记“财务费用”科目,贷记“未确认融资费用”科目。租赁期满,如合同规定将设备所有权转归承租企业,应将资产从“融资租赁固定资产”明细账,转入其他明细账。

如果融资租赁资产占企业资产总额比例等于或小于30%,在租赁开始日,企业应按最低租赁付款额借记“固定资产”科目,贷记“长期应付款——应付融资租赁款”科目。

企业租入的固定资产,按其租赁形式不同分为经营性租赁和融资租赁。这是两种不同性质的租赁方式,在会计核算上也采用不同的处理方法。

旅游企业为解决经营上的临时需要而租入固定资产时采用的租赁形式即为经营性租赁。这种情况下的租赁费列入管理费用,租入的固定资产不作为自有固定资产入账核算,只在备查簿中备查登记。

融资租赁与经营性租赁相比,一般租赁期限较长,租赁费用包括了设备的价款、租赁费、借款利息等,且租赁期满后设备产权一般要转给承租方。因此,融资租赁实质是一种变相的分期付款购买固定资产的形式。

企业通过融资租入方式租入的固定资产,在租赁期内,虽然只有使用权,没有所有权,但应视同自有固定资产进行核算。

第三节　旅游企业固定资产的折旧管理

一、固定资产折旧的概念

固定资产折旧是指在固定资产使用寿命内，按照确定的方法对应提折旧额进行分摊。按照新准则，应提折旧额，是指应当计提折旧的固定资产的原价扣除其预计净残值后的余额。如果已对固定资产计提减值准备，还应当扣除已计提的固定资产减值准备的累计金额。

二、影响固定资产折旧的主要因素

1. 固定资产原价，指固定资产的成本。

2. 预计净残值，估计在固定资产使用期满时，该资产处置的残值收入扣除清理费用后的余额。

3. 固定资产的使用年限，即企业使用固定资产的预计期间，或者该固定资产所能生产产品或提供劳务的数量。

4. 固定资产减值准备，即固定资产已计提的减值准备累计金额。

企业至少应当于每年年度终了，对固定资产的使用年限、预计净残值和折旧方法进行复核。如有差异，应当调整。

三、企业计提固定资产折旧的范围

企业应当对所有的固定资产计提折旧，但是下列几种除外：

1. 已提足折旧仍继续使用的固定资产。

2. 按照单独估价作为固定资产入账的土地。

3. 以经营租赁方式租入的固定资产。

4. 提前报废的固定资产。

四、计提固定资产折旧的几点注意事项

1. 固定资产按月计提折旧，并根据用途计入相关资产的成本或者当期费用。旅游企业固定资产一般计入当期费用。

2. 当月增加的固定资产，当月不计提折旧，下月开始计提折旧；当月减少的固定资产，当月仍要计提折旧，下月起不再计提。

3. 已达到预定可使用状态但尚未办理竣工结算的固定资产，应当按照估计价值确定成本，并计提折旧；待办理竣工结算后再按实际成本调整原来的暂估价值，但不需要调整已计提的折旧额。

五、固定资产的折旧方法

企业应当根据与固定资产有关的经济利益的预期实现方式，合理选择固定资产折旧方法。按照管理权限，经股东大会或董事会，或经理（厂长）会议等类似机构批准，作为计提折旧的依据。同时，按照法律、行政法规的规定报送有关各方备案，并备置于企业所在地，以供

投资者有关各方查阅。企业已经确定并对外报送，或备置于企业所在地的有关固定资产预计使用年限和预计净残值、折旧方法等，一经确定不得随意变更，如需变更，应当按照上述程序，经批准后报送有关各方备案，并在会计报表附注中予以说明。折旧方法有年限平均法、工作量法、双倍余额递减法和年数总和法等。固定资产的折旧方法一经确定，不得随意变更。

(一)年限平均法

年限平均法又称直线法，是将固定资产应计提折旧总额在固定资产预计的使用年限内均等分摊的一种折旧方法，采用这种方法计算的每期折旧额相等。其计算公式如下：

固定资产年折旧额 = [固定资产原值 -（预计净残值 - 预计清理费）]/预计使用年限
= (固定资产原值 - 预计净残值)/预计使用年限

固定资产月折旧额 = 固定资产年折旧额/12

固定资产年折旧率 = 固定资产年折旧额/固定资产原值 × 100%

固定资产月折旧率 = 固定资产年折旧率/12

固定资产月折旧额 = 固定资产原值 × 月折旧率

[**例** 5 - 5]花园酒店有一台设备，原值是 1 000 000 元，预计净残值率为 10%，预计使用年限为 15 年。求年折旧率、月折旧率以及月折旧额。

年折旧率 = (1 - 10%)/15 × 100% = 6%

月折旧率 = 6%/12 = 0.5%

月折旧额 = 1 000 000 × 0.5% = 5 000(元)

(二)工作量法

工作量法是根据固定资产的实际工作量(以工作小时或行驶里程、产量等)计提固定资产折旧的一种方法。

单位工作量折旧额 = (固定资产原价 - 预计净残值)/总工作量

某固定资产月折旧额 = 单位工作量折旧额 × 该固定资产该月工作量

[**例** 5 - 6]某旅行社有一辆旅游客车，原价为 100 万元，预计总行驶公里数为 4 500 000 千米，预计净残值率为 10%，本月行驶了 25 000 千米；假设没有预提减值准备。则该项固定资产本月的折旧额计算如下：

单位折旧额 = [1 000 000 × (1 - 10%)]/4 500 000 = 0.2(元/千米)

本月折旧额 = 25 000 × 0.2 = 5 000(元)

(三)双倍余额递减法

双倍余额递减法，是指不考虑固定资产预计净残值的情况下，根据每期期初固定资产原价减去累计折旧后的余额和双倍的直线法折旧率计算的固定资产折旧的一种方法，但在折旧年限的最后两年，要将固定资产净值扣除预计净残值后的余额平均摊销。计算公式如下：

年折旧率 = 2/预计使用年限 × 100%

月折旧率 = 年折旧率/12

月折旧额 = 固定资产账面净值 × 月折旧率

[**例** 5 - 7]某旅游公司购买了一台电子设备，确认的固定资产的原值为 400 000 元，预计使用寿命为 5 年，预计净残值率为 3%。按双倍余额递减法计提折旧。

公司每年折旧额计算如下：

年折旧率 = 2/5 × 100% = 40%

第一年应提的折旧额 = 400 000 × 40% = 160 000（元）

第二年应提的折旧额 =（400 000 − 160 000）× 40% = 96 000（元）

第三年应提的折旧额 =（240 000 − 96 000）× 40% = 57 600（元）

从第四年起改按年限平均法（直线法）计提折旧：

第四、五年应提的折旧额 =（86 400 − 400 000 × 3%）/2 = 37 200（元）

（四）年数总和法

年数总和法，又称年限合计法，是将固定资产的原价减去预计净残值的余额乘以一以固定资产尚可使用年限为分子、以预计使用寿命年数之和为分母的逐年递减的分数计算的每年折旧额。计算公式如下：

年折旧率 = 尚可使用年限/预计使用寿命的年数总和 × 100%

月折旧率 = 年折旧率/12

月折旧额 =（固定资产原价 − 预计净残值）× 月折旧率

［例 5 − 8］某旅行社的旅游车，原价为 1 000 000 元，预计净残值率为 10%，预计可使用 5 年，假设没有计提减值准备，采用年数总和法计算的各年折旧额如表 5 − 1 所示。

表 5 − 1　　各年折旧额计算表

单位：元

年　份	尚可使用年限	原价 − 净残值	年折旧率	每年折旧额	累计折旧
1	5	900 000	5/15	300 000	300 000
2	4	900 000	4/15	240 000	540 000
3	3	900 000	3/15	180 000	720 000
4	2	900 000	2/15	120 000	840 000
5	1	900 000	1/15	60 000	900 000

双倍余额递减法和年数总和法都属于加速折旧法，特点是在固定资产使用的早期多提折旧，后期少提折旧，其递减的速度逐年加快，从而相对加快折旧的速度，目的是使固定资产的价值尽快转移到成本费用中去，有利于加快固定资产的更新速度。

第四节　旅游企业固定资产的减值和处置

一、固定资产的减值

固定资产减值的计量实际上是对固定资产按公允价值计量的表示。对于固定资产减值的要求应当按照《企业会计准则第 8 号——资产减值》处理。确定固定资产减值应从以下几个方面考虑：

1. 企业应当在资产负债日判断资产是否存在可能发生减值的迹象，这些迹象包括固定资产市价大幅度下跌；资产已经陈旧过时或者其实体已经损坏、将被闲置、终止使用或者计划提前处置等；企业经营所处环境变化导致市场利率或者其他市场投资报酬率在当期已经提高等。

2. 测试固定资产的可收回金额。资产的可收回金额是根据资产的公允价值减去处置费用后的净额与资产预计未来现金流量的现值两者之间较高者确定。

3. 确定固定资产减值金额。通过比较固定资产的账面价值与可收回金额，当可收回金额低于其账面价值时，其差额即为应计提的固定资产减值的金额。

4. 固定资产损失一经确认，在以后会计期间不得转回。

5. 固定资产减值损失确认后，减值资产的折旧应当在未来期间作相应调整，以使该资产在剩余使用寿命期内计提固定资产折旧。

当企业资产的可收回金额低于其账面价值时，即表明资产发生了减值，企业应当确认资产减值损失，并把资产的账面价值减记至可收回金额，减记的金额确认为资产减值损失，计入当期损益，同时计提相应的资产减值准备。会计处理为：借记损益类科目“资产减值损失——固定资产减值损失”，贷记固定资产的备抵科目“固定资产减值准备”。期末，要将“资产减值损失”里的科目余额结清，转入“本年利润”科目，各资产减值准备科目累积每期的资产减值准备，直至相关资产被处置时才予以转出。

[**例5－9**]某旅游公司以前年度购入豪华客车，现在的账面价值为600 000元，经评估客车可收回金额为500 000元，账务处理如下：

借：资产减值损失——固定资产减值损失（固定资产原值－预计净残值）　100 000

　　贷：固定资产减值准备　100 000

二、固定资产的处置

固定资产的确认和计量实质上是指对固定资产的终止确认和计量。

（一）固定资产终止确认的条件

现行会计准则规定，固定资产满足下列条件之一的，应当予以终止确认。

1. 该固定资产处于处置状态。固定资产处置包括固定资产的出售、转让报废或毁损、对外投资、非货币性资产交换、债务重组等。处于处置状态的固定资产不再用于生产商品、提供劳务、出租或经营管理，因此不再符合固定资产的定义和确认条件，应当终止确认。

2. 该固定资产预期通过使用或处置不能产生经济效益。固定资产的确认条件之一是“与该固定资产有关的经济利益很可能流入企业”，如果一项固定资产通过使用或处置不能产生经济效益，那么它就不再符合固定资产的定义和确认条件，应当予以终止确认。

（二）固定资产处置的会计处理

企业出售、转让、报废固定资产或发生固定资产毁损，应当将处置收入扣除账面价值和相关税费后的金额计入当期损益。固定资产处置一般通过“固定资产清理”科目进行核算。

企业因出售、报废或毁损、对外投资、非货币性资产交换、债务重组等处置固定资产，其会计处理如下：

1. 固定资产转入清理。固定资产转入清理时，按固定资产的账面价值，借记“固定资产清理”科目，按已计提的累计折旧，借记“累计折旧”科目，按已计提的减值准备，借记“固定资产减值准备”科目，按固定资产账面余额，贷记“固定资产”科目。

2. 发生的清理费用。固定资产清理过程中发生的有关费用以及应支付的相关税费，借记“固定资产清理”科目，贷记“银行存款”、“应交税费”等科目。

3. 出售收入和残料等的处理。企业收回出售固定资产的价款、残料价值和变价收入等，应冲减清理支出。按实际收到的出售价款以及残料变价收入等，借记“银行存款”、“原材料”

等科目，贷记“固定资产清理”科目。

4. 保险赔偿的处理。企业计算或收到的应由保险公司或过失人赔偿的损失，应冲减清理支出，借记“其他应收款”、“银行存款”等科目，贷记“固定资产清理”科目。

5. 清理净损益的处理。固定资产清理完成后的净损失，属于生产经营期间正常的处理损失，借记“营业外支出——处置非流动资产损失”科目，贷记“固定资产清理”科目；属于生产经营期间由于自然灾害等非常原因造成的，借记“营业外支出——非常损失”科目，贷记“固定资产清理”科目。固定资产清理完成后的净收益，借记“固定资产清理”科目，贷记“营业外收入”科目。

[**例 5－10**]某旅行社有一辆客车因使用期满经批准报废。该汽车原价 300 000 元，累计已计提折旧 280 000 元，减值准备 10 000 元。在清理过程中，以银行存款支付清理费用 1 000 元，收到残料变卖收入 100 元，应支付相关税费 200 元。账务处理如下：

①固定资产转入清理

借：固定资产清理	10 000	
累计折旧	280 000	
固定资产减值准备	10 000	
贷：固定资产		300 000

②发生清理费用和相关税费

借：固定资产清理	1 200	
贷：银行存款		1 000
应交税费		200

③收到残料变卖收入

借：银行存款	100	
贷：固定资产清理		100

④结转固定资产清理净损益

借：营业外支出——非流动资产处置损失	11 100	
贷：固定资产清理		11 100

（三）固定资产的盘盈与盘亏

固定资产是一种单位价值较高、使用期限较长的有形资产，因此，对于管理规范的企业而言，在清查中发现盘盈与盘亏的固定资产是比较少见的，也是不正常的。一般来说，每年至少应在编制会计决算报告之前对固定资产进行一次全面清查，平时可以根据需要进行局部清查，以保证固定资产核算的真实性和完整性。如果清查中发现固定资产的损益应及时查明原因，在期末结账前处理完毕。

企业在财产清查盘盈的固定资产，作为前期差错处理，应根据重置价值借记“固定资产”科目，贷记“以前年度损益调整”科目。

[**例 5－11**]某酒店盘盈机器设备一台，重置价值为 85 000 元。报经上级批准后，盘盈固定资产的净值转为营业外收入。

①发现固定资产盘盈时

借：固定资产	85 000	
贷：以前年度损益调整		85 000

②报经上级批准后，转作固定资产盘盈

借:以前年度损益调整　　　　85 000

　贷:营业外收入　　　　85 000

[例5－12]某酒店盘亏机器设备一台，原值为50 000元。已提折旧为36 000元，净值为14 000元。报经上级批准后，盘亏固定资产的净值转为营业外支出。

借:待处理财产损益——待处理固定资产损益　　14 000

　累计折旧　　36 000

　贷:固定资产　　50 000

借:营业外支出——盘亏损失　　14 000

　贷:待处理财产损益——待处理固定资产损益　　14 000

三、固定资产的后续支出

固定资产的后续支出通常包括固定资产在使用过程中发生的修理费用、更新改造支出等。固定资产发生的更新改造支出等，符合《企业会计准则第4号——固定资产》第四条规定的确认条件的，增强了固定资产获取未来经济利益的能力，提高了固定资产的性能，应当计入固定资产成本，同时将被替换部分的账面价值扣除；不符合准则规定的确认条件的固定资产修理费用，应当在发生时计入当期损益。

☆ 思考与练习

一、思考题

1. 什么是固定资产？它具备哪些特点？

2. 固定资产计提折旧的范围是什么？

3. 固定资产的确认条件是什么？

二、业务练习题

1. 某企业2000年12月份购入一台需要安装设备，增值税专用发票上注明的设备货款为500 000元，增值税税率为17%，发生运杂费为6 600元，安装费18 000元，全部款项已用银行存款支付。该设备当月安装完毕并交付使用。该设备预计净残值9 600元，预计使用年限为5年。

要求:(1)计算该设备的入账价值。

(2)分别采用双倍余额递减法和年数总和法计算该设备2002年和2004年的折旧额。

2. 某旅游企业有关设备购建和使用的经济业务如下:

(1)购买设备一台价款40万元，增值税税率为17%，以银行存款支付，直接进行安装。

(2)购买工程物资5万元，以银行存款支付，直接用于安装工程。

(3)应付安装工程人员的工资5万元。

(4)安装工程完工，交付生产部门使用。

(5)该设备预计使用10年，净残值率5%，采用直线法计提年折旧。

(6)该设备交付使用后第四年年末出售，售价36万元，支付清理费用1 000元。

第六章　金融资产

本章主要内容

- 金融资产的概念和分类
- 金融资产的确认和计量
- 金融资产减值
- 金融资产转移

第一节　金融资产的概念和分类

一、金融资产的概念

金融资产是指企业持有的现金，或者能够为企业带来经济利益的金融工具，是一切可以在有组织的金融市场上进行交易、具有现实价格和未来估价的金融工具的总称。

按照新《企业会计准则第22号——金融工具确认和计量》第二条的规定，金融工具是指形成一个企业的金融资产，并形成其他单位的金融负债或权益工具的合同。金融工具按衍生类别可以分为基本金融工具（如应收及应付账款、权益证券等）、衍生金融工具（如金融期权、期货或远期合约、利率互换以及货币互换等）和其他金融工具。

在金融资产的概念中，强调形成收取现金或另一金融资产的合同权利，该合同权利使得金融资产区别于存货、设备和不动产等有形资产以及专利、商标权等无形资产，因为对后者的控制只能创造形成现金或其他资产流入的机会，但并不形成收取现金或其他金融资产的现时权利。

二、金融资产的分类

按照会计准则的规定，金融资产应当在初始确认时划分为下列四类：①以公允价值计量且其变动计入当期损益的金融资产；②持有至到期投资；③贷款和应收款项；④可供出售金融资产。上述分类一经确定，不得随意变更。

（一）以公允价值计量且其变动计入当期损益的金融资产

这类金融资产包括为交易目的所持有的债券投资、股票投资、基金投资、权证投资等交易性金融资产和直接指定为以公允价值计量且其变动计入当期损益的金融资产。

直接指定为以公允价值计量且其变动计入当期损益的金融资产是指可以消除或明显减少由于该金融资产或金融负债的计量基础不同所导致的相关利得或损失在确定和计量方面存在不一致的情况等所做的指定。对指定为以公允价值计量且其变动计入当期损益的金融资产的确认、计量、账务处理以及披露等，与交易性金融资产相同。

（二）持有至到期投资

把金融资产划分为持有至到期投资需要同时满足以下三个条件：①到期日固定和回收金

额固定或可确定。②企业有能力持有至到期。③企业有明确的意图持有至到期。

如果企业管理层决定将某项金融资产持有至到期，则在该金融资产未到期前，不能随意地改变其“最初意图”。对于如何判断企业是否有能力并且有明确的意图把一项金融资产持有至到期，会计准则给出了详细的标准。在实际的应用中，应该本着实质重于形式的原则做具体的判断。

持有至到期投资通常具有长期性质，但期限较短（一年以内）的债券投资，如符合持有至到期投资的条件，也可将其划分为持有至到期投资。

（三）贷款和应收款项

贷款和应收款项是指在活跃市场中没有报价、回收金额固定或可确定的非衍生金融资产。贷款和应收款项泛指一类金融资产，主要指金融企业发放的贷款和其他债权，但不限于金融企业发放的贷款和其他债权，如委托贷款等。非金融企业持有的现金和银行存款、销售商品或提供劳务形成的应收款项，企业持有的其他企业的债权等，只要符合贷款和应收款项的定义，可以划分为这一类。

（四）可供出售金融资产

可供出售金融资产通常是指初始确认时即被指定为可供出售的非衍生金融资产，以及没有被划分为以上三种类别的其他非衍生金融资产。比如，企业购入的在活跃市场上有报价的股票、债券和基金等，没有划分为以公允价值计量且其变动计入当期损益的金融资产或持有至到期投资等金融资产的，可归为此类。基于特定的风险管理或资本管理需要，企业也可将某项金融资产直接指定为可供出售金融资产。

第二节　金融资产的确认和计量

一、金融资产的初始确认

按照企业会计准则第22号，当企业成为金融工具合同的一方时，应当确认一项金融资产或金融负债。企业应根据金融资产的分类，在初始确认时作出恰当的归类。例如，满足金融资产确认条件且符合持有至到期投资的三个条件的金融资产，应当在取得该金融资产时确认为持有至到期投资。

二、金融资产的计量

（一）初始计量

企业初始确认金融资产，应当按照公允价值计量。具体地说，对于以公允价值计量且其变动计入当期损益的金融资产，以公允价值作为初始确认金额，交易成本在初始确认时直接计入当期损益；持有至到期投资、贷款和应收款项、可供出售金融资产应当按取得时的公允价值和相关交易费用之和作为初始确认金额。

企业对于取得的金融资产，应当分为不同类别进行初始计量。

1. 以公允价值计量且其变动计入当期损益的金融资产

此类金融资产可以进一步分为交易性金融资产或金融负债和直接指定为以公允价值计量

且其变动计入当期损益的金融资产。

(1)交易性金融资产，主要是指企业为交易目的所持有的股票投资、债券投资、基金投资等交易性金融资产，主要是为了近期内出售的金融资产。比如，企业以获得差价为目的购买的股票、债券、基金等。金融工具确认的计量准则范围内的衍生工具(包括国债期货、远期合同、股指期货，以及具有远期合同、期货合同、互换和期权中一种或一种以上特征的工具)，不作为有效套期工具的，也应划分为交易性金融资产。

(2)直接指定为以公允价值计量且其变动计入当期损益的金融资产，主要是企业基于本身战略投资、风险管理需要等所作的指定。比如，企业准备运用衍生工具对某持有至到期债券投资进行套期保值，但是由于套期有效性未能达到套期保值准则所规定的条件而无法运用套期会计方法，在这种情况之下，应将该持有至到期债券投资直接指定为以公允价值计量且其变动计入当期损益类，这样可以更好地反映企业风险管理的实际情况，提供更相关的会计信息。

(3)企业划分为以公允价值计量且其变动计入当期损益金融资产的股票、债券、基金，以及不作为有效套期工具的衍生工具，应当按照取得时的公允价值作为初始确认金额，相关的交易费用应当在发生时直接计入当期损益。所支付的价款中包含已宣告发放的现金股利或债券利息，应当确认为应收项目，单独列示。

2. 持有至到期投资

根据《企业会计准则第22号——金融工具确认和计量》第十一条的规定，持有至到期投资，是指到期日固定、回收金额固定或可确定，且企业有明确意图和能力持有至到期的非衍生金融资产。根据这一规定，企业从二级市场上买入的固定利率国债、浮动利率公司债券等，只要是符合持有至到期投资条件的，都可以归为持有至到期投资。买入的股权投资因其没有固定的到期日，不符合持有至到期投资规定的条件，所以不能将它划分为持有至到期投资。持有至到期投资通常具有长期性质，但期限较短(指一年以内)的债券投资如果符合持有至到期投资条件的，也可将其归分为持有至到期投资。

持有至到期投资应当按取得时的公允价值和相关交易费用之和作为初始确认金额。支付的价款中包含已宣告发放债券利息的，应确认为应收项目，单独列示。

3. 贷款和应收款项

根据《企业会计准则第22号——金融工具确认和计量》第十七条的规定，贷款和应收款项，是指在活跃市场中没有报价、回收金额固定或可确定的非衍生金融资产。根据这一规定，贷款和应收款项主要是指金融企业发放的贷款和一般企业销售商品或提供劳务形成的应收款项等债权。

金融企业按当前市场条件发放的贷款，应按发放贷款的本金和相关交易费用之和作为初始确认金额。一般企业对外销售商品或提供劳务形成的应收债权，通常按从购货方应收的合同或协议价款作为初始确认金额。

贷款持有期间所确认的利息收入，应当根据实际利率计算。实际利率应在取得贷款时确定，在该贷款预期存续期间或适用的更短期间内保持不变。

企业收回或处置贷款和应收款项时，应将取得的价款与该贷款和应收款项账面价值之间的差额计入当期损益。

4. 可供出售金融资产

根据《企业会计准则第22号——金融工具确认和计量》第十八条的规定，可供出售金融资产，是指初始确认时即被指定为可供出售的非衍生金融资产，以及除贷款和应收款项、持有至到期投资、以公允价值计量且其变动计入当期损益的金融资产等各类资产以外的金融资产。比如，企业在活跃市场上购入的有报价的股票、债券和基金等，没有划分为以公允价值计量且其变动计入当期损益的金融资产或持有至到期投资等金融资产的，可归为此类。

可供出售金融资产应当按取得该金融资产的公允价值和相关交易费用之和作为初始确认金额。支付的价款中包含了已宣告发放的债券利息或现金股利的，应确认为应收项目，单独列示。

（二）后续计量

1. 后续计量的一般原则

金融资产后续计量的总体原则是以公允价值计量且其变动计入当期损益的金融资产，应当按照公允价值计量，且不扣除将来处置该金融资产时可能发生的交易费用，但有两种例外的情况：

（1）对于持有至到期投资以及贷款和应收款项，应当采取实际利率法，按摊余成本计量。其中，摊余成本是指金融资产或金融负债的初始确认金额扣除已偿还的本金，加上或减去采用实际利率法对该初始确认金额与到期日金额之间差额进行摊销形成的累计摊销额，再扣除已发生的减值损失。

实际利率是指将金融资产或金融负债在预期存续期间或适用的更短期间内的未来现金流量，折现为该金融资产或金融负债当前账面价值所使用的利率。

（2）在活跃市场中没有报价且其公允价值不能可靠计量的权益工具投资，以及与该权益工具挂钩并须通过交付该权益工具结算的衍生金融资产，应当按照成本计量。

金融资产的后续计量与金融资产的分类密切相关。企业对于取得的金融资产，应当分别按不同类别进行后续计量。

2. 金融资产的后续计量

（1）以公允价值计量且其变动计入当期损益的金融资产

企业在持有以公允价值计量且其变动计入当期损益的金融资产期间取得的利息或现金股利，应当确认为投资收益。资产负债表日，企业应将以公允价值计量且其变动计入当期损益的金融资产的公允价值变动计入当期损益。

处置该金融资产时，该金融资产的公允价值与初始入账金额之间的差额应确认为投资收益，同时调整公允价值变动损益。

（2）持有至到期投资

持有至到期投资在持有期间应当按照摊余成本和实际利率法确认利息收入，计入投资收益。实际利率应当在取得持有至到期投资时确定，在该持有至到期投资预期存续期间或适用的更短期间内保持不变。实际利率与票面利率差别较小的，也可按票面利率计算利息收入，计入投资收益。

处置持有至到期投资时，应将所取得价款与该投资账面价值之间的差额确认为投资收益。

（3）贷款和应收款项

贷款持有期间应当按照摊余成本和实际利率计算确认利息收入。实际利率应在取得贷款时确定，在该贷款预期存续期间或适用的更短期间内保持不变。实际利率与合同利率差别较小的，也可按合同利率计算利息收入。企业收回或处置贷款和应收款项时，应按取得的价款与该贷款和应收款项账面价值之间的差额，确认当期损益。

(4)可供出售金融资产

可供出售金融资产持有期间取得的利息或现金股利，应当计入投资收益。资产负债表日，可供出售金融资产应当以公允价值计量，且公允价值变动计入资本公积(其他资本公积)。

处置可供出售金融资产时，应按取得的价款与原直接计入所有者权益的公允价值变动累计额对应处置部分的金额，与该金融资产账面价值之间的差额，确认为投资收益。

(三)处置时的处理

处置持有至到期投资时，应将所取得对价的公允价值与该投资账面价值之间的差额确认为投资收益。

第三节　金融资产减值

一、金融资产减值测试

参照《企业会计准则第22号——金融工具确认和计量》第四十条，企业应当在资产负债表日对以公允价值计量且其变动计入当期损益的金融资产以外的金融资产的账面价值进行检查，有客观证据表明该金融资产发生减值的，应当确认减值损失，计提减值准备。

如果能够估计出减值过程所形成的可能金额的范围，企业应当在考虑所有相关的信息之后，以该范围内的最佳估计数额确认减值损失。

对单项金额不重大的金融资产，可以针对单独一项金融资产进行减值测试，也可以把有类似信用风险特征的金融资产作为一个组合进行减值测试。实务中，企业可以根据具体情况确定单项金额重大的标准。该项标准一经确定，应当一直运用，不得随意变更。

二、持有至到期投资、贷款及应收款项的减值

对于持有至到期投资、贷款及应收款项，有客观证据表明其发生减值的，应当将该投资的账面价值减记至预计未来现金流量(不包括尚未发生的未来信用损失)，按原实际利率折现后的现值，减记的金额确认为资产减值损失，计入当期损益。在以后的期间，如有客观证据表明该投资价值已恢复，且客观上与确认该损失后发生的事项有关(如债务人的信用评级已提高等)，原确认的减值损失应当在减值金额范围内予以转回，计入当期损益。但是，该转回后的账面价值不应当超过假定不计提减值准备情况下该金融资产在转回日的摊余成本。

三、可供出售金融资产减值

可供出售金融资产发生减值时，即使该金融资产没有终止确认，原直接计入所有者权益的因公允价值下降形成的累计损失，应当予以转出，计入当期损益。

对于可供出售金融资产减值转回，准则对债务工具和权益工具采用了不同的处理方式。

1. 可供出售权益工具投资发生的减值损失，不得通过损益转回，不能计入损益，而应该作为所有者权益的调整项目确认。

2. 在活跃市场中没有报价，且其公允价值不能可靠计量的权益工具投资，或与该权益工

具挂钩并须通过交付该权益工具结算的衍生金融资产发生的减值损失，不得转回，即以成本计量的金融工具已经确认的减值额不应转回。

3. 对于已确认减值损失的可供出售债务工具，在随后的会计期间公允价值已上升且客观上与确认原减值损失确认后发生的事项有关的，原确认的减值损失应当予以转回，计入当期损益。这是因为债务性工具的价值变化相对来说更能客观地与确认减值损失之后的事情相联系，而且这种做法与贷款和应收款项以及持有至到期的资产等按摊余成本计量的金融资产减值损失予以转回的规定是一致的。

按照《企业会计准则第 22 号——金融工具确认和计量》的解释，分析判断可供出售金融资产是否发生减值，应当注重该金融资产公允价值是否持续下降。通常情况下，如果可供出售金融资产的公允价值发生较大幅度下降（通常是指达到或超过 20% 的情形），或在综合考虑各种相关因素后，预期这种下降趋势属于非暂时性的（通常是指该资产的公允价值持续低于其成本达到或超过 6 个月的情形），可以认定该可供出售金融资产已发生减值，应当确认减值损失。

第四节 金融资产转移

一、金融资产转移与终止确认

按照《企业会计准则第 23 号——金融资产转移》第二条，金融资产转移是指企业（转让方）将金融资产让与或交付给该金融资产发行方以外的另一方（转入方）。这里所指的金融资产，既包括单项的金融资产，也包括一组具有类似风险特征的金融资产。

金融资产转移与金融资产的终止确认是两个既有联系又有区别的概念。终止确认，是指将金融资产或金融负债从企业的账户和资产负债表内予以转销。企业转移金融资产可能导致对该金融资产的终止确认，也可能需要继续确认所转移的金融资产。

在评价一项金融资产是否应该终止确认时，应该首先评价该金融资产的风险和报酬是否已经转移，然后再评价是否发生了控制权的转移。具体来说，可以分为以下几种情况。

1. 如果企业已将金融资产所有权上几乎所有的风险和报酬转移给转入方，应当终止确认该金融资产。例如，不附追索权的金融资产出售；或者企业将获至任何保证条款的金融资产出售，同时与买入方签订协议，在约定期限结束时按当日该金融资产的公允价值回购。

2. 如果企业将金融资产转出，但同时保留了金融资产所有权上几乎所有的风险和报酬，则不应终止确认该金融资产。例如，附回购协议的金融资产出售，回购价固定或是原售价加出售方的合理回报等。

上述所称的"几乎所有"通常是指达到或超过全部风险和报酬 95% 的情形。

企业应当比较金融资产转让前和转让后，因被转让资产的未来现金流量净现值的变化以及时间分布的波动所面临的风险，从而评价风险和报酬的转移。

3. 如果企业既没有转移也没有保留金融资产所有权上几乎所有的风险和报酬，应当视企业是否放弃了对该金融资产的控制，分别按以下情况处理：

（1）企业放弃了对该金融资产控制的，应当终止确认该金融资产。对于企业是否放弃了该项金融资产的控制权，应通过判断转让方是否有出售被转让资产的实际能力来判断。如果转入方能够单独将转入的金融资产整体出售给与其不存在关联方关系的第三方，且没有额外条件对此项出售加以限制，表明企业已放弃对该金融资产的控制。

(2)企业未放弃对该金融资产控制的，应当按其继续涉入该金融资产的程度确认金融资产。例如，转出方保留了所转移金融资产所有权上的较大部分(非几乎所有)风险和报酬，且能控制所转移金融资产的，应当按其继续涉入所转移金融资产的程度确认相关资产和负债。

二、确认金融资产转移的条件

满足以下条件之一的经济事项可以确认为金融资产转移。

1. 企业将收取金融资产现金流量的权利转移给另一方。

2. 企业将金融资产转移给另一方，但保留收取金融资产现金流量的权利，并承担将收取的现金流量支付给一个或多个最终收款方的义务，同时符合以下全部条件：

(1)企业收到了与该金融资产等额的现金流量时，才有义务将其支付给最终收款方。企业发生短期垫付款，但有权全额收回这些垫付款，并按同期银行贷款利率计收利息的，视同符合条件。这一点表明企业没有因该笔业务而承担新的负债，因为企业没有支付现金的现实义务。

(2)根据合同约定，企业不能出售该金融资产或作为担保物，但可以将其作为对最终收款方支付现金流量的保证。这一点表明企业没有因该笔业务而获得一项资产，因为企业不能控制与该项金融资产有关的未来经济利益。

(3)企业有义务将收取的现金流量及时支付给最终收款方。企业无权将该现金流量进行再投资，但按合同约定在相邻两次支付间隔期内将所收到的现金流量进行现金或现金等价物投资的除外。企业按合同约定进行再投资的，应当将投资收益按合同约定支付给最终收款方。这一点同样表明企业没有资产。

三、金融资产转移的计量

(一)金融资产整体转移满足终止确认条件

金融资产整体转移满足终止确认条件的，应当将下列两项金额的差额计入当期损益：

(1)所转移金融资产的账面价值；

(2)因转移而收到的对价，与原直接计入所有者权益的公允价值变动累计额(涉及转移的金融资产为可供出售金融资产的情形)之和。

金融资产整体转移的损益 = 因转移收到的对价 + 原直接计入所有者权益的公允价值变动累计利得(如为累计损失，应为减项) - 所转移金融资产的账面价值

(二)金融资产部分转移满足终止确认条件

金融资产部分转移满足终止确认条件的，应当将所转移金融资产整体的账面价值，在终止确认部分和未终止确认部分(在此种情况下，所保留的服务资产应当视同未终止确认金融资产的一部分)之间，按照各自的相对公允价值进行分摊，并将下列两项金额的差额确认计入当期损益：

(1)终止确认部分的账面价值；

(2)终止确认部分的对价，与原直接计入所有者权益的公允价值变动累计额中对应终止确认部分的金额(按终止确认部分和未终止确认部分的相对公允价值，对该累计额进行分摊

确定）之和。

（三）金融资产转移不满足终止确认条件

企业转移金融资产不符合终止确认条件的，应该继续确认该金融资产，并将所收到的对价确认为一项金融负债。此类金融资产转移实质上具有融资性质，不能将金融资产与所确认的金融负债相互抵消。在随后的会计期间，企业应当继续确认该金融资产产生的收入和该金融负债产生的费用。所转移的金融资产以摊余成本计量的，确认的相关负债不得指定为以公允价值计量且其变动计入当期损益的金融负债。

（四）继续涉入方式的金融资产转移

继续涉入方式的金融资产转移是指企业既没有转移也没有保留金融资产所有权上几乎所有的风险和报酬，且未放弃对该金融资产控制的，应当根据其继续涉入所转移金融资产的程度确认有关金融资产和金融负债。企业所确认的金融资产和金融负债，应当充分反映企业所保留的权利和承担的义务。

☆ **思考与练习**

1. 简述金融资产的概念及分类。并举例说明哪些资产属于金融资产。
2. 什么是持有至到期投资？简述其含义和特点。
3. 什么是交易性金融资产？
4. 什么是可供出售金融资产？期末出售时如何进行计量？

第七章　旅游企业无形资产与其他资产的核算

本章主要内容

- 无形资产概述
- 无形资产的核算
- 旅游企业的其他资产

第一节　无形资产概述

一、无形资产的概念

无形资产是指企业拥有或者控制的没有实物形态的可辨认非货币性资产。旅游企业无形资产是指旅游企业为生产旅游产品，或为提供旅游服务，或为管理目的而持有的、没有实物形态的非货币性长期资产。

这类资产一般不具有实物形态，它们以经济资源形态存在，具有很高的经济价值，能在企业的生产经营中长期发挥作用，会在一个以上会计年度中为企业带来收益。

二、无形资产的内容

无形资产可分为可辨认无形资产和不可辨认无形资产。可辨认无形资产包括商标权、特许权、土地使用权、专利权、非专利技术、著作权等；不可辨认无形资产是指商誉。根据《企业会计准则第 6 号——无形资产》的规定，无形资产仅指可辨认的无形资产。

（一）商标权

商标是用来辨认特定的商品或服务的标记。商标权是指旅游企业拥有的在旅游产品上（或在旅游服务中）使用特定的名称或标志的权利。商标经过注册登记，就获得了法律上的保障。商标权的内容包括独占使用权和禁止权两个方面。独占使用权是商标权具有独占性的法律表现。禁止权是商标权具有排他性的法律表现。

旅游业属于服务行业，注册服务商标创立服务“名牌”，在国外早已成激烈竞争之势。我国于 1993 年 7 月 1 日首次受理服务商标注册申请，拉开了服务行业创“名牌”竞争的序幕。我国有不少饮食服务企业，由于长期一流的高质量服务，其店名在广大消费者的心目中享有较高的信誉，这些成名的招牌店号是来之不易的，需要十几年、几十年甚至上百年辛苦劳动、不懈努力，是企业十分宝贵的无形资产。

（二）特许权

特许权又称为经营特许权、专营权，指旅游企业在某一地区经营或销售某种特定旅游商品（或提供某种特定旅游服务）的权利或是一家旅游企业接受另一家旅游企业使用其商标、标号、技术秘密等的权利。前者一般是由政府机构授权，准许旅游企业使用或在一定地区享有经营某种业务的特权，如旅游景区内相关旅游企业所享有的专营权等；后者指旅游企业间依照签订的合同，有限期或无限期地使用另一家旅游企业的某些权利，如连锁酒店集团中各分店使用统一的集团名称和集团网络资源等。

（三）土地使用权

土地使用权是指国家允许某些旅游企业在一定期间内对国有土地享有开发、利用、经营的权利。在我国，由于实行土地的社会主义公有制，任何企业和个人只拥有土地的使用权，而没有所有权，但可以依法转让土地的使用权。旅游企业以出让方式单独取得的土地使用权应确认为无形资产，其成本根据支付的土地出让金和相关支出确定；如果土地使用权是连同地上附着物一起共存，则土地使用权视为附着物的一部分，列为固定资产价值，而不单独确认为无形资产。

（四）专利权

专利权是指国家专利主管机关依法授予专利申请人对其发明创造在法定期限内所享有的专有权利，包括发明专利权、实用新型专利权和外观设计专利权。对那些能够给企业带来较大经济价值，并且企业为此作了支出的专利，企业应作为无形资产来核算。这种专利一般具有可降低成本，或者提高产品质量，或可以转让获得转让费收入等特点，专利权受到国家法律的保护。

（五）非专利技术

非专利技术又称专有技术，是指为生产某种旅游产品或采用某种流程或工艺技术所需的知识、经验和技巧的总和。它包括各种设计资料、图纸数据、技术规范、材料配方、经营管理等技术资料。也包括专家、技术人员、工人掌握的不成文的经验、知识和技巧。非专利技术在生产经营过程中使用，能够提高旅游企业的生产管理水平，给企业带来较高的经济效益，但它不受国家法律保护，靠拥有者自已保密来维护其利益，如转让与他人，则靠合同来保密。它也不存在保护期限，如能保密下去，则可长期享有其利益，一旦泄露就不是专有技术。企业自创的非专利技术，由于其研究可能成功，也可能失败，对其所发生的研究开发费用等，出于谨慎考虑和简化核算，一般可将其全部列作当期费用处理，不作为无形资产入账核算；企业外购的非专利技术，应将实际发生的支出予以本金化，作为无形资产核算。

（六）著作权

著作权又称版权，制作者对其创作的文学、科学和艺术作品依法享有的某种特殊权利。著作权包括两方面的权利，即精神权利（人身权利）和经济权利（财产权利）。前者指作品署名、发表作品、确认作者身份、保护作品的完整性、修改已经发表的作品等各项权利，包括发表权、署名权、修改权和保护作品完整权；后者指以出版、表演、广播、展览、录制唱片、摄制影片等方式使用作品以及因授权他人使用作品而获得经济利益的权利。

三、无形资产的特征

（一）无形资产不具有实物形态

无形资产是不具有实物形态的非货币性资产，它不像固定资产、存货等有形资产具有实物形体。

（二）具有可辨认性

资产满足下列条件之一的，符合无形资产定义中的可辨认性标准：

1. 能够从企业中分离或者划分出来，并能单独或者与相关合同、资产或负债一起，用于出售、转移、授予许可、租赁或者交换。

2. 源自合同性权利或其他法定权利，无论这些权利是否可以从企业或其他权利和义务中转移或者分离。

商誉的存在无法与企业自身分离，不具有可辨认性，不在本节规范。

（三）无形资产属非货币性长期资产

无形资产属于非货币性资产且能够在多个会计期间为企业带来经济利益。无形资产的使用年限在一年以上，其价值将在各个受益期间逐渐摊销。

四、无形资产的分类

（一）按可否辨认分：可辨认无形资产和不可辨认无形资产

1. 可辨认无形资产具有专门的名称，可以单独取得或转让，如商标权、专利权、土地使用权等。

2. 不可辨认无形资产不能单独取得或转让，也不能脱离企业，主要指企业作为一个整体买卖以及企业在合并过程中所产生的商誉。

（二）按使用期限分：有限期无形资产和无限期无形资产

1. 有限期无形资产指法律上规定有效期限的无形资产，例如专利权、专营权、商标权等。这种无形资产的取得成本在其有效期内予以摊销。

2. 无限期无形资产指法律上未规定有效期限的无形资产，例如专有技术、商誉等。这种无形资产的取得成本不能按受益期限摊销，只能按国家规定的年限进行摊销。比如在《旅游、饮食服务企业财务制度》中便规定："法律和合同均未规定有效期限和受益年限的，按照不短于 10 年的期限确定"。

（三）按取得渠道分：自创无形资产和外来无形资产

1. 自创无形资产主要指企业自行研制创造而获得的专利权以及拥有的商誉等。

2. 外来无形资产包括作为投资转入的无形资产以及从外单位购入的无形资产。

（四）按可否转让分：可转让无形资产和不可转让无形资产

1. 无形资产是可根据法律程序办理转让和出售的无形资产，如专利权、商标权等。

2. 不可转让无形资产是依附于特定企业、不能依据法律程序办理转让和出售的无形资产，如商誉等。

五、无形资产的确认

若某项资产符合无形资产的定义，且与该资产有关的经济利益很可能流入该企业，并且该资产的成本能够可靠地计量，则应将该资产作为无形资产加以确认。

（一）符合无形资产的定义

企业能够控制该无形资产产生的经济利益是符合无形资产定义的重要表现之一。一般来说，如果企业拥有某无形资产的法定所有权，则说明该企业有权获得该无形资产产生的经济利益，同时又能约束其他人获得这些经济利益。比如，企业成功申请到的专利便赋予了该企业在一定期限内拥有该专利的法定所有权。

需要注意的是，旅游业虽然是劳动力集中型的服务行业，但类似熟练的员工队伍和良好的客户关系这样的资源并不能作为无形资产加以确认，因为企业一般无法完全控制这类资源产生的经济利益，它们并不符合无形资产的定义。

（二）与该无形资产有关的经济利益很可能流入企业

资产最基本的特征是产生的经济利益预期很可能流入企业，如果某一项目产生的经济利益预期不能流入企业，就不能确认为企业的资产。对无形资产的确认而言，如果某一无形资产产生的经济利益预期不能流入企业，就不能确认为企业的无形资产；如果某一无形资产产生的经济利益很可能流入企业，并同时满足无形资产确认的其他条件，则企业应将其确认为无形资产。例如，企业外购一项专利权，从而拥有法定所有权，使得企业的相关权利受到法律的保护，此时，表明企业能够控制该项无形资产所产生的经济利益。

（三）该无形资产的成本能够可靠地计量

成本能够可靠地计量是资产确认的一项基本条件。对于无形资产而言，这个条件显得十分重要。比如，一些高科技领域的高科技人才，假定其与企业签订了服务合同，且合同规定其在一定期限内不能为其他企业提供服务。在这种情况下，虽然这些高科技人才的知识在规定的期限内预期能够为企业创造经济利益，但由于这些高科技人才的知识难以准确或合理辨认，加之为形成这些知识所发生的支出难以计量，从而不能作为企业的无形资产加以确认。

六、无形资产的计价

旅游企业无形资产的取得有购入、自创、投资者投入、捐赠者捐赠等途径。企业无形资产在取得时，应按实际成本计量。具体确定方法如下：

1. 外购无形资产的成本，包括购买价款、进口关税和其他税费以及直接归属于使该项资产达到预定用途所发生的其他支出。购买无形资产的价款超过正常信用条件延期支付的，无形资产的成本为其等值现金价格。实际支付的价款与确认的成本之间的差额，除了按借款费用准则应予以资本化的以外，应当在信用期间内确认为利息费用。

2. 投资者投入的无形资产，应当按照投资合同或协议约定的价值作为成本，但合同或协议约定价值不公允的除外。

3. 企业接受的债务人以非现金资产抵偿债务方式取得的无形资产，应当对接受的无形资产按其公允价值入账，重组债权的账面余额与接受的无形资产的公允价值之间的差额，确认为债务重组损失，计入当期损益。如果已对无形资产计提减值准备的，应当先将该差额冲减减值准备，减值准备不足以冲减的部分，确认为债务重组损失，计入当期损益。

4. 以非货币性交易换入的无形资产，包括以投资、存货、固定资产或无形资产换入的无形资产等。非货币性资产交换具有商业实质且公允价值能够可靠计量，在发生补价的情况下，支付补价方应当以换出无形资产的公允价值加上补价和应支付的相关税费作为换入无形资产的成本；收到补价方应当以换入无形资产的公允价值和应支付的相关税费作为换入无形资产的成本。

5. 企业自行开发的无形资产的成本，其成本包括自满足无形资产的确认条件后至达到预定用途前所发生的支出总额，包括在开发过程中发生的材料费用、直接参与开发人员的工资及福利费、开发过程中发生的租金、借款费用支出以及依法取得时发生的注册费、聘请律师费等费用。在研究过程中的相关费用，应当直接计入当期损益。

在确认之前已经计入各期费用的研究与开发费用，在该无形资产获得成功并依法申请取得权利时，不得再将原已计入费用的研究与开发费用资本化。

6. 通过政府补助取得的无形资产成本，应当按照公允价值计量。公允价值不能可靠取得的，按照名义金额计量。

第二节 无形资产的核算

为反映旅游企业各种无形资产的取得、减少及价值摊销等情况，应设置“无形资产”科目进行核算。该科目属于资产类科目，其借方登记企业取得的无形资产，贷方登记企业减少的无形资产及无形资产的价值摊销。其余额在借方，反映企业尚未摊销的无形资产的价值。在“无形资产”总账下，应按无形资产的种类设置明细账，进行明细分类核算，以提供详细的核算资料。

为核算企业计提的无形资产减值准备，应设置“无形资产减值准备”科目，该科目贷方登记无形资产可收回金额低于账面价值的差额，借方登记已计提减值准备的无形资产的可收回金额以后又回升的数额。期末余额在贷方，反映企业已提取的无形资产减值准备。

一、无形资产取得的核算

1. 购入的无形资产，按实际支付的价款作为实际成本，借记“无形资产”科目，贷记“银行存款”等科目。

2. 投资者投入的无形资产，按投资各方确认的价值，借记“无形资产”科目，贷记“实收资本”或“股本”科目。

3. 企业接受的债务人以非现金资产抵偿债务方式取得的无形资产，应当对接受的无形资产按其公允价值入账，重组债权的账面余额与接受的无形资产的公允价值之间的差额，确认为债务重组损失，计入当期损益。如果已对无形资产计提减值准备的，应当先将该差额冲减减值准备，减值准备不足以冲减的部分，确认为债务重组损失，计入当期损益。

4. 以非货币性交易换入的无形资产，包括以投资、存货、固定资产或无形资产换入的无形资产等。非货币性资产交换具有商业实质且公允价值能够可靠计量，在发生补价的情况下，支付补价方应当以换出无形资产的公允价值加上补价和应支付的相关税费作为换入无形资产的成本；收到补价方应当以换入无形资产的公允价值和应支付的相关税费作为换入无形资产的成本。

5. 企业自行开发的无形资产发生的研发支出，不满足资本化条件的，借记“研发支出——费用化支出”科目，满足资本化条件的，借记“研发支出——资本化支出”科目，贷记“原材料”、“银行存款”、“应付职工薪酬”等科目。

[例7-1]花园酒店为扩大经营，新建一家连锁店，向土地管理局支付300 000元，以取得土地使用权30年，支付咨询费、手续费12 000元，均以银行存款支付。作会计分录如下：

借：无形资产——土地使用权　　312 000

　贷：银行存款　　312 000

[例7-2]山水旅游咨询股份有限公司接受一项由某企业投资转入的非专利技术，双方协议确定的价值为80 000元。该旅游咨询公司的会计分录处理如下：

借：无形资产——非专利技术　　80 000

贷：实收资本　　80 000

二、无形资产摊销的核算

（一）无形资产摊销的概念和方法

无形资产属于企业的长期资产，能在较长的时间里给企业带来经济利益，但随着时间的推移，其价值会逐渐消逝。在这个阶段内，其价值应逐步转移到受益期内产品的价值中去。因此，无形资产的取得成本应在其有效使用期限内摊销，从而与各期收入相配比，合理确定各会计期间的经营损益。企业在取得无形资产时，应分析判断其使用寿命，使用寿命有限的无形资产应进行摊销，使用寿命不确定的无形资产不应摊销。对于使用寿命有限的无形资产应当自可供使用当月起开始摊销，处置当月不再摊销。

所谓无形资产的摊销，就是把无形资产的取得成本在其有效期内合理地、平均地摊入企业管理费用的过程。

无形资产摊销方法包括直线法、生产总量法等。企业选择的无形资产的摊销方法，应当反映与该项无形资产有关的经济利益的预期实现方式，无法可靠确定预期实现方式的，应当采用直线法摊销。

旅游企业按月计提无形资产摊销，无形资产的应摊销金额为其成本扣除预计残值后的金额。已计提减值准备的无形资产，还应扣除已计提的无形资产减值准备累计金额。使用寿命有限的无形资产应视残值为零，但下列情况除外：第一，有第三方承诺在无形资产使用寿命结束时购买该无形资产；第二，可以根据活跃市场得到预计残值信息，并且该市场在无形资产使用寿命结束时很可能存在。

企业应当按月对无形资产进行摊销。无形资产的摊销额一般应当计入当期损益，企业自用的无形资产摊销时，应借记“管理费用——无形资产摊销”账户，贷记“累计摊销”账户；出租的无形资产摊销时，借记“其他业务成本”账户，贷记“累计摊销”账户；某项无形资产包含的经济利益通过所生产的产品或其他资产实现的，其摊销额应当计入相关资产成本。

[例7－3]好时光旅行社购入一项专有技术，成本为180 000元，合同规定受益年限为10年，该旅行社每月进行摊销，会计处理如下：

借：管理费用——无形资产摊销　　1 500

　贷：累计摊销　　1 500

（二）无形资产处置的核算

企业所拥有的无形资产，可以依法进行转让，企业转让无形资产的方式有两种：一是出售，即转让无形资产的所有权；二是出租，即转让无形资产的使用权。所有权是指企业在法律规定的范围内对其无形资产所享有的占有、使用、收益、处置的权利，而使用权是按照无形资产的性能和用途加以利用，以满足生产经营的需要。因此，无形资产的所有权与使用权的内容是不一样的，而在会计核算上，出售与出租无形资产的账务处理方法也是不一样的。

（三）企业出售无形资产的核算

企业出售无形资产，便不再拥有对该无形资产占有、使用、收益、处置的权利，所以，应冲销无形资产的账面价值，同时将实际取得的收入与转让过程中发生的费用之间的差额直接计入当期损益。

具体而言：应按实际取得的转让收入，借记“银行存款”等账户，按该项无形资产已计提的减值准备，借记“无形资产减值准备”账户，按无形资产的账面余额，贷记“无形资产”账户，按应支付的相关税费，贷记“银行存款”、“应交税金”等账户，按其差额，贷记“营业外收入——出售无形资产净收益”账户或借记“营业外支出——出售无形资产损失”账户。

[例7-4]中华旅游集团将其子公司的某个酒店品牌商标权转让给东方旅游集团，取得转让收入2 000 000元。该商标权账面原值为2 500 000元，已摊销1 200 000元，已计提减值准备200 000元。转让无形资产的营业税税率为5%。

商标权的账面价值 = 2 500 000 - 1 200 000 - 200 000
= 1 100 000(元)

营业税 = 2 000 000 × 5% = 100 000(元)

出售商标权的净收益 = 2 000 000 - 1 100 000 - 100 000
= 800 000(元)

会计分录处理如下：

借:银行存款	2 000 000	
无形资产减值准备	200 000	
累计摊销	1 200 000	
贷:无形资产——商标权		2 500 000
应交税费——应交营业税		100 000
营业外收入——出售无形资产净收益		800 000

(四)企业出租无形资产的核算

企业转让无形资产的使用权即出租时，仍保留对该无形资产的所有权，受让方对其只有使用权，而无所有权，只能根据合同的规定合理使用。所以在结转成本时，企业仍要保留无形资产的账面价值，只将转让使用权时所发生的费用作为转让的成本。这是转让所有权与转让使用权在会计处理上的不同点。

企业出租无形资产取得的收入，作为其他业务收入，借记“银行存款”等账户，贷记“其他业务收入”等账户；无形资产摊销成本及与转让有关的费用（如派出技术服务人员的费用等），计入其他业务支出，借记“其他业务支出”账户，贷记“银行存款”、“累计摊销”等账户。

[例7-5]天马旅行社将某项专利权出租给一家酒店，每年可取得租金收入48 000元，应交营业税为2 400元。该项专利权的账面余额为240 000元，摊销年限为10年，该酒店每月摊销一次，会计处理如下：

①收到租金收入时：

借:银行存款	48 000	
贷:其他业务收入		48 000

②摊销该专利权成本费用时：

借:其他业务成本	4 400	
贷:累计摊销		2 000
应交税费——应交营业税		2 400

三、无形资产减值的核算

企业应当定期或至少于每年年度终了，检查各项无形资产预计给企业带来未来经济利益的能力，对预计可收回金额低于其账面价值的，应当计提减值准备。因企业合并所形成的商誉和使用寿命不确定的无形资产，无论是否存在减值迹象，每年都应当进行减值测试。

当存在下列一项或若干项情况时，应对其可收回金额进行估计，并将账面价值超过可收回金额的部分确认为减值准备：

1. 某项无形资产已被其他新技术等所替代，使其为企业创造经济利益的能力受到重大不利影响。

2. 某项无形资产的市价在当期大幅下跌，在剩余摊销年限内预期不会恢复。

3. 某项无形资产已超过法律保护期限，但仍具有部分使用价值。

4. 其他足以证明某项无形资产实质上已经发生了减值的情形。

计提无形资产减值准备时，借记“资产减值损失”科目，贷记“无形资产减值准备”科目。无形资产减值准备一经确认，在以后会计期间不得转回。

[**例** 7－6] 时代大酒店的一项专利权账面原值为 50 000 元，累计摊销 20 000 元，累计计提减值准备 4 000 元，因有新专利出现，使该项专利权的盈利能力大幅度下降，预计其使用年限内未来盈利的现值为 25 000 元。由于该项无形资产在资产负债表日的账面价值为 50 000－20 000＝30 000 元，可收回金额为 25 000 元，可收回金额低于其账面价值，应按其差额 5 000－4 000＝1 000 元，计提减值准备，酒店作会计分录如下：

借：资产减值损失——计提的无形资产减值准备　1 000

　贷：无形资产减值准备　1 000

第三节　旅游企业的其他资产

其他资产是指除流动资产、长期投资、固定资产、无形资产、长期待摊费用以外的长期资产，一般包括具有专门用途、经国家批准储备的各种特种储备物资，银行冻结存款、冻结物资，国外冻结存款和物资，临时设施以及涉及诉讼中的财产等。这类资产一般不参加企业的正常生产经营活动，也不需要进行摊销，而且并不是所有的企业都拥有这类资产。

企业如有其他资产业务发生，应在资产负债表中单项列示，并可根据资产性质及特点设置相关账户核算。企业的其他资产应按实际成本计价入账。对于其他资产，在现行的《旅游、饮食服务企业会计制度》中，没有专门的会计账户，如果旅游企业有这些业务发生，可以相应地设置“其他资产”账户进行核算。

长期待摊费用是指企业已经支付，但摊销期限在一年以上的各项费用，包括固定资产大修理支出、租入固定资产的改良支出等。应当由本期负担的借款利息、租金等不得作为长期待摊费用处理。

长期待摊费用应当单独核算，在费用项目的受益期限内分期平均摊销。大修理费用采用待摊方式的，应当将发生的大修理费用在下一次大修理前平均摊销。租入固定资产改良支出应当在租赁期限与预计可使用年限两者孰短的期限内平均摊销。其他长期待摊费用应当在受益期内平均摊销。

企业应设置“长期待摊费用”科目，核算企业已经发生但应由本期和以后各期负担的分摊期限在一年以上的各项费用。该科目可按费用项目进行明细核算。

企业发生长期待摊费用时，借记“长期待摊费用”科目，贷记有关科目。摊销长期待摊费用时，借记“管理费用”、“销售费用”等科目，贷记“长期待摊费用”科目。该科目期末借方余额反映企业尚未摊销完毕的长期待摊费用的摊余价值。

除购置和建造固定资产以外，所有筹建期间发生的费用，先在长期待摊费用中归集，待企业开始生产经营起一次计入开始生产经营当期的损益。

如果长期待摊的费用项目不能使以后会计期间受益，应当将尚未摊销的该项目的摊余价值全部转入当期损益。

[例 7－7] 黄山旅游酒店在筹建期间共发生注册费、员工培训费、差旅费、筹建期间人员工资、办公费等开办费用 1 000 000 元。开办费用在酒店开始营业的当月一次摊销。该酒店的会计分录处理如下：

①开办费发生时：

借：长期待摊费用——开办费　　1 000 000

　贷：银行存款　　1 000 000

②酒店开业时摊销开办费时：

借：管理费用——开办费摊销　　1 000 000

　贷：长期待摊费用——开办费　　1 000 000

☆ **思考与练习**

一、思考题

1. 什么是无形资产？

2. 无形资产怎样分类？

二、业务练习题

1. 某企业转让无形资产所有权，收入 25 万元，无形资产的原值为 30 万元，已摊销的无形资产金额是 6 万元，没有计提无形资产减值准备。营业税税率 5%。

2. 2001 年 1 月 1 日，甲企业外购 A 无形资产，实际支付的价款为 200 万元。根据相关法律，A 无形资产的有效年限 10 年，已使用 1 年。甲企业估计 A 无形资产预计使用年限为 5 年。2002 年 12 月 31 日，由于与 A 无形资产相关的经济因素发生不利变化，致使 A 无形资产发生价值减值。甲企业估计其可收回金额为 48 万元。

2004 年 12 月 31 日，甲企业发现，导致 A 无形资产在 2002 年发生减值损失的不利经济因素已全部消失，且此时估计 A 无形资产的可收回金额为 30 万元。假定不考虑所得税及其他相关税费的影响。

要求：编制从无形资产购入到无形资产使用期满相关业务的会计分录（金额单位用万元表示）。

第八章　负债

本章主要内容

- 负债的概念与分类
- 流动负债
- 非流动负债

第一节　负债的概念与分类

一、负债的概念

负债即指过去的交易、事项形成的现时义务，履行义务是以本企业的经济利益流出为代价的。从负债的定义分析，负债具有以下三个特点：

1. 负债是因过去的交易、事项而产生的。换句话说，会计确认的负债基于已经发生的交易或者事项。

2. 负债是企业承担的现时义务。现时义务是指企业在现行条件下已承担的义务。未来发生的交易或者事项形成的义务不属于现时义务范畴。所谓现时义务，既可以是法定义务，也可以指推定义务。其中，法定义务是指有效合同或相关法律法规规定的义务，通常法律规定必须强制执行。推定义务是指根据常规或者习惯做法，公开的承诺或政策导致企业应当承担的责任。

3. 现时义务的履行通常体现为企业放弃资产来满足债权方的要求。履行的方式可采取支付现金、转让资产、提供劳务等方式。

二、负债的分类

旅游企业的负债，根据流动性的不同分为流动负债和非流动负债两大部分。

所谓流动负债，是指可以在一年或者超过一年的一个营业周期内偿还的债务。包括短期借款、应付短期债券、预提费用、应付及预收款项等。

非流动负债又称为长期负债，是指企业由于过去的经营活动已经产生且目前仍然存在，预计需要在一年或一个正常营业周期以上偿还的债务。

区分流动负债和非流动负债的目的是评估企业的财务状况。同时，用流动资产与流动负债相比较，可以反映出企业的短期偿债能力。所以，正确对负债进行分类是十分必要的。

第二节 流动负债

一、流动负债的性质

流动负债指在一年或者超过一年的一个营业周期内偿还的债务。认定一项流动负债，必须满足两个条件：

1. 到期日在一年或者超过一年的一个营业周期内。

2. 到期时必须动用流动资产或者新的流动负债作为偿债手段。

流动负债产生的主要原因是营业活动，例如，因赊购生产所需原材料或者赊购商品产生的应付票据、发出商品、应付账款，或提供劳务前预先收取的收入等。除此之外，由营业活动以外的交易所产生的其他负债如果预期在一年或者一个营业周期内以流动资产或者流动负债偿付的，也应计入流动负债核算。

二、流动负债的分类

（一）按流动负债的来源分类

1. 外部流动负债。旅游企业与企业外部其他会计主体之间由于各种商业关系（包括借贷、购销、经营等）原因形成的应付账款、应付票据、短期借款、应缴税金等。

2. 内部流动负债。旅游企业与会计主体内部的部门或个人之间由于暂收暂付等或参与经营活动形成的其他应付款、应付工资、应付福利费等。

（二）按流动负债的形成方式分类

1. 融资活动形成的流动负债。旅游企业从银行或者其他金融机构筹集资金形成的流动负债，如短期借款等。

2. 结算业务形成的流动负债。旅游企业没有了结的商品交易所形成的流动负债。如待结算货款等形成的应付账款。旅游企业内部往来形成流动负债，包括应付工资、福利费等。

三、短期借款

短期借款是旅游企业向银行或者其他金融机构借入的期限在一年以下（含一年）的各种款项。一般是企业为维持正常的生产经营所需流动资金而借入或者为抵偿某项流动负债而借入的。

旅游企业的短期借款有以下几个基本特征：

1. 债权人不仅包括银行，还包括其他金融机构，如金融公司。

2. 借款期限一般为一年以下（含一年）。

3. 归还借款时，必须还本付息。

短期借款应当根据借款本金，按照规定利率按期计提利息，计入当期损益。

短期借款主要账务处理如下：

旅游企业应当设置“短期借款”科目用于核算企业向银行或其他金融机构借入的期限在一年以下（含一年）的各种借款，并按照借款种类和借款人进行明细核算。

短期借款的主要账务处理如下：

1. 企业借入的各种短期借款，借记“银行存款”科目，贷记“短期借款”科目;归还借款时，做相反分录。

2. 资产负债表日，应按实际利率计算确定的短期借款利息金额，借记“财务费用”等科目，贷记“预提费用”、“银行存款”等科目。实际利率与合同约定的名义利率差异不大的情况下，也可用合同约定的名义利率来计算确定利息费用。

[例 8-1] 某旅游企业 2008 年 1 月 1 日从工商银行借入一年期贷款 100 000 元，年利息率 6%，编制有关分录如下：

①取得借款时：

借:银行存款	100 000	
贷:短期借款——工商银行		100 000

②每月月底，计提利息时：

借:财务费用——利息支出	500	
贷:预提费用		500

③季末支付利息时：

借:预提费用	1 000	
财务费用——利息支出	500	
贷:银行存款		1500

④借款期满，归还借款本金时：

借:短期借款——工商银行	100 000	
贷:银行存款		100 000

四、应付票据

应付票据是由出票人签发，委托付款人在指定日期无条件支付确定金额给收款人或者持票人的票据。通常是因为企业购买材料、商品和接受劳务供应等开出、承兑的商业汇票，根据承兑人的不同，分为银行承兑汇票和商业承兑汇票两种。适用于同城或异地结算，一般期限不超过 6 个月。因此将应付票据归于流动负债进行管理和核算。企业应当设置“应付票据备查簿”详细登记商业汇票的种类、号数和出票日期、票面余额、合同交易号和收款人姓名或单位名称以及付款日期和金额等资料。应付票据结清时，在备查簿中予以注销。

旅游企业因购买材料、商品和接受劳务供应等而开出、承兑商业汇票时，借记“材料采购”、“应交税费——应交增值税(进项税额)”，贷记“应付票据”。票据到期时，把票款转出去。

如果商业承兑汇票是带息的，借记“财务费用”，贷记“应付票据”。等到票据到期时，没有支付款项，要将“应付票据”转入“应付账款”，借记“应付票据”，贷记“应付账款”。如果是银行承兑汇票，到期时如果企业无力偿付，银行会垫付划拨给持票人，该笔款项将转为一项短期借款，并加收罚息。这时，应借记“应付票据”，贷记“短期借款”。

[例 8-2] 某旅游企业为一般纳税人，于 2008 年 1 月 1 日开出一张面值为 11 700 元，期限 6 个月的不带息商业汇票，用以支付采购材料款。增值税发票注明的材料款为 10 000 元，增值税额为 1 700 元，该企业的有关会计分录如下：

借:材料采购	10 000
应交税费——应交增值税(进项税额)	1 700

贷:应付票据　　　　　　　　　　　　　11 700

[例 8 - 3] 2008 年 7 月 1 日，该旅游企业于 1 月 1 日开出的商业汇票到期，该旅游企业通知其开户银行以银行存款支付票款，该企业的有关会计分录如下：

借:应付票据　　　　　　　　　　　11 700

贷:银行存款　　　　　　　　　　　　　11 700

[例 8 - 4] 假设上述商业汇票为银行承兑汇票，该汇票到期时，该旅游企业无力支付票据，该企业有关会计分录如下：

借:应付票据　　　　　　　　　　　11 700

贷:短期借款　　　　　　　　　　　　　11 700

五、应付账款

(一)应付账款的概念和确认

1. 基本概念

应付账款，是指因购买材料、商品或接受劳务等商业活动而发生的债务。是交易双方在购销活动中由于取得物资与支付货款在时间上不一致而产生的负债。由于应付账款一般在较短期限内支付，因此将应付账款列入流动负债项目核算。

2. 入账时间的确认

应付账款入账时间的确认，应以所购买商品的所有权已转移或接受劳务已发生作为判断标志。但在会计实践中，应该区别两种情况处理。

(1) 在货物和发票同时到达情况下，如果在货物验收入库后尚未支付货款，则按照发票金额登记入账。

(2) 在货物和发票不是同时到达情况下，如果发票已到而货物未到，应当直接根据发票记载的价款和运杂费，计入有关商品成本和“应付账款”(未能及时支付货款时)；在货物先到而发票账单未到，同时又无法确定货物实际成本情况下，在月度终了，应按照所购物资暂估金额入账，待下月初再用红字冲回。

3. 入账金额的确认

应付账款入账金额的确认的核心问题是现金折扣的处理问题，根据处理方法的不同，分为总价法和净价法两种具体处理方法。

总价法假定企业不享受现金折扣，所以按总价借记“材料采购”等账户，贷记“应付账款”账户。如果企业在折扣期限内付款，其所获得的现金折扣就应冲减应付账款，并相应计入“财务费用”科目贷方。

净价法规定应付账款和有关存货账户都按照净价记录，实际上已经确认企业获得了购货折扣。因此，在净价法下，如果企业没有按时付款并丧失折扣利益，购货折扣的损失应计入本期财务费用。

(二)应付账款的主要账务处理

企业应设置“应付账款”科目用于核算企业因购买材料、商品和接受劳务等经营活动应支付的款项。

应付账款的主要账务处理规定如下：

1. 旅游企业购入商品、原材料等验收入库，如果货款尚未支付，应根据相关凭证(如发票、随货同行联记载的实际价款或暂估价值)，借记“物资采购”、“在途物资”等科目，按可抵扣的增值税金额，借记“应交税费——应交增值税(进项税额)”等科目;按应付的价款，贷记“应付账款”等科目。

2. 接受对方提供劳务而发生的应付未付款项，根据提供劳务方开具的发票，借记“生产成本”、“管理费用”等科目，贷记“应付账款”科目。支付时，借记“应付账款”科目，贷记“银行存款”等科目。

3. 旅游企业如有将应付账款划转出去或者确实无法支付的应付账款，应按照其账面余额，借记“应付账款”科目，贷记“营业外收入——其他”科目。

“应付账款”科目期末贷方余额，反映企业尚未支付的应付账款。

六、应付职工薪酬

职工薪酬是指旅游企业根据有关规定应支付给职工的各种薪酬，包括员工工资、奖金、津贴和补贴，职工福利费、医疗、养老、失业、工伤、生育等社会保险费，住房公积金、工会经费、职工教育经费，非货币性福利等职工提供服务产生的义务。总而言之，职工薪酬是企业必须要付出的人力成本，是吸引和激励职工的手段，换句话说，职工薪酬既是职工对企业付出劳动所应得的报酬，也是企业的成本费用。

(一)应付职工薪酬所核算的内容

1. 职工工资、奖金、津贴和补贴。是指按国家统计局《关于职工工资总额组成的规定》，构成工资总额的计时工资、计件工资、支付给职工的超额劳动报酬和增收节支的劳动报酬，为了补偿职工特殊或额外的劳动消耗和因特殊原因支付给职工的津贴，以及为了保证职工工资水平不受物价影响支付给职工的物价补贴等。

2. 职工福利费。是指企业为职工集体提供的福利，如补助生活困难职工等。

3. 五险一金包括医疗保险费、养老保险费、失业保险费、工伤保险费和生育保险费以及住房公积金。

4. 工会经费和职工教育经费。是指企业为了改善职工文化生活、提高职工业务素质用于开展工会活动和职工教育及职业技能培训，根据国家规定的基准和比例，从成本费用中提取的金额。

5. 非货币性福利。包括企业以自己的产品或其他有形资产发放给职工作为福利，企业向职工无偿提供商品或类似医疗保健的服务等。

6. 其他职工薪酬。例如辞退福利、遣散费等。

(二)应付职工薪酬的会计核算

旅游企业应当设置“应付职工薪酬”科目进行核算，贷方反映已分配计入成本费用项目的职工薪酬，借方反映实际发放的职工薪酬，余额一般在贷方，表示尚未支付的职工薪酬。

按照收益对象确认职工薪酬;

企业在计量职工薪酬时，应当依据国家有关的计提标准加以计提;没有明确规定计提基础和比例的，企业应当根据历史经验数据和实际情况，合理预计当期应付职工薪酬。

非货币性职工薪酬，应按照受益对象计入相关成本费用。

将企业拥有的房屋无偿提供给职工使用的，会计处理为:首先借记管理费用，贷记应付职工薪酬，然后借记应付职工薪酬，贷记累计折旧。

难以认定受益对象的非货币性福利，直接计入当期损益（管理费用）和应付职工薪酬。

［例 8－5］某酒店 2010 年 1 月的工资总额为 325 000 元，其中营运部门人员工资为 200 000 元，管理人员工资为 125 000 元。

该酒店职工住房公积金由酒店负担 50%，职工个人负担 50%，企业按照职工工资总额的 10% 为职工缴纳住房公积金，职工个人负担部分由企业代扣代缴。本期该酒店缴纳上月住房公积金 64 000 元。

第三节 非流动负债

非流动负债又称为长期负债，是指企业由于过去的经营活动已经产生且目前仍然存在，预计需要在一年或一个正常营业周期以上偿还的债务。有观点认为，偿还期限在一至五年期限的属于中期负债，而超过五年期限的则属于长期负债。本文所指的长期负债是指偿还期限在一年或一个正常营业周期以上的债务。长期负债一般包括长期借款、应付债券、融资租赁、补偿贸易融资等。

一、非流动负债的作用和特点

非流动负债是企业筹集资金的主要渠道之一，它与增加资本金对比，有利方面表现为：一是可以为原投资者带来更多收益，因为企业在举债经营期内如果获得的投资报酬率高于非流动负债的利率，其高于部分只有原投资者可参与分配；二是举债经营在股份制企业有利于股东保持控股权，并不至于由于增发股票而使企业股票价值下跌。不利方面有：一是举债经营财务风险大，企业如不能及时地偿还债务，债权人有权使企业清算；二是举债经营将会降低企业的借款能力；三是在一定程度上增加企业负担，因为利息不像股利，是到期必须支付的。

企业非流动负债随着时间的变化而偿还期不足一年时，在资产负债表应作为流动负债列示。

筹措非流动负债资金，可以解决企业长期资金的不足，如满足资金需要量大、周期长的资本性支出的需要。此外，由于非流动负债的归还期长，债务人可以对债务的归还做好合理的规划与安排，提前做好还款准备，可以大大减轻还款的风险与压力。但是，非流动负债筹资一般成本较高，即长期负债的利率一般要高于短期借款的利率；负债的限制性条款较多，即债权人往往会制订一些限制性条款来约束债务人，以保证债务本金和利息的及时、足额偿付。例如，借款的用途往往被限制；或者，规定债务人在还款期间不能举借新债，等等。

二、长期借款

长期借款是企业从银行和其他金融机构借入的，还款期限在一年以上（不含一年）的各种借款。包括一年以上的各种流动资金贷款、固定资产贷款和外汇借款等。长期借款的筹资渠道主要有两个途径：①从银行筹措资金；②从非银行金融机构（信托公司、投资公司等）筹措资金。按用途的不同，长期借款可以划分为商品流转借款、固定资产大修理借款、网点设施借款等；按借款的币种不同，可以分为人民币借款和外币借款两类；按计息方式的不同，可以分为单利借款和复利借款两种，我国目前主要使用单利的计息形式；按偿还方式的不同，可以划分为到期一次还本付息和分期偿还本息两种形式。

(一)长期借款借入时的核算

企业为了扩大生产能力或经营能力，同时自有资金不足以满足需要时，可以通过长期借款筹措资金。企业应设立“长期借款”账户进行长期借款会计核算，该账户为负债类账户，贷方登记企业借入的长期借款；借方登记企业归还的长期借款；余额在贷方，反映尚未归还的长期借款。企业应按借款单位和种类来设置明细账。企业借入长期借款时，按实际收到的款项，借记“银行存款”科目，贷记“长期借款——本金”科目。借贷相抵如有差额，贷记“长期借款——利息调整”账户。

[例8-6] 某企业为建造厂房，向银行借入偿还期为三年的借款600 000元，根据有关凭证，作如下会计分录：

借：银行存款　　　　600 000

　贷：长期借款——本金　　　　600 000

(二)长期借款利息的核算

借款利息的计算主要有单利计息和复利计息两种形式，按单利计息方式计算时，利息在借款期内只按借款数额计算单次利息；按复利形式计算时，不仅要按借款数额计算利息，以前期间产生的利息也要纳入本金总额来计算利息，即“利滚利”。目前，我国各大银行主要采用单利法计算利息。银行计算贷款利息的公式如下：

利息 = 本金 × 时期 × 利率

企业的借款利息有两种支付方法，在资产负债表日，企业应按长期借款的摊余成本和实际利率计算确定的长期借款的利息费用，借记“在建工程”、“财务费用”、“制造费用”等科目，按借款本金和合同利率计算确定的应付未付利息，贷记“应付利息”科目，按其差额，贷记“长期借款——利息调整”科目。

[例8-7] 某公司接到银行书面通知，该公司因建设厂房举借长期借款本期利息为30 000元，会计分录如下：

借：在建工程　　　　30 000

　贷：应付利息　　　　30 000

3. 长期借款偿还的核算

长期借款到期，企业必须如期归还。归还长期借款时，按双方合同约定的长期借款本金，借记“长期借款——本金”科目，按转销的利息调整金额，贷记“长期借款——利息调整”科目，按实际归还的借款金额，贷记“银行存款”科目，按借贷双方之间的差额，借记“在建工程”、“财务费用”、“制造费用”等科目。

[例8-8] 某公司因业务发展需要，建造营业楼一栋。2006年1月1日借入期限为两年的长期专项借款1 000 000元，款项已存入银行。借款利率为10%，每年付息一次，期满后一次性偿还本金。2006年初，以银行存款支付工程价款共计600 000元，2007年初又以银行存款支付工程费用400 000元。该厂房于2007年10月底竣工。假设不考虑该项借款资金存款的利息收入或者投资收益。根据上述业务编制有关会计分录如下：

①2006年1月1日，取得借款时：

借：银行存款　　　　1 000 000

　贷：长期借款——本金　　　　1 000 000

②2006年初，支付工程款时：

借：在建工程　　　　600 000

贷:银行存款 600 000

③2006 年 12 月 31 日，计算 2006 年应计入工程成本的利息时：

借款利息 =1 000 000 × 10% =100 000(元)

借:在建工程 100 000

贷:应付利息 100 000

④2006 年 12 月 31 日支付借款利息时：

借:应付利息 100 000

贷:银行存款 100 000

⑤2007 年初支付工程款时：

借:在建工程 400 000

贷:银行存款 400 000

⑥2007 年 10 月底，达到预定可使用状态，该期应计入工程成本的利息 =(1 000 000 × 10% ÷12) ×10 =83 333.33(元)

借:在建工程 83 333.33

贷:应付利息 83 333.33

同时：

借:固定资产 1 183 333.33

贷:在建工程 1 183 333.33

⑦2007 年 12 月 31 日，计算 2007 年 11 -12 月应计入财务费用的利息:(1 000 000 ×10% ÷12) ×2 =16 666.67(元)

借:财务费用 16 666.67

贷:应付利息 16 666.67

⑧2007 年 12 月 31 日支付利息时：

借:应付利息 100 000

贷:银行存款 100 000

⑨2008 年 1 月 1 日到期还本时：

借:长期借款——本金 1 000 000

贷:银行存款 1 000 000

三、应付债券

债券是企业作为债务人以筹资为目的，向债权人承诺在未来一定时期还本付息而发行的一种有价证券。企业(公司)发行的超过一年期以上的债券，构成了企业的长期负债。在本章中，如不特别说明，应付债券即指长期债券，即偿还期在一年以上或超过一年的一个营业周期的企业(公司)债券。发行债券是企业筹集资金的重要方式之一，通常，非公司企业发行的债券称为企业债券。按照国际惯例和我国《公司法》，股份有限公司和有限责任公司发行的债券为公司债券。企业发行债券的目的一般是为建设和发展筹集资金，实质是债券发行方以支付一定的利息为代价获得债券投资者让渡的资金使用权。但是，债券与一般的借贷凭证有一点很重要的区别，那就是企业(公司)债券可以在市场上流通和交易，债券所有者可以凭债券向银行或金融机构申请抵押或者办理贴现，当然也可以依法转让给其他投资者。

（一）应付债券的基本要素

应付债券的基本要素是指发行的债券上必须载明的基本内容，这是明确债权人和债务人权利和义务的主要约定。

1. 面值

应付债券的面值是指债券的票面价值，即债券到期时企业应偿还的本金数额，也是债券利息的计算依据。

2. 利率

即债券利息与债券面值的比率，它是债券资金投资报酬的计算标准。债券利率一经确定，在发行期内一般不变。

3. 付息期

企业支付每期利息的时间间隔，可以是到期一次支付，或者一年、半年或按季度或按月支付。

4. 偿还期

即企业债券上注明的偿还债券本金的期限。

（二）应付债券的种类

企业发行债券是其债务筹资的主要方式之一，企业应付债券的发行可按下列标准进行分类：

1. 按利息的支付方式分类

按其利息支付方式的不同，应付债券可以分为附息债券和贴息债券。其中，所谓付息债券是指在债券的票面上附有息票的应付债券。息票，其实质也是有价证券，可以流通、转让；贴息债券是一种发行时按所规定利率进行折扣计算，等债券发行时从债券票面价值中直接进行扣除，以低于票面价值发行债券的一种方式。

2. 按有无抵押担保分类

根据抵押担保的有无，应付债券可以分为信用债券和担保债券，信用债券即无担保债券，是一种仅凭债券发行企业的信誉发行，无任何抵押品作担保的债券；担保债券，则是以有具体指定财产作担保的债券。一般而言，担保债券的财务风险要小于信用债券。

3. 按债券是否记名分类

按这种分类方式，可分为记名债券和无记名债券。二者的本质区别在于债券票面上是否注明债券持有人的姓名。

4. 按债券是否可转换为公司股票分类

可转换债券是指债券持有人依据指定的价格将公司债券转换成公司普通股的债券。反之，则为不可转换债券。一般而言，前者的利率要低于后者。根据我国《公司法》有关规定，发行可转换债券的主体仅限于上市公司。

5. 按债券发行的价值分类

由于企业债券票面利率与市场实际利率有可能相同，也有可能不同，因此，按债券发行的价值可分为三种类型：面值发行、溢价发行、折价发行。假设其他条件不变，债券的票面利率高于同期银行存款利率时，企业可按超过债券票面价值的价格发行债券，称为溢价发行。溢价是企业以后各期多付利息而事先取得的补偿；反之，倘若债券的票面利率低于同期银行存款利率，那么企业通常只能按低于债券面值的价格发行债券，这称为折价发行，折价可视为企业以后各期少付利息而预先支付给投资者的补偿。当然，如果债券的票面利率等于同期银行存款利率，企业可以按其面值发行债券，简称为面值发行。溢价或折价的实质是债券发行企业对债券利息费用的一种调整。

（三）应付债券的会计核算

为了总括地反映发行债券的经济业务，应设置“应付债券”账户，用来核算应付债券发行款项的收入、计息和偿还，以及尚未偿还的情况。其贷方登记发行债券本金数、应计利息数，借方登记债券本息偿还数，余额在贷方表示尚未偿还的债券本息数。本账户应设置“面值”、“利息调整”两个明细账户，并按债券种类进行明细核算。企业在准备发行债券时，还应建立“发行债券备查簿”，登记待发行债券的票面金额、债券票面利率、还本付息期限与方式、发行总数、发行日期和编号、委托代售部门等内容。

1. 债券发行的会计核算

企业发行债券时，如果发行费用大于发行期间冻结资金所产生的利息收入，按发行费用减去发行期间冻结资金所产生利息收入的差额，根据发行债券所筹集资金的用途，分别计入财务费用或相关资产成本。如果发行费用小于发行期间冻结资金所产生的利息收入，按发行期间冻结资金所产生的利息收入减去发行费用后的差额，视同发行债券的溢价收入，在债券存续期间于计提利息时摊销，分别计入财务费用或相关资产成本。

无论债券按面值发行，还是溢价发行或折价发行，均按债券面值记入“应付债券”科目的“面值”明细科目，实际收到的款项与债券面值的差额，记入“利息调整”明细科目。企业发行债券时，按实际收到的款项，借记“银行存款”、“库存现金”等科目，按债券票面价值，贷记“应付债券——面值”科目，按实际收到的款项与票面价值之间的差额，贷记或借记“应付债券——利息调整”科目。

［例8－9］某企业平价发行面值为100 000元的债券，所收款项存入银行。根据有关凭证，作如下会计分录：

借：银行存款　　100 000

　贷：应付债券——面值　　100 000

［例8－10］某公司经批准于2007年1月1日发行利率为10%，五年期一次还本的企业债券1 000 000元，采用分期付息办法，每半年付息一次。假设发行时的市场利率为8%。溢价金额及其发行价格计算如下：

$$\text{债券面值按市场利率计算的现值} = 1\,000\,000 \times (1+4\%)^{-10} = 675\,564(\text{元})$$

$$\text{债券各期利息按市场利率计算的现值} = 1\,000\,000 \times 5\% \times \frac{1-(1+4\%)^{-10}}{4\%} = 405\,545(\text{元})$$

债券价值（发行价值）＝675 564＋405 545＝1 081 109（元）

溢价金额＝1 081 109－1 000 000＝81 109（元）①

［例8－11］假定该公司按上例数据溢价发行债券，会计分录如下：

借：银行存款：　　1 081 109

　贷：应付债券——面值　　1 000 000

　　　应付债券——利息调整　　81 109

① 注：式中的4%是每半年一次的市场利率；5%是每半年一期的票面利率；$(1+4\%)^{-10}$是利率为4%，期数为10期时的现值系数计算式；$\frac{1-(1+4\%)^{-10}}{4\%}$是利率为4%，期数为10期时的年金现值系数计算式。现值系数和年金现值系数也可以通过查表取得。本文中数值结果则是通过Excel2003运算求得。

[例 8－12] 某百货公司经有关部门批准，决定于 2007 年 7 月 1 日发行利率为 10%，5 年期一次还本的企业债券 1 000 000 元，采用分期付息的办法，每半年付息一次，假设发行时的市场利率为 12%，折价金额与发行价值计算如下：

$$\text{债券面值按市场利率换算的现值}=1\ 000\ 000\times(1+6\%)^{-10}=558\ 395(\text{元})$$

$$\text{债券各期利息按市场利率换算的现值}=1\ 000\ 000\times5\%\times\frac{1-(1+6\%)^{-10}}{6\%}=368\ 004(\text{元})$$

债券价值 = 558 395 + 368 004 = 926 399（元）

折价金额 = 1 000 000 － 926 399 = 73 601（元）

[例 8－13] 假定该公司按上例数据折价发行债券，会计分录如下：

借：银行存款　　926 399

　　应付债券——利息调整　　73 601

　　贷：应付债券——面值　　1 000 000

2. 债券利息调整的摊销

利息调整的摊销方法共有两种，即直线摊销法和实际利率摊销法。所谓直线摊销法是指将溢价或折价金额在债券付息期间内平均分摊转销的方法。直线摊销法的优点是简单易行，容易理解和操作；缺点是不能体现债券的时间价值。而实际利息摊销法是指在付息期内，按实际利息（即债券的置存价值与市场利率相乘积）与应付利息（即面值与账面利率相乘积）的差额进行摊销的方法。实际利息摊销法计算的摊销额符合逻辑，保持了应付利息与实际利息的关系，并能较正确地反映利息费用和债券的真实现值，但计算方法比较复杂。

[例 8－14] 某公司 2007 年发行长期债券用于构建固定资产，发行总额 2 000 000 元，5 年期，票面利率为 10%，市场利率为 8%，每年付息一次；另支付手续费、印刷费等 5 000 元。由于票面利率高于市场利率，可按溢价发行。分别用直线摊销法和实际利率摊销法进行债券溢价的摊销，并作出适当会计分录。

（1）直线摊销法

债券溢价运用直线摊销法的计算结果如表 8－1 所示。

其中，$$\text{债券面值按市场利率计算的现值}=2\ 000\ 000\times(1+8\%)^{-5}=1\ 361\ 166(\text{元})$$

$$\text{债券各期利息按市场利率换算的现值}=2\ 000\ 000\times10\%\times\frac{1-(1+8\%)^{-5}}{8\%}=798\ 542(\text{元})$$

债券价值 = 1 361 166 + 798 542 = 2 159 708（元）

溢价金额 = 2 159 708 － 2 000 000 = 159 708（元）

表 8-1

应付债券溢价摊销表 （按直线摊销法）						
付息日期	应付利息	债券溢价摊销	本期实际负担利息	尚未摊销溢价	债券发行价值	债券票面价值
①	②	③	④=②-③	⑤=⑤-③	⑥	⑦
2007 年发行				159 708	2 159 708	2 000 000
2008 年	200 000	31 942	168 058	127 766	2 127 766	2 000 000
2009 年	200 000	31 942	168 058	95 825	2 095 825	2 000 000
2010 年	200 000	31 942	168 058	63 883	2 063 883	2 000 000
2011 年	200 000	31 942	168 058	31 942	2 031 942	2 000 000
2012 年	200 000	31 942	168 058	0	2 000 000	2 000 000
合　计	1 000 000	159 708	840 292			

根据以上计算结果进行发行，有关发行债券的经济业务，应做如下分录：

①实际收到发行债券的款项时：

借：银行存款　　2 159 708

　贷：应付债券——面值　　2 000 000

　　应付债券——利息调整　　159 708

②支付手续费、印刷费，由于是购进固定资产，故应计入在建工程成本：

借：在建工程　　5 000

　贷：银行存款　　5 000

③计算各期应付利息时，应将溢价数进行分期摊销，如表 8-1。

每期应付利息数为 2 000 000 × 10% = 200 000 元

每期债券溢价摊销数为 159 708 ÷ 5 = 31 942 元

从表 8-1 可以看出，企业债券溢价摊销数各期是相等的；最后，债券发行价值与债券票面价值相等。根据表中溢价摊销数和实付利息数，各期均可作如下分录：

计算应付利息和结转溢价摊销时：

借：在建工程　　168 058

　　应付债券——利息调整　　31 942

　贷：应付利息　　200 000

实际支付利息时：

借：应付利息　　200 000

　贷：银行存款　　200 000

（2）实际利率摊销法

运用实际利率摊销法的计算结果见表 8-2。

本期实际应负担利息 = 债券发行价值 × 市场利率

2008 年　　172 777 = 2 159 708 × 8%

2009 年　　170 599 = 2 132 485 × 8%

2010 年　　168 247 = 2 103 084 × 8%

2011 年　　165 706 = 2 071 331 × 8%

2012 年　　162 963 = 2 037 037 × 8%

表 8－2

应付债券溢价摊销表

（实际利率摊销法）

付息日期	应付利息	本期实际负担利息	债券溢价摊销	尚未摊销溢价	债券发行价值	债券票面价值
①	②	③	④ = ② − ③	⑤ = ⑤ − ④	⑥	⑦
2007 年发行				159 708	2 159 708	2 000 000
2008 年	200 000	172 777	27 223	132 485	2 132 485	2 000 000
2009 年	200 000	170 599	29 401	103 084	2 103 084	2 000 000
2010 年	200 000	168 247	31 753	71 331	2 071 331	2 000 000
2011 年	200 000	165 706	34 294	37 037	2 037 037	2 000 000
2012 年	200 000	162 963	37 037	0	2 000 000	2 000 000
合　计	1 000 000	840 292	159 708			

根据表 8－2，可以看出债券溢价摊销数各期是不同的，这是因为，在实际利率摊销法下，利息是按照实际利率为准，按债券发行价值相乘求得的。溢价摊销数则根据债券票面利率和票面价值所计算的应计利息，扣除按市场实际利率、债券发行价值计算的利息得到。以 2008 年和 2012 年为例，作会计分录如下：

2008 年会计分录为：

计算应付利息时：

借：在建工程　　172 777

　　应付债券——利息调整　　27 223

　　贷：应付利息　　200 000

实际支付利息时：

借：应付利息　　200 000

　　贷：银行存款　　200 000

2012 年会计分录为：

计算应付利息时：

借：在建工程　　162 963

　　应付债券——利息调整　　37 037

　　贷：银行存款　　200 000

到期支付偿还债券本金时：

借：应付债券——面值　　2 000 000

　贷：银行存款　　2 000 000

［例 8－15］某公司于 2007 年发行长期债券用于生产经营周转，发行总金额为 2 000 000 元，5 年期，票面利率为 10%，市场利率为 12%，每年付息一次；另支付手续费、印刷费等 2 000 元。由于是票面利率低于市场利率，所以公司决定按折价发行。分别用直线摊销法和实际利率法进行债券折价的摊销，并作出适当会计分录。

（1）直线摊销法

债券折价运用直线摊销法的计算结果如表 8－3 所示。

其中，债券面值按市场利率计算的现值 $= 2\,000\,000 \times (1 + 12\%)^{-5} = 1\,134\,854$（元）

债券各期利息按市场利率换算的现值 $= 2\,000\,000 \times 10\% \times \dfrac{1-(1+12\%)^{-5}}{12\%} = 720\,955$（元）

债券价值 = 1 134 854 + 720 955 = 1 855 809（元）

折价金额 = 2 000 000 － 1 855 809 = 144 191（元）

表 8－3

应付债券折价摊销表

（按直线摊销法）

付息日期	应付利息	债券折价摊销	本期实际负担利息	尚未摊销折价	债券发行价值	债券票面价值
①	②	③	④＝②＋③	⑤＝⑤－③	⑥	⑦
2007 年发行				144 191	1 855 809	2 000 000
2008 年	200 000	28 838	228 838	115 353	1 884 647	2 000 000
2009 年	200 000	28 838	228 838	86 515	1 913 485	2 000 000
2010 年	200 000	28 838	228 838	57 676	1 942 324	2 000 000
2011 年	200 000	28 838	228 838	28 838	1 971 162	2 000 000
2012 年	200 000	28 838	228 838	0	2 000 000	2 000 000
合　计	1 000 000	144 191	1 144 191			

根据以上计算结果进行发行，有关发行债券的经济业务，应作如下分录：

①实际收到发行债券的款项时：

借：银行存款　　1 855 809

　应付债券——利息调整　　144 191

　贷：应付债券——面值　　2 000 000

②支付手续费、印刷费，由于筹资用途是生产经营周转，故应列入损益：

借：财务费用　　2 000

贷:银行存款 2 000

③计算各期应付利息，将溢价数进行分期摊销，如表8-3。

每期应付利息数为2 000 000×10% =200 000元

每期债券折价摊销数为144 191÷5 =28 838元

计算各期应付利息和结转折价摊销时：

借:财务费用 228 838

贷:应付债券——利息调整 28 838

应付利息 200 000

实际支付利息时：

借:应付利息 200 000

贷:银行存款 200 000

(2)实际利率摊销法

运用实际利率摊销法的计算结果见表8-4。

本期应付利息200 000 =2 000 000×10% =200 000元

本期实际应负担利息=债券发行价值×市场利率

2008年 222 697 =1 855 809×8%

2009年 225 421 =1 878 506×8%

2010年 228 471 =1 903 927×8%

2011年 231 888 =1 932 398×8%

2012年 235 714 =1 964 286×8%

表8-4

应付债券折价摊销表

（实际利率摊销法）

付息日期	应付利息	本期实际负担利息	债券折价摊销	尚未摊销折价	债券发行价值	债券票面价值
①	②	③	④=③-②	⑤	⑥=⑦-⑤	⑦=⑥+⑤
2007年发行				144 191	1 855 809	2 000 000
2008年	200 000	222 697	22 697	121 494	1 878 506	2 000 000
2009年	200 000	225 421	25 421	96 073	1 903 927	2 000 000
2010年	200 000	228 471	28 471	67 602	1 932 398	2 000 000
2011年	200 000	231 888	31 888	35 714	1 964 286	2 000 000
2012年	200 000	235 714	35 714	0	2 000 000	2 000 000
合　计	1 000 000	1 144 191	144 191			

根据表8-4数据可知，各期应付利息和折价摊销数是不同的，现以2008年为例，应作如下会计分录：

借:财务费用 222 697

贷:应付债券——利息调整 22 697

　　　应付利息　　　　　　　　　　　　　　　　200 000

实际支付利息时：

借：应付利息　　　　　　　　　　　200 000

　贷：银行存款　　　　　　　　　　　　　　200 000

2009 年的会计分录：

借：财务费用　　　　　　　　　　　225 421

　贷：应付债券——利息调整　　　　　　　　25 421

　　　应付利息　　　　　　　　　　　　　　200 000

实际支付利息时：

借：应付利息　　　　　　　　　　　200 000

　贷：银行存　　　　　　　　　　　　　　200 000

到期偿还债券时：

借：应付债券——面值　　　　　　　2 000 000

　贷：银行存款　　　　　　　　　　　　2 000 000

四、长期应付款

长期应付款，是指企业除长期借款和应付债券以外的其他各种长期应付款项，包括融资租入固定资产的租赁费、以分期付款方式购入固定资产发生的应付款项等。长期应付款应根据合同和有关协议的规定，按照实际发生数通过“长期应付款”账户进行核算。该账户为负债类账户，贷方登记企业因引进设备、融资租入固定资产等而发生的各种长期应付款；借方登记偿还的各种长期应付款；余额在贷方，表示尚待偿还的长期应付款。

（一）融资租赁资产的账务处理（承租方）

1. 融资租赁的判断标准

判断租赁性质是否为融资租赁时，企业应当全面考虑租赁期届满时租赁资产的所有权是否转移给承租人、承租人是否拥有购买租赁资产的选择权、租赁期占租赁资产使用寿命的比例等各种因素。满足下列标准之一的，应认定为融资租赁。

（1）在租赁期届满时，资产的所有权转移给承租人。也就是说，如果在租赁协议中已经约定，或者根据其他条件在租赁开始日就可以合理地判断，租赁期届满时出租人会将资产的所有权转移给承租人，那么该项租赁应当认定为融资租赁。

（2）承租人有购买租赁资产的选择权，所订立的购买价格预计远低于行使选择权时租赁资产的公允价值，因此在租赁开始日就可以合理地确定承租人将会行使这种选择权。

例如，出租人和承租人签订了一项租赁合同，租赁期为四年，租赁期满时承租人有权以 20 000 元的价格购买租赁资产，在签订租赁协议时估计该租赁资产租赁期届满时的公允价值为 80 000 元，由于购买价格仅为公允价值的 25%（远低于公允价值 80 000 元），如果没有特别情况，承租人在租赁期届满时会购买该项资产。在这种情况下，在租赁开始日即可判断该项租赁应为融资租赁。

（3）租赁期占租赁资产使用寿命的大部分。这里的“大部分”掌握在租赁期占租赁开始日租赁资产使用寿命的 75% 以上（含 75%，下同）。

需要特别指出的是，这里强调的是租赁期占租赁资产使用寿命的比例，而非租赁期占该项资产全部可使用年限的比例。假如租赁资产是已经使用过的旧资产，在租赁前已使用年限超过资产全新时起算可使用年限的75%以上时，则这条判断标准不适用，不能用这条标准确定租赁的分类。

例如，某项租赁资产全新时可使用年限为20年，已经使用了六年，从第七年开始租出，租赁期为12年，由于租赁开始时该设备使用寿命为14年，租赁期占使用寿命的85.7%（12年/14年），符合第三条标准，因此，该项租赁应当归类为融资租赁；如果从第七年开始，租赁期为六年，租赁期占使用寿命的42.9%，就不符合第三条标准，因此该项租赁不应认定为融资租赁（假定也不符合其他判断标准）。如果该资产已经使用了16年，从第17年开始租赁，租赁期为四年，虽然租赁期为使用寿命的100%（4年/4年），但由于在租赁前，该资产的已使用年限超过了可使用年限（20年）的75%（16年/20年×100%＝80%＞75%），因此也不能采用这条标准来判断租赁的分类。

（4）就承租人来讲，租赁开始日最低租赁付款额的现值几乎相当于租赁开始日租赁资产的公允价值；就出租人而言，租赁开始日最低租赁收款额的现值几乎相当于租赁开始日租赁资产的公允价值。这里的"几乎相当于"为90%（含90%）以上。

（5）融资资产性质特殊，如果不作较大修整，只有承租人才能使用。这条标准是指租赁资产是出租人根据承租人对资产型号、规格等方面的特殊要求专门购买或建造的，具有专购、专用性质。这些租赁资产如果不作较大的重新改建，其他企业通常很难使用。这种情况也可以认定为融资租赁。

2. 融资租赁的会计处理

（1）租赁期开始日的会计处理

长期应付款多与固定资产有关，企业采用融资租赁方式租入固定资产，应于租赁期开始日，将租赁开始日租赁资产公允价值与最低租赁付款额现值两者中较低者，加上初始直接费用，作为租入资产的入账价值，借记"固定资产"等科目，按最低租赁付款金额，贷记"银行存款"等科目，按其差额，借记"未确认融资费用"科目。

（2）未确认融资费用的分摊

在融资租赁方式下，承租人向出租人支付的租金由本金和利息两个部分构成。承租人支付租金时，其对应的账务处理一方面应冲减长期应付款，另一方面应同时将未确认的融资费用按一定的会计方法确认为当期融资费用。在先付租金（即每期期初等额支付租金）的情况下，租赁期第一期支付的租金不含利息，只需冲减长期应付款，不必确认当期融资费用。

按租赁准则的规定，承租人应当采用实际利率法分摊未来确认分摊的融资费用。在这种情况下，企业在计算最低租赁付款额的现值时，能够取得出租人租赁内含利率的，应当采用租赁内含利率作为折现率；否则，应当采用租赁合同规定的利率作为折现率。如果出现无法取得出租人的租赁内含利率且租赁合同没有规定利率的，应当采用同期银行贷款利率作为折现率。所谓租赁内含利率，是指在租赁开始日，使最低租赁收款额的现值与未担保余值之和等于租赁资产公允价值与出租人的初始直接费用之和的折现率。当然，必须特别指出的是，如果承租方以租赁资产的公允价值作为入账价值的，则应当重新计算分摊率。该分摊率是使最低租赁付款额的现值等于租赁资产公允价值的折现率。

当租赁双方在合同中约定优惠购买选择权时，等租赁期满，未确认融资费用应当全部摊销完毕，并且租赁负债也应当减少为优惠购买金额。在承租人或与其有关的第三方对租赁资产提供了担保或由于在租赁期届满时没有续约而支付违约金的情况下，到租赁期届满之日，未确认租赁费用应当全部摊销完毕，而且，租赁负债应减少至担保余额或该日应支付的违约金。

(3)或有租金的会计处理

或有租金是指金额不固定，以时间长短以外的其他因素(如销售量、使用量、物价指数等)为依据计算的租金。由于或有租金的金额不固定，无法采用系统合理的方法对其进行分摊，因此在实际发生时，计入当期损益。

(4)租赁届满时的会计处理

资产租赁期届满，对租赁资产的处理通常有三种情况：返还、优惠续租和留购。

①返还固定资产

租赁期届满，承租人向出租人返还租赁资产时，通常借记“长期应付款——应付融资租赁款”、“累计折旧”科目，贷记“固定资产——融资租入固定资产”科目。

②优惠续租租赁资产

如果承租人行使优惠续租选择权，则视同该项租赁仍一直存在而作出相应账务处理。假如租赁期届满时承租方没有续租，根据租赁协议必须支付违约金时，借记“营业外支出”科目，贷记“银行存款”等科目；同时，将固定资产从“融资租入固定资产”明细科目转入有关明细科目。

[例 8－16] 资料：

A. 租赁合同

2007 年 12 月 28 日，甲公司与乙公司签订了一份租赁合同，主要条款如下：

①租赁标的物：数控加工中心。

②租赁期开始日：租赁物运抵甲公司生产厂房之日(即 2008 年 1 月 1 日)。

③租赁期：从租赁期开始日算起 36 个月(即 2008 年 1 月 1 日至 2010 年 12 月 31 日)。

④租金支付方式：自租赁期开始每年年末支付租金 2 000 000 元。

⑤该加工中心在 2008 年 1 月 1 日乙公司的公允价值为 5 200 000 元。

⑥租赁合同规定的利率为 8%(年利率)。

⑦该加工中心为全新设备，估计使用年限为五年。

⑧2009 年和 2010 年两年，甲公司每年按该加工中心生产的产品的年销售收入的 1% 来向乙公司支付经营分享收入。

B. 甲公司

①采用实际利率法确认本期应分摊的未确认融资费用。

②采用年限平均法计提固定资产折旧。

③2009 年、2010 年甲公司分别实现销售收入 20 000 000 元和 15 000 000 元。

④2010 年 12 月 31 日，将该加工中心退还乙公司。

⑤甲公司在租赁谈判和签订租赁合同过程中发生可归属于租赁项目的手续费、差旅费 10 000 元。

甲公司的会计处理如下：

(1)租赁期开始日的会计处理

第一步，判断租赁类型。

本例中租赁期(三年)占租赁资产尚可使用年限(五年)的 60%(小于 75%)，没有满足融资租赁的第三条标准；另外，最低租赁付款额的现值为 5 154 200 元(计算过程见后)，大于租赁资产原账面价值的90%，即(5 200 000×90%)4 680 000元，满足融资租赁的第四条标准，因此，甲公司应当将该项租赁认定为融资租赁。

第二步，计算租赁开始日最低租赁付款额的现值，确定租赁资产的入账价值。

本例中甲公司不知道出租人的租赁内含利率，因此应选择租赁合同规定的利率8%作为最低租赁付款额的折现率。

最低租赁付款额＝各期租金之和＋承租人担保的资产余值

＝2 000 000×3＋0＝6 000 000元

计算现值的过程如下：

每期租金2 000 000元的年金现值＝2 000 000×(P/A，3，8%)

查表得知：(P/A，3，8%)＝2.5771

每期租金的现值之和＝2 000 000×2.5771＝5 154 200元，小于资产公允价值5 200 000元。

根据孰低原则，租赁资产的入账价值应为其折现值5 154 200元。

第三步，计算未确认融资费用。

未确认融资费用＝最低租赁付款额－最低租赁付款额现值

＝6 000 000－5 154 200＝845 800元

第四步，将初始费用计入资产价值。

初始直接费用是指在租赁谈判和签订租赁协议的过程中发生的可直接归属于租赁项目的费用。承租人发生的初始直接费用，通常有印花税、佣金、律师费、差旅费、谈判费等。承租人发生的初始直接费用，应当计入租入资产价值。

账务处理为：

2008年1月1日，租入加工中心：

借：固定资产——融资租入固定资产　　5 164 200

　　未确认融资费用　　845 800

　贷：长期应付款——应付融资借款　　6 000 000

　　　银行存款　　10 000

(2)分摊未确认融资费用的会计处理

第一步，确定融资费用分摊率。

由于租赁资产的入账价值为其最低租赁付款额的折现值，因此该折现率就是其融资费用分摊率，即8%。

第二步，在租赁期内采用实际利率法分摊未确认融资费用。

表 8-5

未确认融资费用分摊表(实际利率法)				
2010 年 12 月 31 日				
日期	租金	确认的融资费用	应付本金减少额	应付本金余额
①	②	③=期初⑤×8%	④=②-③	期末⑤=期初⑤-④
2008-1-1				5 154 200
2008-12-31	2 000 000	412 336	1 587 664	3 566 536
2009-12-31	2 000 000	285 323	1 714 677	1 851 859
2010-6-30	2 000 000	148 141	1 851 859	0
合 计	6 000 000	845 800	5 154 200	

* 注:做尾数调整:148 141 = 2 000 000 - 1 851 859

1 851 859 = 1 851 859 - 0

第三步,会计处理为:

2008 年 12 月 31 日,支付第一期租金:

借:长期应付款——应付融资租赁款　　2 000 000

　贷:银行存款　　2 000 000

2008 年 1～12 月,每月分摊未确认融资费用时,每月财务费用为 412 336 ÷ 12 = 34 361.33 元

借:财务费用　　34 361.33

　贷:未确认融资费用　　34 361.33

2009 年 12 月 31 日,支付第二期租金:

借:长期应付款——应付融资租赁款　　2 000 000

　贷:银行存款　　2 000 000

2009 年 1～12 月,每月分摊未确认融资费用时,每月财务费用为 285 323 ÷ 12 = 23 776.92 元

借:财务费用　　23 776.92

　贷:未确认融资费用　　23 776.92

(3)计提租赁租入固定资产折旧的计算

第一步,融资租入固定资产折旧的计算(见表 8-6)

第二步,会计处理

2008 年 2 月 28 日,计提本月折旧 = 1 622 591.64 ÷ 11 = 147 508.33(元)

借:制造费用——折旧费　　147 508.33

　贷:累计折旧　　147 508.33

2008 年 3 月～2010 年 12 月的会计分录,同上。

(4)或有租金的会计处理

2009 年 12 月 31 日,根据合同规定应向乙公司支付经营分享收入 20 000 000 元:

借:销售费用　　20 000 000

　贷:其他应付款——乙公司　　20 000 000

2010 年 12 月 31 日，根据合同规定向乙公司支付经营分享收入 15 000 000 元：

借：销售费用　　　　　　　　　　　　15 000 000

　贷：其他应付款——乙公司　　　　　　　　　15 000 000

表 8－6

融资租入固定资产折旧计算表（年限平均法）						
日　期	固定资产原价	估计余值	折旧率	当年折旧费	累计折旧	固定资产净值
2008－1－1	5 164 200	0.00				5 164 200.00
2008－12－31			31.42%	1 622 591.64	1 622 591.64	3 541 608.36
2009－12－31			34.29%	1 770 804.18	3 393 395.82	1 770 804.18
2010－12－31			34.29%	1 770 804.18	5 164 200.00	0.00
合　计	5 164 200	0.00	100.00%	5 164 200.00		

（5）租赁期届满时的会计处理

2010 年 12 月 31 日，将该加工中心退还

借：累计折旧　　　　　　　　　　　　5 154 200

　贷：固定资产——融资租入固定资产　　　　5 154 200

（二）延期付款购买资产的账务处理（融资性质）

如果企业在购买资产时延期支付货款，且延期支付的购买价款超过正常信用条件，实质为融资性质，其所购买资产成本应当以延期支付购买价格的现值为标准来确定。购买资产实际支付价款与购买价格的现值之间的差额，应在信用期间应用实际利率法来进行摊销，计入相关资产成本或当期损益。在这种情况下，当企业购入资产时，应按照购买价款的现值，借记“固定资产”、“在建工程”等科目，按应支付的价款总额，贷记“长期应付款”科目，按照其差额，借记“未确认融资费用”科目。

[例 8－17] 2007 年 1 月 1 日，A 公司与 B 公司签订一项采购合同，A 公司向 B 公司购入生产线一条，该设备价款共计 1 000 万元，在 2007 年至 2011 年的五年内每半年支付 100 万元，每年的付款日期分别为当年 6 月 30 日和 12 月 31 日。

2007 年 1 月 1 日，生产线如期运抵 A 公司并开始安装，发生运杂费和相关税费 50 万元，已经用银行存款付讫。2007 年 12 月 31 日，生产线达到预定可使用状态，发生安装费 15 万元，已经用银行存款付讫。

假定 A 公司的折现率为 10%。

（1）购买价款的现值为：

1 000 000 ×（P/A，10%，10）＝1 000 000 ×6.1446 ＝6 144 600（元）

2007 年 1 月 1 日 A 公司的账务处理如下：

借：在建工程　　　　　　　　　　　　6 144 600

　　未确认融资费用　　　　　　　　　3 855 400

　贷：长期应付款　　　　　　　　　　　　　10 000 000

借：在建工程　　　　　　　　　　　　500 000

贷:银行存款　　　　500 000

(2)确定信用期间未确认融资费用的分摊额，如表8－7。

(3)2007年1月1日至2007年12月31日为设备的安装期间，未确认融资费用的分摊额符合资本化条件，计入固定资产成本。

2007年6月30日A公司的账务处理如下：

借:在建工程　　　　614 460

贷:未确认融资费用　　　　614 460

借:长期应付款　　　　1 000 000

贷:银行存款　　　　1 000 000

2007年12月31日A公司的账务处理如下：

借:在建工程　　　　575 906

贷:未确认融资费用　　　　575 906

借:长期应付款　　　　1 000 000

贷:银行存款　　　　1 000 000

借:在建工程　　　　150 000

贷:银行存款　　　　150 000

借:固定资产　　　　7 984 966

贷:在建工程　　　　7 984 966

固定资产的成本＝6 144 600＋500 000＋614 460＋575 906＋150 000＝7 984 966(元)

表8－7

未确认融资费用分摊表

2007年1月1日

日　期	分期付款额	确认的融资费用	应付本金减少额	应付本金余额
①	②	③＝期初⑤×10%	④＝②－③	期末⑤＝期初⑤－④
2007－1－1				6 144 600
2007－6－30	1 000 000	614 460	385 540	5 759 060
2007－12－31	1 000 000	575 906	424 094	5 334 966
2008－6－30	1 000 000	533 497	466 503	4 868 463
2008－12－31	1 000 000	486 846	513 154	4 355 309
2009－6－30	1 000 000	435 531	564 469	3 790 840
2009－12－31	1 000 000	379 084	620 916	3 169 924
2010－6－30	1 000 000	316 992	683 008	2 486 916
2010－12－31	1 000 000	248 692	751 308	1 735 608

续表

日　期	分期付款额	确认的融资费用	应付本金减少额	应付本金余额
①	②	③ = 期初⑤ × 10%	④ = ② - ③	期末⑤ = 期初⑤ - ④
2011 - 6 - 30	1 000 000	173 561	826 439	909 168
2011 - 12 - 31	1 000 000	90 832	909 168	0
合　计	10 000 000	3 855 400	6 144 600	0

(4)2008 年 1 月 1 日至 2011 年 12 月 31 日，生产线已达预定可使用状态，未确认融资费用的分摊额不再符合资本化条件，应当计入当期损益。

2008 年 6 月 30 日

借:财务费用　　　　　　　　　　533 497

　贷:未确认融资费用　　　　　　　　　533 497

借:长期应付款　　　　　　　　1 000 000

　贷:银行存款　　　　　　　　　　1 000 000

以后期间账务处理与 2008 年 6 月 30 日相同，此略。

☆ 思考与练习

一、思考题

1. 和流动负债相比，非流动负债有哪些特点？

2. 在企业筹资活动中，非流动负债有哪些作用？

3. 债券利息调整的摊销方法有几种？它们的优缺点如何？

4. 判断融资租赁的标准有几条？具体内容是什么？

二、业务练习题

习 题 一

1. 目的:练习短期借款会计核算。

2. 资料:某旅游企业 2009 年 1 月 1 日从交通银行借入一年期贷款 10 000 元，年利率 4.98%。

3. 要求:分别编制取得借款、每月计提利息及季度末支付利息和归还本金的会计分录。

习 题 二

1. 目的:练习应付职工工资薪酬的会计核算。

2. 资料:某酒店管理公司 2010 年 1 月工资总额为 1 300 000 元，其中，营业部门人员工资为 800 000 元，管理人员工资为 500 000 元。该酒店管理公司职工住房公积金由公司负担 50%，职工个人负担 50%，企业按照职工工资总额的 10% 提取职工住房公积金，工会经费提取比例为工资总额的 2%，职工教育经费提取比例为 1.5%。

3. 要求：分别编制计提、代扣职工负担的住房公积金及提取工会经费和职工教育经费的会计分录。

习 题 三

1. 目的：练习长期借款借入的会计核算。

2. 资料：某企业因为经营需要，建造办公楼，向银行借入偿还期为三年的借款100 000元。

3. 要求：根据以上情况，作出有关会计分录。

习 题 四

1. 目的：练习长期借款利息计提和支付的会计核算。

2. 资料：某公司接到银行书面通知，该公司因购买不需安装的经营用机器设备，举借长期借款本期利息为1 000元，已经以银行存款支付。

要求：分别作出计提利息和支付利息的会计分录。

习 题 五

1. 目的：练习应付债券平价发行的会计核算。

2. 资料：某公司平价发行面值为2 000 000元的债券，所收款项存入银行。

3. 要求：根据有关凭证，作出会计分录。

习 题 六

1. 目的：练习应付债券溢价金额及其发行价格的会计核算。

2. 资料：某公司经批准于2010年1月1日发行利率为10%，五年期一次还本的企业债券3 000 000元，采用分期付息办法，每半年付息一次。假设发行时的市场利率为8%。

3. 要求：试根据以上资料，计算溢价金额及其发行价格。

习 题 七

1. 目的：练习应付债券折价金额及其发行价格的会计核算。

2. 资料：某公司经有关部门批准，决定于2010年7月1日发行利率为10%，五年期一次还本的企业债券2 000 000元，采用分期付息的办法，每半年付息一次。假设发行时的市场利率为12%。

3. 要求：试根据以上资料，计算折价金额及其发行价格。

第九章　所有者权益

本章主要内容

- 所有者权益概述
- 实收资本
- 资本公积
- 留存收益

第一节　所有者权益概述

一、所有者权益的概念

企业的资金来源主要有两个：一个是债权人，一个是所有者。债权人对企业资产的要求权形成企业的负债，所有者对企业资产的要求权形成企业的所有者权益。因此，所有者权益是指所有者在企业资产中享有的经济利益，其金额为资产减去负债后的余额。

所有者权益与债权人权益的区别表现在以下几方面：

1. 债权人对企业资产的要求权优先于所有者权益，在企业破产清算时，企业的资产应优先用于偿还负债；而所有者权益是企业所有者对企业净资产的所有权。

2. 所有者可以借助对企业的所有权，参与对企业进行的经营管理；而债权人与企业只是债权、债务关系，无经营管理的参与权。

3. 所有者权益是与投资人的投资行为相伴的，可以依法转让，除按法律程序减资外，不能提前撤回投资；而负债无论企业盈利亏损，必须按规定时间还本付息。

4. 投资者可以以股利或利润的形式参与企业的利润分配；而债权人通常不能参与企业的利润分配，只能按规定的条件得到偿付，并获得利息收入。

二、所有者权益的分类

企业的所有者权益可按来源和法定要求进行分类，这些分类构成了所有者权益会计核算的基础。所有者权益一般分为两大方面，即投入资本和留存收益。投入资本指所有者投资形成的权益，包括实收资本（或股本）和资本公积；留存收益是企业通过经营活动增加的所有者权益，包括盈余公积和未分配利润。

所有者权益具体到某一特定形式的组织，便以不同形式出现。在个人独资企业和合伙企业中，所有者权益以“业主资本”的形式出现，在有限责任公司或股份有限公司中，所有者权益表现为“实收资本（或股本）”、“资本公积”和“留存收益”。

在我国的会计报表上，将所有者权益分为四个科目，即实收资本、资本公积、盈余公积和未分配利润。

三、所有者权益的特点

所有者权益的构成内容因企业组织形式不同而不同。企业组织形式一般包括个人独资企业、合伙制企业和公司制企业。

（一）个人独资企业所有者权益的特点

在法律上，个人独资企业的行为和收益均视为个人的行为和收益，应按个人所得税法交纳个人所得税，不交企业所得税；其所有者权益一般不必划分为投入资本和留存收益，没有必要对其所有者权益进行细分。

（二）合伙企业所有者权益的特点

合伙企业包括普通合伙企业和有限合伙企业两种。普通合伙企业由普通合伙人组成，合伙人对合伙企业债务承担无限连带责任。有限合伙企业由普通合伙人和有限合伙人组成，普通合伙人对合伙企业债务承担无限连带责任，有限合伙人以其认缴的出资额为限对合伙企业债务承担责任。普通合伙人从企业取得的收益应交纳个人所得税。

（三）公司制企业所有者权益的特点

在我国主要有有限责任公司和股份有限公司两种。有限责任公司取得的收益应按企业所得税法交纳企业所得税，其所有者权益应分为投入资本和留存收益两部分。股份有限公司注册资本由等额股份构成，通过发行股票（或股权证）筹集资本、并根据股票数量计算每个股东所拥有的权益。股东按其持有的股份享有权利和承担义务。

第二节　实收资本

一、实收资本的概念及特点

实收资本指投资者按照企业章程或合同、协议的约定，实际投入企业的资本。

投资者设立企业必须投入资本。《中华人民共和国企业法人登记管理条例》规定，必须具备国家规定的与其生产经营和服务规模相适应的资金。对于国有独资企业和有限责任公司来说，所有者的投资形成了实收资本；对于股份有限公司而言，股东购买的公司股票形成了股本。

有限责任公司的注册资本为在公司登记机关登记的全体股东认缴的出资额。公司全体股东的首次出资额不得低于注册资本的20%，也不得低于法定的注册资本最低限额，其余部分由股东自公司成立之日起两年内缴足。有限责任公司注册资本的最低限额为人民币3万元。股东可以用货币出资，也可以用实物、知识产权、土地使用权等可以用货币估价并可以依法转让的非货币财产作价出资，但货币出资金额不得低于有限责任公司注册资本的30%。

股份有限公司的设立，可以采取发起设立或募集设立的方式。发起设立是指由发起人认购公司应发行的全部股份而设立公司。募集设立是指由发起人认购公司应发行股份的一部分，其余股份向社会公开募集或者向特定对象募集而设立公司。股份有限公司注册资本的最低限额为人民币500万元。股份有限公司采取发起设立方式设立的，注册资本为在公司登记的全体发起人认购的股本总额。公司全体发起人的首次出资额不得低于注册资本的20%，其余部分由发起人自公司成立之日起两年内缴足。股份有限公司采取募集方式设立的，注册资本为在公司登记机关登记的实收股本总额。

实收资本的构成比例，即投资者的出资比例或股东的股本比例，是确定所有者在企业所有者权益中所占的份额和参与企业财务经营决策的基础，也是企业进行利润分配或股利分配的依据，同时，还是企业清算时确定所有者对净资产的要求权的依据。

二、实收资本的分类

实收资本是投资者实际投入企业的法定资本额，这部分法定资本就是企业在工商行政管理部门登记的注册资本。

(一)实收资本按投资主体不同划分

实收资本按投资主体不同划分，可以分为国家资本、法人资本、个人资本及外商资本等。

国家资本是指有权代表国家投资的政府部门或机构以国有资产投入企业而形成的资本。

法人资本是指企业法人以其依法可支配的资产投入企业形成的资本。

个人资本是指社会个人或本企业内部职工以个人财产投入企业形成的资本。

外商资本是指外国和我国香港、澳门、台湾地区投资者投入企业形成的资本。

(二)实收资本按投资形式不同划分

实收资本按投资形式不同划分，可以分为货币资产投资、实物资产投资和无形资产投资等。

货币资产投资可以是人民币，也可以是外币。一般按实际收到或者存入企业开户银行的时间和金额作为投入资本的记账依据。

实物资产投资包括房屋及建筑物、机器设备及其他物料。企业应该以实际收到实物的日期，验收无误的实物数量，以及合同、协议或企业申请书和验收清单中所列金额作为投入资本的记账依据。

无形资产投资包括专利权、商标权、非专利技术或土地使用权等。投资者以无形资产出资的，必须进行评估作价，并依法办理财产转移手续。根据国家规定，我国有限责任公司的投资者和股份有限公司的发起人以工业产权、非专利技术作价出资的金额不得超过注册资本的20%，如因情况特殊需要超过20%的，应当经工商行政管理机关审查批准，但最高不得超过注册资本的30%。国家对采用高新技术成果有特别规定的除外。

三、实收资本的核算

为了反映和监督投资者投入资本的增减变动情况，企业必须按照国家统一的会计制度规定进行实收资本的核算。除股份有限公司以外，其他各类企业应通过“实收资本”账户核算企业接受投资者投入企业的实收资本。股份有限公司应通过“股本”账户核算。“实收资本”账户的贷方登记企业收到的各种资本额；借方登记依法批准减少的资本额。对企业的投入资本应按投资主体设置明细账进行明细分类核算，并设置备查簿详细记录企业的注册资本总额，以及各投资者的出资比例或认缴的股份。企业收到投资者超出其在注册资本或股本中所占份额的部分，应作为资本溢价，在“资本公积”账户核算。

(一)接受投资的核算

企业收到投资者投入的资本后，应根据投资清单、银行通知单等，进行会计处理。借记“银行存款”、“其他应收款”、“固定资产”、“无形资产”等账户，按其差额，贷记“资本公积——资本溢价(或股本溢价)”账户。

1. 接受现金资产投资

(1)股份有限公司以外的企业接受现金资产投资

[**例**9－1]投资者甲在某酒店设立时向其投资200万元，并取得该酒店20%的所有权份额。编制会计分录如下：

借:银行存款　　2 000 000

　贷:实收资本——甲　　2 000 000

(2)股份有限公司现金发行股票

股份有限公司发行股票时，既可以按面值发行，也可以溢价发行(我国目前不允许折价发行)。股份有限公司在核定的股本总额及核定的股份总额的范围内发行股票时，应在实际收到现金资产时进行会计处理。

[**例**9－2]某酒店被批准发行普通股股票，按面值1元发行普通股1 000 000股，股款已收到并存入银行。编制会计分录如下：

借:银行存款　　1 000 000

　贷:股本　　1 000 000

现在，我国基本上所有的上市公司都是溢价发行股票。溢价发行股票，应将相当于股票面值的部分记入"股本"科目，其余部分记入"资本公积"科目(不考虑发行费用等)。

[**例**9－3]某酒店发行普通股1 000 000股，面值1元，发行价5元，款项已收到并存入银行。编制会计分录如下：

借:银行存款　　5 000 000

　贷:股本　　1 000 000

　　资本公积——股本溢价　　4 000 000

2. 接受非现金资产投资

企业接受非现金资产投资时，应按投资合同或协议约定价值确定非现金资产价值(但投资合同或协议约定价值不公允的除外)和在注册资本中应享有的份额。

(1)股份有限公司以外的企业接受非现金资产投资

[**例**9－4]某酒店注册资本为1 000 000元。根据合同规定，投资者甲投入现金600 000元已存入银行，乙全新设备1套，价值400 000元。编制会计分录如下：

借:银行存款　　600 000

　固定资产　　400 000

　贷:实收资本——甲　　600 000

　　　　　——乙　　400 000

(2)股份有限公司非现金发行股票

股份有限公司有时发行股票的目的是为了交换非现金资产，如房屋、土地等。

[**例**9－5]某公司发行面值为1元的普通股1 000 000股换取一块土地，该土地经双方确认的价值为2 000 000元。假设该确认的价值与公允价值相符。编制会计分录如下：

借:无形资产——专利权　　2 000 000

　贷:股本——普通股　　1 000 000

　　资本公积——股本溢价　　1 000 000

(二)企业实收资本(或股本)变动的核算

一般情况下，企业的实收资本应相对固定不变，但在某些特定情况下，实收资本也可能发生增减变化。我国有关法律规定，企业资本(或股本)除了下列情况外，不得随意变动：一是符合增资条件，并经有关部门批准增资；二是企业按法定程序报经批准减少注册资本。

1. 实收资本(或股本)增加的核算

(1)企业接受投资者额外投入实现增资

在企业按规定接受投资者额外投入实现增资时，企业应当按实际收到的款项或其他资产，借记“银行存款”等账户；按增加的实收资本或股本金额，贷记“实收资本”或“股本”账户；按照两者之间的差额，贷记“资本公积——股本溢价”账户。

[**例** 9-6]甲、乙、丙三人共同投资设立酒店，原注册资本为 4 000 000 元，甲、乙、丙分别出资 2 000 000 元、500 000 元和 1 500 000 元。为了扩大经营规模，经批准，公司注册资本扩大为 5 000 000 元，甲、乙丙按照原出资比例分别追加投资 500 000 元、125 000 元和 375 000 元。编制会计分录如下：

借:银行存款	1 000 000	
贷:实收资本——甲		500 000
——乙		125 000
——丙		375 000

(2)资本公积转增资本

在企业采用资本公积转增资本时，企业应按照转增的资本金额，借记“资本公积”账户，贷记“实收资本”或“股本”账户。

(3)盈余公积转增资本

在企业采用盈余公积转增资本时，企业应按照转增的资本金额，借记“盈余公积”账户，贷记“实收资本”或“股本”账户。这里需要注意的是，资本公积均属所有者权益，转为实收资本时，如为独资企业，可直接结转；如为股份公司或有限责任公司，则应按原投资者所持股份同比例增加各投资者的出资额。

[**例** 9-7]接例 9-6，因扩大经营规模需要，经批准，该公司按原出资比例将盈余公积 1 000 000 元转增资本。编制会计分录如下：

借:盈余公积	1 000 000	
贷:实收资本——甲		500 000
——乙		125 000
——丙		375 000

(4)采用发放股票股利方式增资

在股份有限公司股东大会或类似机构批准采用发放股票股利的方式增资时，公司应在实施该方案并办理完增资手续后，根据实际发放的股票股利数，借记“利润分配——转作股本的普通股股利”账户，贷记“股本”账户。

2. 实收资本(或股本)减少的核算

企业由于经营方针或业务发生变化，如经营规模小、资金过剩或由于企业发生重大亏损、在短期内无力弥补等特殊原因，经政府授权部门批准后或由股东会决议通过，可宣告减少股本。

(1)因资本过剩而减少实收资本(或股本)的会计处理

企业因资本过剩而减资，一般要发还股款。

① 一般企业和有限责任公司发还投资款的核算比较简单，按实际发还的投资款数额借记“实收资本”账户，贷记“银行存款”账户。

[例9-8]某酒店因生产经营规模缩小，经批准减少注册资本10万元，已办妥相关手续，以银行存款发还所有者投资款10万元。编制会计分录如下：

借:实收资本	100 000	
贷:银行存款		100 000

② 股份有限公司是采用发行股票的方式筹集资本的，因资本过剩减资发还股款时，需采取收购发行股票的方式。我国对公司重新取得或购回本公司股票有严格限制，公司除因减少资本等特殊情况，不得收购本公司股票，也不得库存本公司已发行股票。特殊情况需收购并库存本公司发行股票的，须报请有关部门批准后方可进行。

企业应设置“库存股”科目来核算企业收购或注销的本公司股份金额。企业为减少注册资本或股东因对股东大会作出的公司合并、分立决议持有异议而要求企业收购本公司股份的，企业应按实际支付的金额，借记“库存股”科目，贷记“股本”科目，按注销库存股的账面余额，贷记“库存股”科目，按其差额，借记“资本公积——股本溢价”科目，股本溢价不足冲减的，应借记“盈余公积”、“利润分配——未分配利润”科目。如果购回股票支付的价款低于面值总额的，所注销库存股的账面余额与所冲减股本的差额作为增加股本溢价处理。

[例9-9]某餐饮公司2009年12月31日的股本为100 000 000股，面值为1元，资本公积(股本溢价)30 000 000元，盈余公积40 000 000元。经股东大会批准，该股份公司以现金回购本公司股票20 000 000股并注销。假定该公司按每股2元回购股票，不考虑其他因素。编制会计分录如下：

① 回购本公司股票时：

借:库存股	40 000 000	
贷:银行存款		40 000 000

②注销本公司股票时：

借:股本	20 000 000	
资本公积——股本溢价	20 000 000	
贷:库存股		40 000 000

(2)因严重亏损而减少实收资本(或股本)的会计处理

企业因发生严重亏损而需要减少实收资本(或股本)，一般可采取消除股份或注销每股金额的办法，这实际上是用实收资本(或股本)来弥补亏损。在会计处理上，企业应按消除股份的面值或注销每股部分金额的合计数，借记“实收资本”或“股本”账户，贷记“利润分配——未分配利润”账户。

这种会计处理并不影响公司所有者权益总额，但是如果一个企业发生重大亏损，且亏损达到近几年内将无法用利润、公积金来弥补的程度，那么根据会计制度规定，即使亏损年度以后的年度有利润，但只要有未弥补亏损就不能发放股利。所以在此情况下，用实收资本(或股本)的一部分弥补亏损以后，亏损年度以后的年度有利润的就可以发放股利，企业资产负债表中的未分配利润项目体现的也是正数。

第三节　资本公积

一、资本公积的概念及特点

资本公积是指企业收到投资者出资额超出其在注册资本（或股本）中所占份额的部分，以及直接计入所有者权益的利得和损失等。资本公积包括资本溢价（或股本溢价）和直接计入所有者权益的利得和损失等。我国《公司法》规定，资本公积主要用来转增资本（或股本）。

在所有者权益中，资本公积与实收资本（或股本）的区别主要表现在：

1. 从来源和性质来看，实收资本（或股本）是指投资者按照企业章程或合同的约定，实际投入企业并依法进行注册的资本。它体现了企业所有者对企业的基本产权关系。资本公积是指投资者的出资中超出其在注册资本中所占份额的部分，以及直接计入所有者权益的利得和损失。它不直接表明所有者对企业的基本产权关系。

2. 从用途来看，实收资本（或股本）的构成比例是确定所有者参与企业财务经营决策的基础，也是企业进行利润分配或股利分配的依据，同时还是企业清算时确定所有者对净资产的要求权的依据。资本公积主要是用来转增资本（或股本），并不体现各所有者的占有比例，也不能作为所有者参与企业财务经营决策或进行利润分配或股利分配的依据。

二、资本公积的种类

资本公积包括资本溢价（或股本溢价）和直接计入所有者权益的利得和损失等。

（一）资本溢价（或股本溢价）

资本溢价（或股本溢价）是指企业收到投资者出资超出其在注册资本（或股本）中所占的份额。形成溢价的原因有溢价发行股票、投资者超额缴入资本等。

除股份有限公司以外的其他类型企业，在企业创立时，投资者认缴的出资额与注册资本一致，一般不会产生资本溢价。但在企业重组或有新的投资者加入时，常常会出现资本溢价。因为在企业进行正常的生产经营后，其资本利润率通常要高于企业初创阶段，另外，企业有内部积累，新投资者加入企业后，对这些积累也要分享，所以新加入的投资者往往要付出大于原投资者的出资额，才能取得与原投资者相同的出资比例。投资者多缴的部分就形成了资本溢价。

股份有限公司是以发行股票的方式筹集股本的，股票可按面值发行，也可按溢价发行，我国目前不准许折价发行股票。与其他类型的企业不同，股份有限公司在成立时可能会溢价发行股票，因而在成立之初，就可能会产生股本溢价。股本溢价的数额等于股份有限公司发行股票时实际收到的款额超过股票面值总额的部分。

（二）直接计入所有者权益的利得和损失

直接计入所有者权益的利得和损失，是指不应计入当期损益、会导致所有者权益发生增减变动的、与所有者投入资本或向所有者分配利润无关的利得或者损失。主要包括以下几个内容：

（1）可供出售金融资产的公允价值变动。

（2）企业根据以权益结算的股份支付计划授予职工或者其他方的权益工具的公允价值。

(3)现金流量套期中，有效期工具的公允价值。

(4)企业长期股权投资采用权益法核算的，被投资方除净损益以外的其他所有者权益变动引起的长期股权投资账面价值的变动。

(5)自用房地产或存货转换为采用公允价值模式计量的投资性房地产时，投资性房地产转换当日的公允价值大于原账面价值的差额。

三、资本公积的核算

企业应通过“资本公积”科目，核算企业收到投资者出资超出其在注册资本或股本中所占的份额以及直接计入所有者权益的利得和损失等。“资本公积”科目应当分别在“资本溢价(或股本溢价)”、“其他资本公积”进行明细核算，其中“其他资本公积”包括公允价值变动差额、长期股权投资的变动等内容。

(一)资本溢价的核算

在由两个以上投资者合资经营的企业中，投资者按出资比例共同承担责任和享受权利。当企业初创经营若干年后，如果有新的投资者对企业进行追加投资时，为了维护原有投资者的权益，新加入的投资者实际投入企业的资本额往往必须超出它在企业资本总额中所占的份额。这是因为，追加的投资额无论从质量还是从数量方面都与初创时的投资额有区别。首先，从质量上来说，初创时的投资额具有风险性，具体表现为初创阶段的资本利润率一般低于企业进入正常经营后的资本利润率，投资者为此付出了代价，因此，新加入的投资者只有实际投入超过资本比例的数额，才能取得所占份额的权利。其次，从数量上来说，初创阶段实现的利润并未全部分完，留在企业作为留存收益，新加入的投资者也能按出资比例共享，这也要求其实际的出资额要大于在资本总额中所占比例的数额。这部分超出所占出资比例的金额就称为资本溢价，记入“资本公积”账户。

企业收到投资者投入的资本，借记“银行存款”、“其他应收款”、“固定资产”、“无形资产”等科目，按其在注册资本或股本中所占的份额，贷记“实收资本”或“股本”科目，按其差额，贷记“资本公积——资本溢价(股本溢价)”科目。

[**例9-10**]甲投资者与某酒店协商，投入500万元现金和一套生产设备，双方确认生产设备价值为600万元，占注册资本10%，计300万元。该酒店已经收到银行存款和生产设备。编制会计分录如下：

借：银行存款	5 000 000	
固定资产	6 000 000	
贷：实收资本		3 000 000
资本公积——资本溢价		8 000 000

(二)股本溢价的核算

在股份有限公司，其股本总额是以发行股票来筹集的。股本的发行价格，有按面值发行、溢价发行和折价发行三种。在目前，我国规定只允许采用前两种价格发行。对于股份有限公司溢价发行股票，在收到现金等资产时，按实际收到的金额，借记“现金”、“银行存款”等科目，按股票面值和核定的股份总额的乘积计算的金额，贷记“股本”科目，按溢价部分，贷记“资本公积——资本溢价”科目。

对于股份有限公司发行股票时支付的相关手续费、佣金等费用，如果是溢价发行股票的，应从溢价收入中抵扣，冲减“资本公积——股本溢价”；无溢价的或溢价不足以抵扣的部分，应将不足抵扣的部分冲减盈余公积和未分配利润。

[例9－11]某酒店委托证券公司代理发行普通股100万股，每股面值1元，每股发行价为6元。证券公司按发行收入的3%收取手续费，从发行收入中扣除。公司已经收到股款存入银行。编制会计分录如下：

①收到发行收入时：

借：银行存款　　6 000 000

　贷：股本　　1 000 000

　　资本公积——股本溢价　　5 000 000

②支付发行费用时：

借：资本公积——股本溢价　　180 000

　贷：银行存款　　180 000

(三)其他资本公积的核算

其他资本公积是指除资本溢价(或股本溢价)项目以外所形成的资本公积，主要是指不应计入当期损益，而应直接计入所有者权益的利得和损失。

1. 企业的长期股权投资采用权益法核算的，在持股比例不变的情况下，被投资单位发生除净损益以外所有者权益的其他变动，如果是利得，应按持股比例计算其应享有被投资企业所有者权益的增加额，借记“长期股权投资”账户，贷记“资本公积——其他资本公积”；如果是损失，则作相反的分录。在处置长期股权投资时，应转销与该笔投资相关的其他资本公积。

[例9－12]某酒店持有甲公司30%的股份，其长期股权投资采用权益法核算。2009年3月，甲公司因净损益以外的其他原因导致资本公积增加100万元。编制会计分录如下：

借：长期股权投资——甲公司　　300 000

　贷：资本公积——其他资本公积　　300 000

2. 企业自用房地产或存货转换成为采用公允价值模式计量的投资性房地产时，转换当日的公允价值大于原账面价值的，应按其差额借记“投资性房地产——公允价值变动”科目，贷记“资本公积——其他资本公积”科目，处置该项投资性房地产时，应转销与其相关的其他资本公积。

3. 企业根据《企业会计准则第22号——金融工具确认和计量》，将持有至到期投资重分类为可供出售金融资产的，应在重分类日按该项持有至到期投资的公允价值，借记“可供出售金融资产”科目，已计提减值准备的，借记“持有至到期投资减值准备”科目，按其账面余额，贷记“持有至到期投资——投资成本、溢折价、应计利息”科目，按其差额，贷记或借记本科目(其他资本公积)。

根据《企业会计准则第22号——金融工具确认和计量》，将可供出售金融资产重分类为采用成本或摊余成本计量的金融资产，应在重分类日按可供出售金融资产的公允价值，借记“持有至到期投资”等科目，贷记“可供出售金融资产”科目。对于有固定到期日的，与其相关的原记入本科目(其他资本公积)的余额，应在该项金融资产的剩余期限内，在资产负债表日，按采用实际利率法计算确定的摊销金额，借记或贷记本科目(其他资本公积)，贷记或借记“投资收益”科目。对于没有固定到期日的，与其相关的原记入本科目(其他资本公积)的金额，应在处置该项金融资产时，借记或贷记本科目(其他资本公积)，贷记或借记“投资收益”科目。

第四节 留存收益

一、留存收益的组成及用途

(一)留存收益的组成

留存收益是指企业从历年实现的利润中提取或形成的留存于企业的内部积累。留存收益来源于企业在生产经营活动中所实现的净利润。它与实收资本和资本公积的区别在于,实收资本和资本公积主要来源于企业的资本收入,而留存收益则来源于企业的资本增值。

留存收益是所有者权益的组成部分,是由企业历年积累税后利润所形成的。因此,企业经营活动的好坏直接影响到留存收益的大小。企业赚取的净利润,虽然归属于所有者,能够增加所有者权益,但是,并不意味着赚取的净利润可以全部分配给投资者。它会受到法规、公司章程、股东大会决议、与债权人签订的契约等条件的限制。企业从当年税后利润中指定为其他用途,不得用于分配给股东的利润,称为留存收益的分拨或称为指定用途的留存收益。企业的净利润在弥补以前年度亏损和指定用途之后,剩下的才是可分配给股东的留存收益。

留存收益按是否指定用途,分为盈余公积和未分配利润两大类。

1. 盈余公积

盈余公积是指企业按照有关规定从税后利润中提取的积累资金,是具有指定用途的留存收益。企业的盈余公积分为法定盈余公积、任意盈余公积两种。其中,法定盈余公积是指企业按照规定的比例从净利润中提取的盈余公积;任意盈余公积是指企业按照股东会或股东大会决议提取的盈余公积。

与我国现行的工资制度和福利制度相适应,企业还必须依法留存一部分税后利润,用于职工集体福利。为此而提取的税后利润,称为公益金。公益金实际上是一种特殊的盈余公积,而且也是一种法定盈余公积。

按照我国法规的有关规定,公司制企业应当按照净利润(减弥补以前年度亏损)的10%提取法定盈余公积,当法定盈余公积累计额已达到注册资本的50%时可以不再提取,非公司制企业法定盈余公积的提取比例可超过净利润的10%。企业同时应按税后利润的5%~10%的比例提取法定公益金,公司制企业可以按照股东大会的决议提取任意盈余公积,非公司制企业经批准也可提取任意盈余公积。法定盈余公积和任意盈余公积合起来也称为一般盈余公积。

另外,我国会计制度中还规定外商投资企业的盈余公积包括:

(1)储备基金。是指按照法律、行政法规规定从净利润中提取的、经批准用于弥补亏损和增加资本的储备基金。

(2)企业发展基金。是指按照法律、行政法规规定从净利润中提取的、用于企业生产发展和经批准用于增加资本的企业发展基金。

(3)利润归还投资。是指中外合作经营企业按照规定在合作期间以利润归还投资者的投资。

2. 未分配利润

未分配利润是指企业实现的净利润经过弥补亏损、提取盈余公积和向投资者分配利润后留存在企业的、历年结存的利润。未分配利润有两层含义：一是企业年终利润分配结束之前的待分配利润数；二是企业年末利润分配结束之后的未分配利润数，这部分利润将留在以后年度分配。如果企业发生亏损，本年度又无法弥补，就是年终亏损数，从性质上看属于负的净收益，依靠以后年度实现的利润来弥补。

（二）留存收益的用途

在留存收益中，具有指定用途的是盈余公积。其主要用途有：

1. 弥补亏损。企业发生亏损，可以用以下三种来源进行弥补：

（1）用以后年度所得税前利润弥补，但弥补期不超过五年。

（2）超过所得税前利润弥补期的亏损，可用以后年度所得税后利润弥补。

（3）所得税后利润弥补不了的亏损，可用盈余公积进行弥补。

2. 转增资本。根据股东会决议，企业可以将盈余公积转作资本金。在转增资本时要注意以下几个问题：

（1）先要办理转增手续。

（2）要按原来资本或股份比例进行结转。

（3）转增资本后留存的盈余公积不得少于注册资本的25%。

3. 分配股利。在股份有限公司，如企业无利润，原则上不分配股利，但为了维护企业信誉，经股东会特别会议，也可用盈余公积分配股利。其分配原则是：

（1）企业如有未弥补亏损，应该先用盈余公积弥补，弥补亏损后盈余公积仍有结余，才可分配股利。

（2）分配股利后，法定盈余公积不得低于注册资本的25%，同时盈余公积分配股利的股利率不得过高，一般不得超过股票面值的6%。

法定公益金专门用于企业职工集体福利设施的支出，如构建职工宿舍、托儿所、医务室等支出。当企业职工集体福利设施构建完成时，应将法定公益金转入任意盈余公积。

二、留存收益的核算

（一）盈余公积的核算

1. 盈余公积的核算特点

（1）用盈余公积弥补亏损或转增资本，都要在所有者权益的不同分类项目中相互划转，并不影响所有者权益总额的增减。

（2）盈余公积的结余数可由企业自由占用，或用于购置固定资产，或用于流动资金周转，或用于对外投资等等，均无需转账。

2. 盈余公积的账务处理

企业应通过“盈余公积”账户核算盈余公积。该账户贷方登记按规定提取的数额；借方登记盈余公积弥补亏损、转增资本或分配股利的数额；期末余额在贷方，表示盈余公积的结存数。

企业按规定提取盈余公积时，借记“利润分配——提取法定盈余公积”、“利润分配——提取任意盈余公积”、“利润分配——提取法定公益金”账户，贷记“盈余公积”账户。经股东大会决议用盈余公积弥补亏损或转增资本时，借记“盈余公积”账户，贷记“利润分配——盈余公积补亏”、“实收资本（或股本）”账户。

［例9－13］某餐饮公司2009年实现净利润100万元，按规定提取税后利润的10%提取

法定盈余公积，8%提取任意盈余公积，5%提取法定公益金。编制会计分录如下：

借：利润分配——提取法定盈余公积　　100 000
　　　　　　——提取任意盈余公积　　80 000
　　　　　　——提取法定公益金　　50 000
　贷：盈余公积——法定盈余公积　　100 000
　　　　　　——任意盈余公积　　80 000
　　　　　　——法定公益金　　50 000

（二）未分配利润的核算

未分配利润从数量上讲，它是企业实现的净利润（或亏损）在经过一系列分配后的结余部分。由于企业的生产经营活动是连续不断的，当年未分配利润（或亏损）结转到下一年度，又要与下一年度的净利润（或亏损）一起参加分配，分配后的结余部分又会形成新的未分配利润（或未弥补亏损）。因此，未分配利润是历年的累计数，用公式表示如下：

年末未分配利润 = 年初未分配利润（或未弥补亏损）+ 本年净利润（或亏损）－ 本年分配利润合计（或盈余公积转入数）

公式中，本年分配利润合计本年提取的各项盈余公积和分给企业所有者的利润。另外，公式中括号内的数字应以负数表示。

为了反映企业未分配的情况，在“利润分配”账户中，设置“未分配利润”明细账户。企业在会计年度终了时，应将全年实现的利润总额从“本年利润”账户借方转入“利润分配——未分配利润”账户贷方；亏损时编制相反分录。同时，将全年已分配的利润从利润分配各明细账户转入“未分配利润”明细账户，结转后“利润分配——未分配利润”账户的贷方余额为未分配的利润，如为借方余额，为未弥补的亏损。

1. 年终结转“本年利润”的会计处理

（1）年终企业盈利时，编制会计分录如下：

借：本年利润
　贷：利润分配——未分配利润

（2）年终企业亏损时，编制会计分录如下：

借：利润分配——未分配利润
　贷：本年利润

（2）年终结转“利润分配”明细账户时，编制会计分录如下：

借：利润分配——未分配利润
　贷：利润分配——提取法定盈余公积
　　　　　　——提取法定公益金
　　　　　　——提取任意盈余公积
　　　　　　——应付利润

［例9－14］某餐饮公司2009年实现净利润50万元，按规定提取税后利润的10%为法定盈余公积，5%为法定公益金，8%为任意盈余公积，公司在该年度不向投资者分配利润。

①结转本年利润：

借：本年利润　　500 000
　贷：利润分配——未分配利润　　500 000

②提取各项盈余公积：

借：利润分配——提取法定盈余公积　　50 000
　　　　　　——提取法定公益金　　25 000
　　　　　　——提取任意盈余公积　　40 000
　贷：盈余公积——法定盈余公积　　50 000
　　　　　　　——法定公益金　　25 000
　　　　　　　——任意盈余公积　　40 000

③年终结转“利润分配”明细账户的会计处理

借：利润分配——未分配利润　　115 000
　贷：利润分配——提取法定盈余公积　　50 000
　　　　　　　——提取法定公益金　　25 000
　　　　　　　——提取任意盈余公积　　40 000

☆ 思考与练习

一、思考题

1. 什么是所有者权益？

2. 所有者权益和债权人权益之间的区别是什么？

3. 什么是资本公积？有几种来源？

4. 盈余公积包括哪些内容？

5. 何谓未分配利润？如何核算？

二、业务练习题

习题一

1. 目的：练习接受现金资产投资的会计核算。

2. 资料：A、B、C 三公司共同投资成立花园饭店，注册资本为 5 000 000 元，A、B、C 公司持股比例为 60%、25% 和 15%。花园饭店已经收到各投资者一次缴足的款项。

3. 要求：请编制花园饭店收到投资时的会计分录。

习题二

1. 目的：练习非现金资产投资的会计核算。

2. 资料：开元饭店设立时收到 A 公司作为资本投入的不需要安装的设备一台，合同约定该机器设备的价值为 1 000 000 元，合同约定的固定资产价值与公允价值相符。

3. 要求：请编制开元饭店接受非现金资产时的会计分录。

习题三

1. 目的：练习实收资本增加的会计核算。

2. 资料：A、B、C 三人共同投资设立凯悦酒店，原注册资本为 2 000 000 元，甲、乙、丙分别出资 1 000 000 元、250 000 元和 750 000 元。为了扩大经营规模，经批准，公司注册资本扩大为 2 500 000 元，甲、乙丙按照原出资比例分别追加投资 250 000 元、75 000 元和 200 000 元。

3. 要求：请编制凯悦饭店接受材料投资时会计分录。

习题四

1. 目的：练习资本溢价的核算。

2. 资料：A 投资者与某酒店协商，投入一套生产设备，双方确认生产设备价值为 300 万元，占注册资本 10%，计 400 万元。该酒店已经收到生产设备。

3. 要求：请编制该酒店接收投资相关会计分录。

习题五

1. 目的：练习资本公积转增资本的核算。

2. 资料：好时光餐饮公司经批准拟将资本公积 100 万元转增资本金，资本金原出资人为法人资本。

3. 要求：请作出转增资本的会计分录。

习题六

1. 目的：练习盈余公积的核算。

2. 资料：豪享旅行社本年实现利润为 50 万元，年初未分配利润为 0。该旅行社按当年净利润的 10% 提取法定盈余公积，假定不考虑其他因素。

3. 要求：请作出提取法定盈余公积的会计分录。

第十章 旅游企业成本与费用

本章主要内容

- 旅游企业成本与费用概述
- 旅游企业成本与费用的核算

第一节 旅游企业成本与费用概述

一、费用的概念与特征

费用是指企业在日常活动中发生的、会导致所有者权益减少的、与向所有者分配利润无关的经济利益的总流出。这里所说的日常活动是指完成其经营目标而从事的经常性活动以及与之相关的其他活动，如销售商品、提供劳务等发生经济利益的流出。

费用具有以下特征：

1. 费用最终会导致企业资产的减少。这种减少形式多种多样，具体表现为企业的资金支出，例如，应付职工薪酬及相关税费、购买办公用品支付现金、制造产品消耗材料和机器设备等最终都会使企业资源耗费。费用也可以理解为资产的耗费，其目的是为了取得收入，从而获得更多资产。

2. 费用最终会减少企业的所有者权益。一般而言，企业的所有者权益会随着收入的增长而增加；相反，费用的增加会减少企业的所有者权益。但是，企业在经营过程中有两类支出是不应归入费用的：一是企业偿债性支出，如以银行存款归还前期所欠债务，这对所有者权益没有影响，因而不构成费用；二是企业向所有者分配利润，虽然减少了企业的所有者权益，但其属性是对利润的分配，不是经营活动的结果，也就不能归入费用。

3. 费用可能表现为资产的减少，或负债的增加，或者二者兼而有之。

二、费用与支出、成本的关系

（一）费用与支出

支出也称流出，是指企业的资源因耗用或偿付等原因而流出企业，从而导致可使用资源总量的减少。就某一会计期间而言，支出可以是现金支出，也可以是非现金支出，前者比较直观，如以现金支付材料价款、办公用品等，后者则是对材料或机器设备等的耗用。但如不考虑支出所属的会计期间，而是放眼于一个比较长的时期，那么，所有支出都是曾经或期望用现金来实现的，或者说都属于现金支出。

支出按其经济性质可以分为两类：一类为偿付性支出；一类为耗费性支出。前者主要为清偿各种债务，与产品的生产成本不发生联系，不作为生产性费用；后者与产品的生产成本相关，或迟或早都将转化为费用。所谓偿付性支出，是指企业出于偿债目的而将包括现金在内的资源交付给其他主体。而其余支出又可分为两大类:资本性支出与收益性支出。

资本性支出的特点是它的效益将长于一个会计期间，因此，在发生时，并不能全部作为费用，而是先将其资本化，按权责发生制原则将其中一部分转化为本期费用。收益性支出则不同，它是为一个会计期间而发生的，其未来的经济利益可以在一个会计期间内耗费掉，因而可以全额、如数作为本期费用。所以，费用既包括经营过程中发生的收益性支出，又包括在该会计期间内受益的资本性支出。

(二)费用与成本

在我国会计实务中，费用和成本是两个平行使用的概念。其中，费用是一定期间所发生的耗费，包括收益性支出中本期消耗部分和资本性支出在本期耗用的部分;而成本是按一定的产品或劳务对象所归集的支出，它既包括收益性支出，也包括资本性支出，前者形成产品成本(如果严格分析，产品成本的构成中，也包括部分来自资本性支出的转化)，后者则形成资产的成本，如构建固定资产所形成的成本。

在我国会计实务中，如不特别指明，一般所说的成本就是指与收入相匹配的产品成本。根据《企业会计准则——基本准则》的规定，成本是指企业为生产产品、提供劳务等发生的各项耗费，是生产费用对象化形成的。

三、旅游企业费用的分类

(一)按照费用的经济内容(或性质)分类

产品的生产过程，也是物化劳动(包括劳动对象和劳动手段)和活劳动的耗费过程。因而生产过程中发生的生产费用，按其经济内容(或性质)进行分类，可分为劳动对象方面的费用、劳动手段方面的费用和活劳动方面的费用三大类。其次，还可以在此基础上进一步划分为若干要素费用。就旅游企业来说，一般由以下九个项目组成。

(1)外购材料费。是指企业为生产产品而耗用的从外部购入的原材料及主要材料、辅助材料、半成品、包装物、修理用备件和低值易耗品等。

(2)外购燃料费。是指企业为生产产品而耗用的从外部购入的各种燃料，包括固体燃料、液体燃料和气体燃料。

(3)外购动力费。是指企业为生产产品而耗用的从外部购入的各种动力，包括热力、电力和蒸汽等。

(4)工资费用。是指企业应计入生产费用中的职工工资。

(5)提取的职工福利费。是指企业按照工资总额的一定比例，计提并计入生产费用的职工福利费。

(6)折旧费。是指企业所拥有或控制的固定资产按照使用情况计提的折旧费。

(7)利息支出。是指企业计入期间费用等的负债利息净支出(即利息支出减利息收入后的余额)。

(8)税金。是指企业按国家税法规定应交纳的金额，如房产税、车船使用税和土地使用税、印花税等。

(9)其他费用。是指不属于以上各费用要素的支出但应计入产品成本的生产费用，如外部加工费、租赁费以及保险费等。

费用按照经济内容进行分类，可以反映旅游企业在一定时期内发生了哪些生产费用，金额各是多少，有利于分析企业各个时期发生的各种费用的支出水平和结构，加强费用管理。而且还可以为企业制定各种费用预算、确定各项消耗定额和储备资金定额、编制企业的物资采购资金预算、考核储备资金周转速度等提供必要的资料，从而加强企业的预算管理和定额管理。

(二)按照费用的经济用途分类

费用的经济用途是费用最终为企业所提供的服务。从目前会计实务的应用来看，旅游企业的费用可分为两大类:计入企业经营成本的费用和直接计入当期损益的期间费用。

1.计入旅游企业营业成本的费用

旅游企业的营业成本是指旅游企业在经营过程中发生的各项支出，包括直接材料、代收代付费用、商品进价成本和其他直接费用四项。

(1)直接材料。也称原材料，是指直接用于产品生产、构成产品实体的原料、主要材料以及有助于产品形成的辅助材料费用。直接材料对于不同的旅游企业具有不同内容。旅游酒店、宾馆、饭店的餐饮部门和社会其他的饮食部门等经营过程中的直接材料耗费包括耗用的原材料、调料、配料;洗浴中心、普通澡堂的直接材料耗费是指经营中作为主要支出的燃料;洗染、修理等企业直接材料耗费则是直接耗用的原材料、辅料等。

(2)代收代付费用。是指旅行社在组团和接团过程中直接为客人旅游支付的那部分费用。旅行社已计入营业收入总额，但属于代收代付的有关费用是直接用于旅游者的，应作为企业的直接支出，计入营业成本。这部分内容较多，具体包括:

①客房费。例如为旅游者支付的房费、夜房费、退房损失费、客房消费费用等。

②餐饮费。例如为旅游者支付的餐费、特色餐费、退餐损失费、游览途中饮料费等。

③交通费。包括车船费、超公里费、水上游览费等。

④文娱费。例如旅游者观看当地的文艺节目、参加娱乐互动活动而支付给文化或其他部门的费用。

⑤行李托运费。即为旅游者托收和搬运行李而支付给交通部门或其他部门的费用。

⑥票务费。例如支付给交通部门的订票手续费、包车费、退票损失费等。

⑦门票费。旅游者参观风景旅游点所支付的费用。

⑧签证费。为海外旅游者代办签证所支付的费用。

⑨劳务费。例如借调聘用翻译导游人员的劳务报酬。

⑩宣传费。即按规定上缴旅游主管部门的宣传费。

⑪保险费。即为旅游者支付的人身保险费用。

⑫机场费。即为旅游者支付的机场费用。

(3)商品进价成本。商品的进价成本根据商品来源地的不同，可分为国内购进商品进价成本和国外购进商品进价成本两类。国内购进商品进价成本是指企业进货的原价。国外购进商品进价成本是指企业按正常的渠道从国外进货的价格，一般包括两部分:一是国外购进商品进价，即到岸价(包括成本加运费、保险费)作为计价原价;二是进口商品在进口环节按规定所缴纳的税金。如果进口商品是委托外贸部门代理进口的，其进价成本还应包括支付给外贸部门的手续费等。

(4)其他直接费用。是指除以上三种支出外的其他支出，如企业出售无形资产、出售除商品以外的存货的实际成本。

旅游企业的人工费用一般不计入营业成本，而应作为营业费用。企业的营业成本是指对象化了的费用，在经营中所发生的人工费用从理论上讲应计入营业成本，但由于旅游企业主要是以提供劳务为主，服务往往是综合性的，哪种劳务花费了多少劳务费用，应负担多少工资，没有一个较合理的分摊标准和分配依据，不便于实际操作，不好直接予以对象化，因此对人工费用采用了直接计入营业费用的办法，不将其直接计入营业成本。

2. 期间费用的内容及其分类

旅游企业的期间费用按发生的环节和经济性质的不同，可分为营业费用、管理费用和财务费用三类。期间费用从营业收入中得到补偿，并直接计入当期损益。营业费用和管理费用主要依据费用发生的环节来划分，属于营业部门发生的，计入营业费用；属于管理部门发生的，计入管理费用；公共性的、不易分摊的费用，一般列作管理费用。财务费用，主要是因筹资而发生的费用和业务结算中银行业务收取的费用。

(1)营业费用。营业费用是指企业各营业部门在经营过程中发生的各项费用，具体包括：

①职工工资。是指直接从事经营的部门管理人员和服务人员的工资，包括工资、工资性质的津贴和各种奖金。根据有关规定计提。

②职工福利费。是指旅游企业按照国家规定从职工工资总额的一定比例中提取，应由本期费用负担列支的福利费。用于支付给职工交通费、独生子女费、探亲路费等各项费用。

③包装费。是指旅游企业在销售商品等经营活动中消耗的包装物品开支。

④保管费。是指旅游企业为客人提供行李、服装等物品的保管发生的开支，包括倒库、晾晒、冷藏和挑选整理等费用。

⑤保险费。是指旅游企业向保险公司投保所支付的财产保险费用。

⑥燃料费。是指饭店餐饮部门烹饪食品实际耗用的燃料费用，客车出租等所耗用汽油、柴油费用的实际支出等。

⑦水电费。是指企业营业部门耗用的水费和电费。

⑧展览费。是指企业为推销产品、租用场地对产品进行展览宣传所发生的费用。

⑨广告宣传费。是指企业为扩大经营成果对企业的产品和经营项目进行广告宣传而应支付的广告费用和宣传费用。

⑩邮电费。是指企业在经营过程中实际支出的电话、电报、邮寄等费用。

⑪差旅费。是指企业部门职工出差的费用。

⑫洗涤费。是指企业营业部门洗涤桌布、窗帘、工作服等而发生的费用。

⑬清洁卫生费。是指宾馆、饭店、酒店、酒楼等企业为保持服务场所和设备的清洁卫生而发生的费用。

⑭低值易耗品摊销。是指企业营业部门领用低值易耗品的摊销费用。

⑮物料消耗。是指企业营业部门领用物料用品而发生的费用。物料用品主要包括日常用品(如针棉织品、餐具、塑料制品、卫生用品、印刷品等)、办公用品(如办公文具、纸张等)、物质物品以及日常维修用材料、零配件等。

⑯运输费。是指企业不能直接认定的运输费用，也包括内部不独立核算的车队发生的燃料费、养路费等。

⑰装卸费。是指不能直接认定的购入原材料、包装物、低值易耗品等的装卸搬运费。

⑱工作餐费。是指旅游服务企业按规定为职工提供工作餐而支付的费用。对工作餐的列支问题，现行制度做了限定：可在营业费用中列支工作餐的仅限于按规定为职工提供工作餐的旅

游饭店。因此，除旅游饭店以外的其他旅游服务企业和饮食服务企业暂不执行此项规定。

⑲服装费。是指旅游餐饮服务企业按规定和要求为职工制作工作服而支付的费用。同工作餐费的列支规定相同，现行制度对服装费的列支也做了限定：仅适用于旅游企业，而饮食服务企业不能比照旅游企业在成本中列支服装费。

⑳其他营业费用。是指不能列入上述各项的其他营业费用。

(2)管理费用。管理费用是指企业行政管理部门为组织和管理生产经营活动而发生的各项费用，以及由企业统一负担的费用。主要包括两部分内容：一是企业行政管理部门为组织和管理经营活动而发生的费用；二是涉及企业若干部门的难以区分或不必区分、由企业统一负担的公司经费。按其经济内容划分，管理费用主要包括：

——企业管理部门及职工方面的费用

①公司经费。是指企业行政管理部门职工薪酬、福利费、工作餐费、服装费、电讯费、办公费、差旅费、水电费、会议费、物料消耗以及其他行政经费。

②工会经费。是指企业按工资总额的一定比例（现行为2%）计提的工会经费。

③职工教育经费。是指企业按工资总额的一定比例（现行为1.5%）计提的并实际发生的，用于职工学习先进技术和提高文化素质的费用。

④劳动保险费。是指企业支付的离退休人员的退职金、退休金及其他各项费用和6个月以上的病假人员工资。

⑤待业保险费。是指按照国家劳动部门规定，应交纳的待业保险费。

——用于企业直接管理之外的费用

①董事会费。是指企业最高权力机构及其成员为执行其职能而发生的各项费用。包括董事会成员津贴、会议费和差旅费等。

②咨询费。是指企业向有关咨询机构进行科学研究、经营管理等咨询时，按有关规定所支付的费用。

③诉讼费。是指企业因经济纠纷起诉或应诉而发生的各项费用。

④聘请中介机构费。是指企业聘请会计师事务所进行查账、验资、资产评估、清账等所发生的各项费用。

⑤税金。是指企业按国家税法规定应交纳的房产税、车船使用税、土地使用税和印花税等。

⑥外事费。是指出国考察、推销、学习培训和接待外宾所发生的费用。

⑦矿产资源补偿费。是指企业在中华人民共和国领域和其他管辖海域开采矿产资源，按照主营业务收入的一定比例而支付的矿产资源补偿费。

——提供生产技术条件的费用

①排污费。是指企业按当地环保部门规定应交纳的排污费用。

②绿化费。是指企业对内外环境进行绿化而发生的绿化费用。

③研究开发费。是指企业研究开发新产品、新技术、新工艺所发生的新产品设计费，技术图书资料费，与新产品试制、技术研究有关的其他经费，以及试制新产品失败的损失等。

④技术转让费。是指企业使用非专利技术时而支付的费用，包括以技术转让为前提的技术咨询、技术服务、技术培训过程中所发生的费用。

⑤无形资产摊销。是指企业购置的无形资产按规定计算的摊销额。

⑥长期待摊费用摊销。是指企业分摊期限在一年以上的各项费用在费用项目的受益期限

内分期平均摊销，包括按大修理间隔期平均摊销的固定资产大修理支出、在租赁期限与租赁资产尚可使用年限两者孰短的期限内平均摊销的租入固定资产的改良支出以及在受益期间平均摊销的其他长期待摊费用的摊销。

——购销业务的应酬费

应酬费即业务招待费。是指企业在业务交往的过程中的合理需要而支付的应酬费用，应据实列入管理费用。

——损失或准备

①坏账准备。是指企业按应收款项的一定比例计提的坏账准备。

②存货跌价准备。是指企业按存货的期末可变现净值低于其成本的差额而计提的存货跌价准备。

③存货盘亏和盘盈。是指企业在盘点中发现的盈亏、盘盈净额，但不包括应计入营业外支出的存货损失。

——其他费用

如其他管理费用。是指不能列入上列各项的其他各项管理费用，又必须支出的其他属于管理费用的支出费用，如折旧费、水电费、燃料费等。

(3)财务费用。财务费用是指企业为筹集生产经营所需资金等而发生的各项费用，包括以下具体明细项目：

①利息支出。是指支付的短期借款利息、长期借款利息和企业发行债券按规定由财务费用负担的利息和发行手续费等。

②汇兑损失。是指企业因向银行结售或购入外汇而产生的银行买入、卖出价与记账所采用汇率之间的差额，以及各会计期末，各种外币账户的外币期末余额，按照期末规定汇率折合的记账人民币金额与原账面人民币金额之间的差额等。

③金融机构手续费。是指企业与银行和金融机构往来结算过程中所发生的有关费用，如办理各种支付结算中的手续费等。

④其他财务费用。是指不属于以上三个项目的其他财务费用，如融资租入固定资产发生的融资租赁费用等。

四、费用的确认与计量

(一)费用确认的原则

费用的实质是资产的耗费，但并不是所有的资产耗费都是费用，因此就需要明确什么样的资产耗费应确认为费用。由于发生费用的目的是为了取得收入，那么费用的确认就应当与收入的确认相联系。因此，确认费用应遵循划分收益性支出与资本性支出原则、权责发生制原则和配比原则。

1. 划分收益性支出与资本性支出原则。按照划分收益性支出与资本性支出原则，某项支出的效益及于几个会计年度(或几个营业周期)，该项支出应予以资本化，不能作为当期的费用；如果某项支出的效益仅限于本会计年度(即一个营业周期)，就应作为收益性支出，在一个会计期间内确认为费用。这一原则为费用的确认，给定了一个时间上的总体界限。正确地区分收益性支出和资本性支出，保证了正确地计量资产的价值和正确地计算各期的产品成本、期间费用及损益。

2. 权责发生制原则。划分收益性支出与资本性支出原则，只是为费用的确认作出时间上的大致区分，而权责发生制原则则规定了具体在什么时点上确认费用。企业会计制度规定，凡是当期已经发生或应当负担的费用，不论款项是否收付，都应作为当期的费用；凡是不属于当期的费用，即使款项已在当期支付，也不应当作为当期的费用。

3. 配比原则。按照配比原则，为产生当期收入所发生的费用，应当确认为该期的费用。配比原则的基本含义在于，当收入已经实现时，某些资产（如物料用品）已被消耗，或已被出售（如商品），以及劳务已经提供（如专设的销售部门人员提供的劳务），已被耗用的这些资产和劳务的成本，应当在确认有关收入的期间予以确认。如果收入要到未来期间实现，相应的费用就应递延分配于未来的实际受益期间。因此，费用的确认，要根据费用与收入的相关程度，确定哪些资产耗费或负债的增加应从本期收入中扣除。

（二）费用确认的标准

费用只有在经济利益很可能流出从而导致企业资产减少或者负债增加且经济利益的流出额能够可靠计量时才能予以确认。

在确认费用时，一般应遵循以下三种标准：

1. 按费用与收入的直接联系（或称因果关系）加以确认

凡是与本期收入有直接因果关系的耗费，就应当确认为该期间的费用。这种因果关系具体表现在以下两个方面：一是经济性质上的因果性，即应予以确认的费用与期间收入项目具有必然的因果关系，也就是有所得必有所费，不同收入的取得是由于发生了不同的费用；二是时间上的一致性，即应予以确认的费用与某项收入同时或结合起来加以确认，这一过程也就是收入与费用配比的过程。例如，如果企业销售出去的商品是直接与所产生的营业收入相联系的，那么，该项销售商品的成本就可以随同本期实现的销售收入而作为该期的费用；如果企业采用分期收款方式销售商品，应按合同约定的收款日期分期确认收入。在这种情况下，按商品全部销售成本与全部销售收入的比率，计算出本期应结转的营业成本，并与本期所确认的营业收入相配比。

2. 直接作为当期费用确认

在企业中，有些支出不能提供明确的未来经济利益，并且，如果对这些支出加以分摊也没有意义，这时，这些费用就应采用这一标准，直接作为当期费用予以确认，例如，固定资产日常修理费等。这些费用虽然与跨期收入有联系，但由于不确定性因素，往往不能肯定地预计其收益所涉及的期间，因而就直接列作当期的费用。

3. 按系统、合理的分摊方式确认

如果费用的经济效益有望在若干个会计期间发生，并且只能大致和间接地确定其与收益的联系，该项费用就应当按照合理的分配程序，在利润表中确认为一项费用。例如，固定资产的折旧和无形资产的摊销都属于这一情况。一般地，我们将这类费用称为折旧或摊销。

（三）费用的计量

费用是通过所使用或所耗用的商品或劳务的价值来计量的，通常的费用计量标准是实际成本。企业会计制度规定，企业在生产经营过程中所发生的各项费用，应当以实际发生额计入成本、费用。

费用是资产的一种转化形式。有些资产将会使几个会计期间受益，这样，在计量通过系统、合理的分摊而形成的费用时，是以其资产取得成本的实际数进行计量的。例如，固定资产的折旧要按固定资产原始价值和规定使用年限来计算。无形资产的摊销、长期待摊费用的摊销也都属于这种情况。有些费用可以立即确认，这时，可以按其实际发生额进行计量。

总之，企业应按实际成本来计量费用，不得以估计成本或计划成本代替实际成本。

第二节　旅游企业成本与费用的核算

一、旅游企业营业成本的核算

旅游企业的营业成本是指旅游企业在经营过程中发生的各项支出，包括直接材料、代收代付费用、商品进价成本和其他直接费用四项。

1. 直接材料成本。直接材料成本是旅游企业经营过程中用于某种服务产品而消耗的材料费用支出。包括耗用的原材料、调料、配料等。

2. 代收代付费用。是指旅行社方面已经计入营业收入总额,但属于代收代付的有关费用,如果是直接用于游客的,应列为直接支出,计入营业成本。这部分内容比较繁杂,包括:为游客支付的房费、退房损失费等;为游客支付的餐费、退餐损失费、途中饮料费等;以及为游客支付的市内交通费和市郊车船费等,还有游客由于观看、参观和参加娱乐活动产生的门票费用等;支付给酒店或其他部门的订票手续费、包车费、退票损失费等;支付给旅游景点的参观门票费用;支付代办签证的费用;聘用翻译及导游人员的劳务报酬等等。

3. 商品进价成本。商品进价成本根据商品购进地点的不同分为国内购进商品进价成本和国外购进商品进价成本。

其中,国内购进商品进价成本是指其进货原价。商品采购成本,包括购买价格、相关税费、运费、装卸费用、相关保险等等。而国外购进商品进价成本一般由两部分构成:一是国外购入商品进价,即到岸价作为计价依据,二是进口环节商品所缴纳的各种税金。假如进口商品系委托外贸部门代理进口,则其进价成本还应包括支付给外贸部门的手续费等。

4. 其他直接成本。是指除上述三种成本费用之外的其他直接支出,如企业出售无形资产、存货等发生的实际成本。

二、旅游企业期间费用的核算

期间费用是指企业为管理和组织经营活动所发生的活劳动和物化劳动耗费的货币表现。它是保证经营业务顺利进行、提高服务质量必不可少的支出。旅游企业的期间费用按发生的环节和经济性质的不同，可分为营业费用、管理费用和财务费用三类。由于当期的期间费用是全额从当期损益中扣除的，因而其发生额不会影响下一个会计期间。

（一）营业费用的核算

旅游企业每月应按营业费用的内容，归集各营业部门的费用，通过“营业费用”账户进行核算。发生各项营业费用时，应借记“营业费用”账户，贷记“现金”、“银行存款”、“应付职工酬薪”等有关账户，月末应将“营业费用”账户余额转入“本年利润”账户，即借记“本年利润”账户，贷记“营业费用”账户，结转后该账户应无余额。营业费用应按营业部门和费用项目进行明细分类核算。

[例 10－1] 嘉利酒店有客房和餐饮两个营业部门，2009 年 11 月份发生如下营业费用。编制会计分录如下：

①客房部领用一次性物料用品 6 400 元。

借：营业费用——客房部——物料用品　　6 400
　贷：原材料——物料用品　　6 400

②餐饮部领用一次性摊销的低值易耗品 1 840 元，摊销应由本月分摊的分期摊销低值易耗品 11 200 元。

借：营业费用——餐饮部——低值易耗品摊销　　13 040
　贷：低值易耗品　　1 840
　　摊销费用　　11 200

③预提固定资产修理费，其中客房部 120 000 元，餐饮部 100 000 元。

借：营业费用——客房部——修理费　　120 000
　　——餐饮部——修理费　　100 000
　贷：预提费用　　220 000

④月底分配工资。客房部员工工资为 25 600 元，餐饮部为 48 000 元。

借：营业费用——客房部——工资　　25 600
　　——餐饮部——工资　　48 000
　贷：应付职工薪酬　　73 600

⑤按工资总额的 14% 计提营业部门职工福利费。

借：营业费用——客房部——福利费　　3 584
　　——餐饮部——福利费　　6 720
　贷：应付职工薪酬——职工福利费　　10 304

⑥月末，结转营业费用。

借：本年利润　　323 344
　贷：营业费用　　323 344

(二) 管理费用的核算

旅游企业每月应按企业管理费用的内容归集管理费用，通过“管理费用”账户进行核算。发生各项管理费用时，应借记“管理费用“账户，贷记“银行存款”、“应付职工薪酬”、“累计折旧”、“应交税费”等有关账户；月末应将“管理费用”账户余额转入“本年利润“账户，即借记“本年利润”账户，贷记“管理费用“账户，结转后该账户应无余额。管理费用应按费用项目设置明细账，进行明细分类核算。

[例 10－2] 接上例，嘉利酒店 2009 年 10 月份，发生下列管理费用。编制会计分录如下：

(1) 分配行政管理人员工资 27 200 元，按规定提取福利费 3 808 元。

借：管理费用——工资　　27 200
　　——福利费　　3 808
　贷：应付职工酬薪　　27 200
　　应付职工酬薪——职工福利费　　3 808

(2) 按规定提取职工工会经费 6 400 元，提取职工教育经费 4 800 元。

借：管理费用——工会经费　　6 400

——职工教育经费　4 800

贷:其他应付款　11 200

(3)摊销本月应分摊的开办费 16 000 元。

借:管理费用——开办费摊销　16 000

贷:长期待摊费用　16 000

(4)(11 月份)一次购买印花税票 3 600 元，在年内摊销。

借:管理费用——税金　1 200

待摊费用　2 400

贷:银行存款　3 600

(5)计提仓库租金 4 000 元。

借:管理费用——租赁费　4 000

贷:计提费用　4 000

(6)计提固定资产折旧 160 000 元。

借:管理费用——固定资产折旧　160 000

贷:累计折旧　160 000

(7)月末，结转管理费用共计 223 408 元。

借:本年利润　223 408

贷:管理费用　223 408

(三)财务费用的核算

旅游企业的财务费用应按月归集，通过“财务费用”账户核算。发生财务费用时，借记“财务费用”账户，贷记“预提费用”、“银行存款”、“长期借款”等相关账户;发生的利息收入、汇兑收益应冲减财务费用，借记“银行存款”、“长期借款”等账户，贷记“财务费用”账户。期末，应将“财务费用”账户余额全部转入“本年利润”账户，即借记“本年利润”账户，贷记“财务费用”账户，结转后“财务费用”账户应无余额。财务费用应按费用项目设置明细账，进行明细分类核算。

[例 10-3]嘉利酒店 2009 年 11 月份，发生以下财务费用。编制会计分录如下:

①预提当月借款利息 400 000 元。

借:财务费　400 000

贷:预提费用　400 000

②计算本月应付的长期借款利息 60 000 元。

借:财务费用　60 000

贷:长期借款——××银行　60 000

③月末，结转财务费用共计 460 000 元。

借:本年利润　460 000

贷:财务费用　460 000

☆ 思考与练习

一、思考题

1. 什么是费用？费用有何特点？
2. 旅游企业的营业成本包括哪些内容？
3. 简述费用确认的原则。
4. 什么是财务费用？财务费用包括哪些内容？
5. 如何进行成本费用的核算？

二. 业务练习题

习题一

1. 目的：练习成本费用的核算。
2. 资料：花园饭店2009年5月份发生下列有关成本费用的经济业务：

(1) 购买海鲜价值2 000元，直接交厨房使用，货款以现金付讫。

(2) 厨房领用原材料，价值600元，已转账。

(3) 月末分配工资300 000元，其中管理人员工资200 000元，营业人员工资100 000元。

(4) 预提固定资产大修理费用4 000元。

(5) 计提固定资产折旧费40 000元。

3. 要求：根据上述资料编制相关的会计分录。

习题二

1. 目的：练习费用的核算。
2. 资料：假日阳光旅行社2009年4月份发生下列经济业务：

(1)2日，签发转账支票支付大客车汽油费600元。

(2)4日，以现金支付电话费400元。

(3)10日，从银行提取24 000元现金。

(4)10日，发放员工工资24 000元。

(5)30日，预提应向银行支付本月短期借款利息800元。

(6)30日，摊销应由本月份负担的员工劳动保险费420元。

3. 要求：根据所发生的经济业务编制会计分录。

第十一章　旅行社的经营业务

本章主要内容

- 旅行社经营业务概述
- 旅行社主营业务收入的核算
- 旅行社成本费用和税金的核算
- 旅行社利润和利润分配的核算

第一节　旅行社经营业务概述

一、旅行社经营业务的内容

旅行社是指以营利目的，从事旅游业务的企业。旅行社的主要业务指为旅游者代办出境、入境和身份证手续，招徕、接待旅游者，并为之安排食宿、购物、游玩、娱乐、交通等有偿服务的经营活动。其经营业务的内容大体可以分为两类：一是组团招揽，二是导游接待。旅行社也因此分为组团社和接团社。凡是准许与境外旅行社联系组织旅行者入境旅游的旅行社，称为组团社或国际旅行社；负责旅行团队接待工作的旅行社，称为接团社或国内旅行社。随着我国旅游业的蓬勃发展，一个旅行社有时既是组团社，又是接团社，肩负着组团和接团的双重任务。

组团业务是国际旅行社的主要经营活动。组团社根据国内旅游者不同的要求，将旅游者组成各类旅游团，并负责旅游团在当地的浏览活动。接团业务是接团社按照旅行团活动计划提供导游、住宿、用餐、交通、购物、娱乐等一条龙服务的行为。它主要通过向旅游者提供一系列的服务工作来取得收入。

组团、接团业务作为一种经营活动同其他经营活动一样，也必须进行经济核算，讲求经济效益。旅行社在经营中，要实行严格的成本核算，对外制定合理的价格，扩大营销，积极参与旅游市场的竞争，提高市场占有率，以便增加其收入，提高经济效益。

二、旅行社经营业务的特点

旅行社是为旅游者提供服务的中介机构。它与其他行业企业的对象、经营范围、经营内容有着不同的特点，因此具有特殊性。

1. 旅行社涉及资金较小，不用大额资金。在开展业务时，组团社可以向国外旅行社收取一定的预付款，接团社可以定期与组团社结算房费、餐费、车费等。因此，有少量的流动资金即可开展业务。

2. 旅行社在提供服务过程中，组团与接团互相依存，互为条件，在时间上互相衔接，按照预定计划完成旅游服务项目。

3. 旅行社无需为旅游者提供服务设施，因此没有固定的服务场所。交通工具依靠民航、铁路和出租汽车公司，食宿依靠宾馆、饭店，参观旅游依靠名胜古迹和秀丽的自然风光。

三、旅行社定价

价格是最直接、最敏感地影响消费者购买行为的因素。但对旅游企业而言，它又是获得收入和盈利的主要手段。旅行社产品的价格，最主要是由成本、利润和税金三部分组成的。从不同角度，可对其进行不同的划分。

1. 从旅游者对旅行社产品的需求程度上看，可分为基本旅游价格和非基本旅游价格。基本旅游价格，是旅游活动中不可缺少的部分的旅游产品价格。如交通价格、食宿价格等，是为了满足旅游者基本的旅游需求。非基本旅游价格，是指旅游活动中对旅游者来说，可购买也可不购买的旅游产品的价格，包括纪念品价格、娱乐服务价格、参加保险的价格等。

2. 从旅游者的购买方式上看，旅行社产品价格可分为单项服务价、包价和部分包价。旅游者可以根据需要选择不同的购买方式。

(1) 如果是散客，可以零星的单项价格向旅行社购买。这种单项价格，就是各个具体服务项目所规定的价格。如交通费中的机票、车票及船票价格；食宿费中的房间价格、饮食价格；参观游览中的门票价格等。其中包括了旅行社的成本与利润。

(2) 如果旅游者参加的是团队全包价旅游，就会一次性预付旅游活动所需的全部费用。全包价费，是按旅游线路所涉及城市的远近，旅游团的人数、等级和所要求的各项服务的多少来决定的。包价费用，一经双方最后确认，原则上不再重新结算，如遇人力所不可抗拒的原因，必须在改变线路、增减服务天数时才应重新计算包价费用。即按事先确定的旅游团人数、路线、等级、时间和提供的服务质量等形成的开支总和，乘以外加毛利率（一般6%～7%），再计算出每位旅游者应承担的开支。

开支总和＝总和服务费＋餐费＋住宿费＋门票＋导游费＋其他

应收旅游费总额＝开支总和×(1＋外加毛利率)

每位旅游者旅游费金额＝旅游费总额÷总人数

(3) 部分包价仅包括往返机票、房费、餐费、当地接送服务费、导游费和其他费用，也称为有选择的旅游价。这里所指的其他费用根据组团竞争的需要有多有少。包价之外的费用在当地根据选择现付。这种方法在当前竞争激烈的旅游市场上被普遍采用。

组团社和接团社制定包价依据是相同的。一般都是根据旅行团行程计划，进行成本预测后制定出旅行团包价。旅行团的行程计划是旅游者旅行日程的具体安排，包括旅行团来自的地区、人数、抵离城市及时间、交通工具、住宿标准、餐饮标准等。旅行社根据旅行团行程计划规定的食、住、行等情况编制“旅行团费用预算表”，确定每人的综合服务包价和旅行团包价。旅行社一般根据旅行者的消费水平，对同一旅游路线设置了标准、豪华、经济等多种包价。

3. 影响旅行团价格的主要因素

(1) 旅行团人数。旅行团的成本分为固定成本和变动成本两部分。变动成本随人数的增加而增加，如房费、餐费等，而固定成本在一定的范围内，不受人数变化影响，如汽车租车费。

(2) 旅行团经过的地区。我国不同的旅游区，采用不同的地区定价。如北京、西安、上海、苏州、杭州、桂林、珠海、广州等城市为一类地区，南京、无锡、成都、重庆、洛阳、厦门等城市为二类地区。因此，旅行社在定价时应正确区分不同等级的地区价格。

(3)旅游者旅行季节。我国很多旅行区的旅游淡旺季分明，淡旺季费用水平也相差较大。为了充分利用旅游设施，鼓励旅游者淡季旅游，旅行社一般在淡季实行一定的价格优惠措施。

第二节　旅行社主营业务收入的核算

《企业会计准则第14号——收入》规定：收入是指企业在销售商品、提供劳务及让渡资产使用权等日常活动中形成的经济利益的总流入。

(1)“日常活动”是指旅行社为完成其经营目标而从事的所有活动，以及与之相关的其他活动。而不是指偶发的交易或事项。

(2)“经济利益”是指现金或最终能转化为现金的非现金资产。

(3)收入只包括本企业的经济利益的流入，不包括为第三方或客户代收的款项，如旅行社代客户购买门票等。

(4)收入、收益和利得的关系密切。收益是指会计期间内经济利益的增加，表现为能导致所有者权益增加的资产流入、资产增值或负债减少。收益的形成既可能源于旅行社的日常活动，也可能源于日常活动以外的活动。

一、旅行社主营业务收入的内容

旅行社主营业务收入是指旅行社为旅游、观光、度假、参观者等提供各项服务所取得的收入。由于服务项目和服务内容的不同，不同旅行社主营业务收入的内容不完全相同，但可把旅行社主营业务收入分为以下几种类型。

(一)组团外联收入

组团外联收入是指有组团社自组外联，收取旅游者住宿、用餐、旅游交通、翻译导游、景点浏览、文娱活动等的收入。

(二)综合服务收入

综合服务收入是指旅行社为旅行者提供综合服务而取得的收入，包括房费收入、餐费收入、车费收入、文杂费收入(即文娱、宣传、行李托运、门票等杂项收入)、陪同费收入以及其他收入等。

(三)零星服务收入

零星服务收入是指旅行社接待零星旅客和接受代办事项所得的服务收入。其收入内容与综合服务收入一致，只不过是接待零散客人以及受托代办事项所得的收入。

(四)劳务收入

劳务收入是指旅行社派翻译导游人员参加组团社全程陪同所取得的劳务收入。

(五)票务收入

票务收入是指旅行社办理代售国际联运客票和国内客票的手续费收入。

(六)地游及加项收入

地游及加项收入是指旅行社向旅游者收取的按旅游者要求增加的计划外当地旅游项目的费用。

(七)其他服务收入

其他服务收入是指不属于以上各项的其他服务收入。

二、旅行社主营业务收入的确认

《企业会计准则第14项——收入》规定，同时符合以下四项基本条件时，营业收入方能确认，即：

1. 企业已将商品所有权上的主要风险和报酬转移给购货方。

2. 企业既没有保留通常与所有权相联系的继续管理权，也没有对已售出的商品实施有效控制。

3. 与交易相关的经济利益能够流入企业。

4. 相关的收入和成本能够可靠计量。

旅行社无论是接团社还是组团社，组织境外旅游者到国内旅游，应以旅行团离境或离开本地时确认营业收入的实现;旅行社组织国内旅游者到境外旅游，应以旅行团结束旅行返回时确认营业收入的实现;旅行社组织国内旅游者在国内旅游时，也以旅行团旅行结束后返回时确认营业收入的实现。

三、旅行社主营业务收入的核算

旅行社的营业收入，不论是组团社的营业收入还是接团社的营业收入，都通过“主营业务收入”账户进行核算。当旅行社实现主营业务收入时，按实际价款记账，借记“银行存款”或“应收账款”等科目，贷记“主营业务收入”科目。该账户期末余额转入“本年利润”账户，借记“主营业务收入”科目，贷记“本年利润“科目，结转后该账户无余额。

旅行社为了更清楚地反映业务收入情况，还应对“主营业务收入”科目按收入类别设置明细账，进行明细分类核算。如可下设“组团外联收入”、“综合服务收入”、“零星服务收入”、“劳务收入”、“票务收入”、“其他收入”等二级科目;还可根据工作实际需要，在二级科目下设置三级明细科目，如在“综合服务收入”二级科目下设置“房费收入”、“餐费收入”、“车费收入”、“陪同费收入”、“其他收入”等三级明细科目。

(一)组团社主营业务收入的核算

组团社主营业务收入是指组团社根据组团报价为旅游者提供服务所取得的收入。组团社一般采取先收取部分预订金、服务后结清的结账方式，尤其是对于国外旅行社通常采取“先收费，后接团”的方式。收款时，借记“银行存款”或“库存现金”科目，贷记“应收账款”科目。当提供旅游服务后，按月根据旅行团明细表进行结算，按所列的团费收入金额，借记“应收账款”科目，贷记“主营业务收入”科目。

[**例** 11-1]北京某旅行社10月1日组成40人的旅行团赴海南5日游，已收旅行团费80 000元。10月5日该旅行团返回北京，编制会计分录如下：

①10月1日收到旅行团费时：

借:银行存款——××旅行社	80 000	
贷:应收账款		80 000

②10月5日旅行团返回原地，确认营业收入时：

借:应收账款——××旅行社	80 000	

贷:主营业务收入——外联组团收入　　　　80 000

(二)接团社主营业务收入的核算

接团社的主营业务收入是指接团社为旅游者提供各项服务后，根据有关的收费标准，向组团社或旅游者收取的综合服务收入或零星服务收入以及代办票务等收入。

接团社在接到组团社的接待计划(或合同)后，对旅游者在本地的旅游活动、游览项目以及食、宿、交通工具等进行安排，做好接待前的准备工作;当旅游者离开本地后，接团社根据旅游者在本地旅游活动的费用支出情况，填制“旅游费用结算通知单”，向组团社报送，并据以确认收入，借记“应收账款”科目，贷记“主营业务收入”科目;当收到组团社支付的旅行团费时，借记“银行存款”科目，贷记“应收账款”科目。

[例 11 -2]7 月 5 日 ~7 月 10 日北京某旅行社接西安某旅行社 A 旅行团 10 人，该团在北京参观浏览后于 10 日下午离开。根据结算单全部费用为 30 000 元，其中综合服务费 22 000 元，增加风味餐 4 次，计 4 000 元，风景名胜门票费 4 000 元，编制会计分录如下:

①根据“结算通知单”确认主营业务收入时:

借:应收账款——××旅行社——A 旅行团　　30 000

贷:主营业务收入——综合服务收入　　22 000

——地游及加项收入　　8 000

②收到全额款项时:

借:银行存款　　30 000

贷:应收账款——××旅行社——A 旅行团　　30 000

第三节 旅行社成本费用和税金的核算

一、旅行社营业成本的构成内容

旅行社的主营业务成本是指旅行社为旅行团体提供各项服务过程中所发生的各种直接支出。对于组团社而言，是指组团社向旅游团体收取但在以后需要拨付给接团社的各项直接支出;对于接团社而言，则是指接团社从组团社收取但又要付给为客人提供食宿、交通、游览等服务部门的各项直接支出。由此可见，旅行社的主营业务成本实质上是其代收代付的直接用于游客的有关费用。主要包括如下项目:

(1)房费。是指为旅游者支付的房费、空房费、房差费、退房损失费等。

(2)餐费。是指为旅游者支付的餐费、风味餐费、餐差费、退餐损失费、游览途中饮料费等。

(3)交通费。是指为旅游者支付的各项车船费、机票费用等。

(4)行李托运费(搬运费)。是指为旅游者搬运和托运行李支付给交通部门或其他部门的费用等。

(5)文杂费。是指旅游者参加文娱活动、浏览景点等支付的门票费等以及浏览途中的饮料费用。

(6)陪同费。是指支付的陪同人员的房费、交通费、伙食补贴等。

(7)票务费。是指支付给交通部门的订票手续费、包车费用、退票损失等。

(8)保险费。是指为旅游者支付的人身保险费用。

(9)机场建设费。是指为旅游者支付的机场建设费用。

(10)地游及加项费。是指加收旅游者去参观点的综合服务费、专业活动费、超公里费、游江、游湖和风味餐费等相应而支付的费用。

二、旅行社营业成本的特点

旅行社的营业成本与生产经营企业的营业成本相比，有其显著的特点，主要表现在以下几个方面。

1. 旅行社的营业成本的核算对象，既不是产品的生产成本，也不是商品的进价成本和饮食服务业的原材料成本，而是纯服务成本，即为旅游者提供旅游服务所支付的各项直接费用。

2. 旅行社经营业务的特点决定了旅行社在旅游费用结算期间发生的费用多数不能与其实现的营业收入同时登记入账。因此，根据权责发生制和配比原则，为正确核算旅行社的收入和成本，多采用按计划成本预提结转，待计算出实际成本后，再进行事后调整，其原因有以下两点：

(1)旅行社经营的旅游产品，是在一定空间范围内的景观或项目，以及围绕这些景观和项目的一系列的服务设施，如宾馆、酒店、交通以及为旅游者提供的其他服务的集合，这一特点使旅游产品随旅游者自身消费的实现而逐步形成。

(2)从旅行团消费实现的过程来看，一个旅行团到全国或世界各地浏览，要经过多家旅行社接待，各地旅行社在旅行团接待完毕后，方可计算出旅行团的当地费用，报给组团社结算付款。组团社只有在收到各接团社报来的全部账单后，才能最终计算出其实际成本，这就需要一个时间过程。组团社在没有收到各接团社报来的账单前，为了按权责发生制和配比原则正确核算旅行团收入和成本，只能预估成本入账，然后再根据实际支持进行调整。也就是说，旅行社之间的费用结算，由于有一个结算期，当发生的费用支出不能与实现的营业收入同时入账时，应按计划成本先行结转，待计算出实际成本后再进行差额结转。

三、旅行社营业成本的核算

无论是组团社还是接团社的营业成本都要通过“主营业务成本”科目进行核算。为了便于核算，“主营业务成本”科目按其具体内容设置“组团外联成本”、“综合服务成本”、“零星服务成本”、“劳务成本”、“票务成本”、“地游及加项成本”、“其他服务成本”等七个明细科目进行分类核算。

(一)组团社主营业务成本的核算

组团社在进行主营业务成本核算时，应根据所接待旅行团的人数和旅行天数，计算出全部的旅行费用，并依据权责发生制原则，将本月应负担的成本计入“主营业务成本”科目。

[例 11－3]A 组团社根据 B 接团社送来的结算单据及费用发票，用银行存款支付综合服务费 12 000 元，全程陪同劳务费 1 000 元，票务成本 1 500 元，地游及加项费 1 500 元，其他费用 200 元。A 组团社编制会计分录如下：

借：主营业务成本——综合服务成本	12 000
——劳务成本	1 000
——票务成本	1 500
——地游及加项费	1 500

——其他费用 200

贷:银行存款 16 200

组团社在与接团社或有关接待单位、个人之间发生旅游服务费用拖欠时，对于应付的款项，应通过“应付账款”科目进行核算。在收到接团社结算单据未付款时，应借记“主营业务成本”科目，贷记“应付账款”科目;将应付的款项拨付给接团社时，应借记“应付账款”科目，贷记“银行存款”科目。

(二)接团社主营业务成本的核算

接团社在为旅游者提供旅游观光服务后，应向组团社结算旅游者在该地区的旅游团费，并支付各接待单位承办接待业务而发生的房费、餐费、交通费、门票费等。以银行存款支付各项费用时，应借记“主营业务成本”科目，贷记“银行存款”科目。

如有关的成本支出未能及时结清，也应通过“应付账款”科目核算。发生应付而未付的费用时，借记“主营业务成本”科目，贷记“应付账款”科目。

[例 11－4]①A 旅行社接待某旅行团，支付房费 11 000 元，餐费 3 000 元。编制会计分录如下:

借:主营业务成本——综合服务成本——房费 11000

——综合服务成本——餐费 3 000

贷:银行存款 14 000

②A 旅行社支付门票费 2 000 元，导游陪同费 300 元。编制会计分录如下:

借:主营业务成本——综合服务成本——文杂费 2 000

——综合服务成本——陪同费 300

贷:银行存款 2 300

③A 旅行社应支付交通 3 000 元，用支票支付 2 000 元，余款暂欠。编制会计分录如下:

借:主营业务成本——综合服务成本——交通费 3 000

贷:银行存款 2 000

应付账款 1 000

四、旅行社费用的核算

旅行社费用主要包括营业费用、管理费用、财务费用。其中，旅行社的营业费用和管理费用是间接地为旅游团队提供服务发生的各项消耗和支出。它们在旅行社的经营支出中占有较大比重，因此严格控制费用的支出，对降低消耗、提高旅行社的经济效益有非常重要的意义。

(一)营业费用的核算

营业费用是指旅行社各营业部门在经营业务过程中发生的各项费用，包括邮电费、差旅费、展览费、广告宣传费、折旧费、业务部门的人员工资、福利费、服务费及其他费用。

旅行社应设置“营业费用”科目来核算该费用。当各项费用发生时，借记“营业费用”科目，贷记“银行存款”、“库存现金”、“应付职工薪酬”、“累计折旧”等科目。月末，将“营业费用”账户余额转入“本年利润”账户，结转后，该账户无余额。营业费用应按费用的项目设置明细账进行明细分类核算。

[例 11－5]A 旅行社支付旅游广告宣传费 3 000 元。编制会计分录如下:

借:营业费用　　　　3 000

　贷:银行存款　　　　3 000

(二)管理费用的核算

管理费用是指旅行社管理部门为经营活动的顺利进行而发生的各项费用。主要包括邮电费、差旅费、水电费、折旧费、修理费,管理部门的人员工资、福利,服务费及其他费用。

旅行社应设置"管理费用"科目来核算该费用。当管理费用发生时,借记"管理费用"科目,贷记"银行存款"、"库存现金"、"应付职工薪酬"、"累计折旧"、"应交税费"等科目。月末,应将"管理费用"账户余额转入"本年利润"账户,结转后,该账户无余额。管理费用应按费用的项目设置明细账进行明细分类核算。

[例 11 -6]A 旅行社 2009 年 3 月发生下列管理费用。编制会计分录如下:

①分配管理部门人员工资 12 500 元:

借:管理费用——工资　　　　12 500

　贷:银行存款　　　　12 500

②支付管理部门水电费 2 100 元:

借:管理费用——水电费　　　　2 100

　贷:银行存款　　　　2 100

③摊销本月应分摊的开办费 6 000 元:

借:管理费用——开办费摊销　　　　6 000

　贷:长期待摊费用　　　　6 000

④计提固定资产折旧 3 000 元:

借:管理费用——固定资产折旧　　　　3 000

　贷:累计折旧　　　　3 000

⑤计提坏账准备金 1 200 元:

借:管理费用——坏账准备　　　　1 200

　贷:坏账准备　　　　1 200

⑥月末,结转管理费用:

借:本年利润　　　　24 800

　贷:管理费用　　　　24 800

(三)财务费用的核算

财务费用是指旅行社为筹集所需资金而发生的各项费用。

旅行社的财务费用应按月归集,应设置"财务费用"进行核算。发生财务费用时,借记"财务费用"科目,贷记"银行存款"、"应付利息"、"长期借款"等科目。发生的利息收入、汇兑收益应冲减财务费用,借记"银行存款"、"长期借款"等科目,贷记"财务费用"科目。月末,应将"财务费用"账户余额全部转入"本年利润",结转后,该账户无余额。

[例 11 -7]预提当月借款利息 150 000 元。编制会计分录如下:

借:财务费用　　　　150 000

　贷:预提费用　　　　150 000

五、旅行社税金的核算

（一）旅行社税金的分类

我国现行税法规定，旅行社是法定纳税义务单位，其所缴纳的税金主要包括以下内容。

1. 流转税及其附加税费

（1）营业税。是旅行社在我国境内提供服务时按其营业收入征收的税款。旅行社应按营业收入的净额（营业收入扣除代收代付的房费、餐费、交通费等费用）计算缴纳营业税。旅行社营业税适用税率为5%。

（2）城市维护建设税。是国家为了扩大和稳定城市乡镇公共设施和基础设施建设，对享用市政设施的企业，以其实际缴纳的营业税和增值税为计税依据所征收的附加税种，是以旅行社应缴纳的营业税、增值税和消费税为依据征收的税款。该种税的税率以旅行社所在地的不同而不同。旅行社所在地为市区的，税率为7%；所在地为县、镇的为5%；不在上述地区的为1%。

（3）教育费附加。是国家为了发展教育事业，提高人民文化素质而由财政部门征收的一种附加费用，是旅行社应缴纳的营业税、增值税和消费税为依据征收的费用，其征收率为3%。

2. 所得税

（1）企业所得税。是旅行社对其生产、经营所得额和其他所得额征收的税款。一般企业所得税的税率为25%；符合条件的小型微利企业，按20%的税率征收企业所得税；国家需要重点扶持的高新技术企业，按15%的税率征收企业所得税。

（2）个人所得税。是对旅行社中个人取得的各项应纳税所得征收的税款。应纳税所得包括个人的工资、薪酬所得，其税率根据不同所得分别采用九级超额累进税率，其征收率为5%～45%。

3. 其他税种

（1）房地产税。是对旅行社拥有房屋产权的单位和个人征收的税款。它是以房产余值即房产原值一次扣除10%～30%后的余值为计税依据的，年税率为1.2%。

（2）车船使用税。是对旅行社拥有并使用的车辆征收的税款。

（3）印花税。是对旅行社在经济活动中签立的各种合同、产权转移书据、营业账簿、权利许可证照等应税凭证文件为对象所征的税款。印花税的税率有比例税率和定额税率两种。

（二）旅行社税金的核算

1. 营业税的核算

旅行社的营业税是根据营业额和固定的税率计算的，计算公式如下：

应纳税额＝营业额×税率

营业额＝营业收入－准予扣除项目金额

其中准予扣除项目金额是指已计入营业收入总额，替旅游者支付给其他单位或个人的房费、餐费、交通费、旅游景点门票以及其他的代付费用和接团费的金额。

需要注意的是，准予扣除项目金额只限于旅行社替旅游者支付给其他单位或者个人部分的费用，旅行社自身发生的费用不能扣除，并且如果旅行社用自己的车接送旅客、为旅客买保险、发给旅客帽子等旅行用品的支出，也不能作为扣除项目金额扣除。

旅行社按规定应缴纳的营业税，在“应交税费”账户下设置“应交营业税”明细账户进行核算。该账户属于负债类账户，借方反映旅行社已缴纳的营业税，贷方反映旅行社应缴纳的营业税。

旅行社在核算营业税的同时还应计算城市建设维护税和教育费附加，应设置“营业税金及附加”账户进行核算。该账户属于损益类账户，借方为旅行社营业税的增加，贷方为营业税的减少，借方余额为当期应从旅行社营业利润中扣除的营业税金及附加。

[例 11－8] A 旅行社 5 月份营业收入为 250 000 元，营业税税率为 5%，计算出该月的营业税税额为 12 500 元。编制会计分录如下：

借：营业税金及附加　　12 500

　贷：应交税费——应交营业税　　12 500

2. 所得税的核算

旅行社为核算所得税应设置“所得税”账户。该账户属于损益类账户，计提时记入借方，反映为旅行社按规定从当期损益中扣除的所得税额。期末结转“本年利润”账户后，该账户无余额。

[例 11－9] A 旅行社 2009 年应缴纳所得税额为 56 000 元。编制会计分录如下：

①计提时：

借：所得税　　56 000

　贷：应交税费——应交所得税　　56 000

②期末结转时：

借：本年利润　　56 000

　贷：所得税　　56 000

第四节　旅行社利润和利润分配的核算

一、旅行社利润的核算

利润是指企业在一定会计期间的经营成果，主要包括收入减去费用后的净额、直接计入当期利润的利得和损失等。在对利润进行核算时，旅行社应设置“本年利润”账户。期末结转利润时，应将“主营业务收入”、“其他业务收入”、“营业外收入”等账户的贷方余额转入“本年利润”账户，借记“主营业务收入”、“其他业务收入”、“营业外收入”科目；将“主营业务成本”、“营业税金及附加”、“销售费用”、“管理费用”、“财务费用”、“其他业务支出”、“营业外支出”、“投资收益”等科目的借方余额，由贷方转入”本年利润“科目的借方；结转后，“本年利润”贷方余额为旅行社当年实现的净利润总额，如发生亏损，则以红字记录。

[例 11－10] 某旅行社 10 月末各有关账户余额如下：

账户名称	账户月末余额(元)
主营业务收入	150 000
主营业务成本	56 200
营业税金及附加	14 250

续表

账户名称	账户月末余额(元)
销售费用	62 300
管理费用	23 000
财务费用	9 800
营业外收入	4 300
营业外支出	3 800
投资收益	8 500

根据以上资料，编制会计分录如下：

①结转收入类账户时：

借:主营业务收入　　150 000
　营业外收入　　4 300
　投资收益　　8 500
　贷:本年利润　　162 800

②结转费用类账户时：

借:本年利润　　169 350
　贷:主营业务成本　　56 200
　　营业税金及附加　　14 250
　　销售收入　　62 300
　　管理费用　　23 000
　　财务费用　　9 800
　　营业外支出　　3 800

根据以上会计分录，将该旅行社的损益类账户余额全部转入"本年利润"账户。

二、旅行社利润分配的核算

(一)利润分配的顺序

根据我国有关法规的规定，旅行社取得的利润要进行合理分配。如发生亏损，也应按规定，通过相应途径进行弥补。旅行社利润分配的主要内容和程序如下：

(1)以税前利润弥补以前年度尚未弥补的亏损。根据我国现行法规的规定，旅行社发生的年度亏损，可以用下一年度的税前利润弥补，如下一年度的利润不足以弥补的，可以在五年内连续弥补。连续五年仍有未弥补的亏损，则用税后利润进行弥补。

(2)依法计算旅行社应缴纳的所得税。

(3)旅行社缴纳所得税后的利润，除国家另有规定者外，可供分配利润按下列顺序分配。

①被没收的财务损失、支付各项税收的滞纳金和罚款。

②弥补以前年度亏损。即弥补超过用所得税税前的利润抵补期限，按规定用税后利润弥补的亏损。

③提取法定盈余公积金。即按税后利润扣除前两项后的10%提取法定盈余公积金。

④向投资者分配利润。以前年度未分配的利润，可以并入本年度按投资比例分配给投资者。

(二)利润分配的核算

为了反映旅行社利润分配的过程和结果，旅行社应设置“利润分配”账户。该账户下设置“盈余公积补亏”、“提取法定盈余公积”、“ 提取任意盈余公积”、“未分配利润”等明细科目。

旅行社按规定提取法定盈余公积时，借记“利润分配——提取法定盈余公积”，贷记“盈余公积”账户。以盈余公积弥补亏损、分配利润时，借记“盈余公积”，贷记“利润分配——盈余公积补亏”、“应付利润”账户。

旅行社在年度末，应将全年实现的净利润自“本年利润”账户转入“未分配利润”账户，借记“本年利润”科目，贷记“利润分配——未分配利润”科目，如本年发生亏损，则做相反的会计分录。在利润分配后，还应将“本年利润”账户余额与“利润分配”账户下的其他明细类账户的余额转入“利润分配——未分配利润”账户。结转后，“利润分配”账户的其他明细类账户应无余额。“利润分配——未分配利润”账户如为借方余额，则表示该旅行社有未弥补的亏损；如为贷方余额，则表示还有未分配的利润。

[例 11－11]某旅行社 2009 年实现净利润为 2 300 000 元，上年度有 500 000 元亏损未弥补。该年内旅行社已缴纳所得税累计为 350 000 元。按规定，该旅行社按 10% 的比例计提法定盈余公积金。

应缴纳所得税所得额 = 2 300 000 － 500 000 = 1 800 000 元

应缴纳所得税税额 = 1 800 000 × 25% = 450 000 元

①年末实际应缴纳所得税税款 = 450 000 － 350 000 = 100 000 元，编制会计分录如下：

借：所得税	100 000	
贷：应交税费——应交所得税		100 000

②结转补交所得税时，编制会计分录如下：

借：本年利润	100 000	
贷：所得税		10 000

③税后利润 = 2 300 000 － 500 000 － 450 000 = 1 350 000 元

提取法定盈余公积金 = 1 350 000 × 10% = 135 000 元

该旅行社应编制会计分录如下：

借：利润分配——提取法定盈余公积金	135 000	
贷：盈余公积		135 000

☆ 思考与练习

一、思考题

1. 旅行社业务收入包括哪几部分？
2. 旅行社主要收款方式有几种？
3. 旅行社收入确认的原则是什么？
4. 旅行社成本的构成内容和特点是什么？

二、业务练习题

习题一

1. 目的：练习组团社营业成本的核算。

2. 资料：甲组团社根据乙接团社送来的结算单据及费用发票，用银行存款支付综合服务费 6 000 元，全程陪同劳务费 500 元，票务成本 750 元，地游及加项费 1 000 元，其他费用 300 元。

3. 要求：编制相关业务会计分录。

习题二

1. 目的：练习组团社营业收入的核算。

2. 资料：A 旅行社 10 月 1 日组成 20 人的旅行团赴海南 5 日游，已收旅行团费 40 000 元。10 月 5 日该旅行团返回。

3. 要求：编制相关业务会计分录。

习题三

1. 目的：练习旅行社利润分配的核算。

2. 资料：开元旅行社 2010 年实现净利润为 1 300 000 元，上年度有 100 000 元亏损未弥补。该年内旅行社已缴纳所得税累计为 220 000 元。按规定，该旅行社按 10% 的比例计提法定盈余公积金（所得税税率为 25%）。

3. 要求：编制相关业务会计分录。

第十二章 酒店经营业务

本章主要内容

- 酒店经营业务概述
- 客房部经营业务的核算
- 餐饮部经营业务的核算
- 商品部经营业务的核算

第一节 酒店经营业务概述

一、酒店会计核算的主要特点

酒店的经营方式较为特殊，会计核算与其他行业相比，有很多不同之处。例如：酒店客房是向顾客出租房间及设施，并伴以劳动性服务取得收入，没有成本，只有费用；餐饮业务的生产、销售和消费是同时进行的，其生产费用与销售费用划分不清，对每种产品就无法分批、分件地进行成本计算；商品部规模一般较小，要求企业的会计核算手续简化，一般不需要填制销货凭证等等。酒店会计核算的主要特点有以下几个方面：

（一）收入核算的特点

酒店客房收入内容较为复杂，不像工业和商业销售产品商品那样纯粹。酒店客房营业日报表反映的收入项目较多，一般有房金、加床、洗衣、电话、食品、饮料、餐费、赔偿等等。入账时，必须分清这些收入的性质，有的要冲减有关费用，有的只能作收回内部往来账款处理，不能笼统地全部列做客房营业收入。

（二）成本核算的特点

酒店饮食制品和吧台都要核算营业成本。饮食制品成本核算与工业不大相同。工业的成本要素是直接材料、直接工资和制造费用；成本计算方法视产品工艺流程繁简，分别采用品种法、分批法、分步法等多种计算方法，有的还要计算期末在产品的约当产量，成本核算较为复杂。而饮食制品成本核算较为简单，成本要素仅为构成饮食制品实体的原材料、辅料、调料等购进价值，不计入工资等其他一切费用；成本计算方法一般是月末对厨房未用完的原材料、辅料、调料进行实地盘点，然后倒挤，计算出当月的营业成本。餐饮制品的单项成本，是计算合理销售价格的依据。

餐厅吧台酒水、香烟、食品等的成本核算与零售商业相似。如果采用售价核算，月末按售价结转销售成本的同时调整进销差价。

（三）费用核算的特点

酒店的费用有营业费用、管理费用和财务费用。营业费用要分经营部门设立明细分类账核算。管理费用月末按一定的分配率，分配到各经营部门，以便计算各自的盈亏。酒店财务费用核算与其他行业相同。

（四）税金核算的特点

工业和商业企业销售产品商品是交纳增值税。增值税属价外税，进项税款可以抵扣销项税款，纳税操作和核算比较复杂。酒店主营业务是交营业税，纳税操作和核算都比较简单，但涉及的税种和税率较多。

（五）应收账款核算的特点

任何工商企业的“应收账款”账户都是用来核算挂账经济业务，这个账户不反映已实现的全部销售收入。酒店有所不同，凡客房采用“应收应付制”核算的酒店，宾客入住时，无论先付款后住店（即预收房金方式），或先住店后付款（即挂账方式），每天发生的各项收入均通过“应收账款”账户核算。客房的“应收账款”下设“应收”和“预收”两个二级账户，分别记录应收和已收金额。“应收”户的累计发生额反映已实现的全部收入；“预收”户的累计发生额反映已收到的货币资金。这两个二级账户在年度内一直分别累计，年终相互冲转，冲转后的借方或贷方余额保留在“应收”或“预收”账户，并结转下年。

（六）多种核算方法的特点

酒店要对不同的经营项目，采用不同的核算方法。客房、舞厅、蒸汽浴、吧台采用类似商业企业的核算方法；饮食制品采用类似工业企业的核算方法；商场和小卖部采用商业零售企业售价核算方法。

二、客账的核算与管理

（一）一次性结账系统

一次性结账是旅游酒店为方便住店宾客，实行除商品部购物以外，对酒店内所有服务项目凭宾客签单进行记账，在离店时一次结算的办法。

根据《中华人民共和国旅游（涉外）酒店星级标准》的规定，我国四星级以上旅游酒店应对住店宾客提供一次性总账单结账服务（商品部购物除外）。

为了在酒店内部有效地实行一次性结账，需要解决以下几个问题：

1. 消费信息的传递

一次性结账系统是以各营业点的客人消费凭单为依据的，所以各营业点应将客人已消费的信息及时、准确地传递到总台结账处。

客人消费信息可以通过多种渠道传递到总台结账处，如人工、电话、电脑联网等。

2. 客人账务的记录

手工记账以外，现在大多酒店的记账业务可以由电脑联网的营业点收银员或操作员来完成，在他们建立客人的消费凭单时，消费信息已通过电脑终端自动记录到相应的客人账单上了。

3. 收款

避免出现客人结账或离店后其店内消费账单才送达总台的现象；避免欠款过高而采取一些收款措施，例如客人消费达到一定的限额就催其付款。

4. 内部控制

为保证酒店所提供的产品和服务的收入能全部收回，所有客人账单记录和有关附件必须保持完整和准确。酒店必须建立凭证的使用、传递、保管和稽核等内部控制制度。

（二）宾客账务管理

在实行一次性结账的酒店必须为每一住店客人设置宾客账户，用于记录赊欠消费和进行统一结账。宾客账务的管理主要包括登记、预收、入数、结账、交款编表、稽核等环节。

1. 登记

客人入住酒店，首先在总台办理住宿手续，填写“住宿登记表”。

2. 预收保证金

客人入住酒店必须预交保证金。酒店可以根据自己的实际情况决定预收数额。

3. 入数

如何把客人在各个部门的所有消费归集到客人的账上，即入数。

4. 结账

客人离店时必须结账。

5. 交款编表

为了保证酒店每天客账收入的准确性，每个收银员在下班前必须做到清点现金、整理账单、编制收银报告、核对账单与收银报告、送交款项及账单、收银报告等工作。

6. 稽核

稽核是对上述账单资料的查对，对上述程序的检查和控制。酒店的收入稽核一般分为夜间稽核和日间稽核。日间稽核因为各项数据在不断的变动，所以一般夜间是做稽核工作最好的时间，在检查酒店的客费收入、各营业点收入正确无误后，夜间稽核人员就可编制酒店“营业收入日报表”，如表 12－1 所示，报送总经理室，日间稽核员再核对酒店“营业日报表”，核对无误后，由日间稽核员在报表上签字，并将“营业收入日报表”转财务处，作为登记“主营业务收入”账户的依据。

表 12－1

营业收入日报表

日期　　　　　　　　星期　　　　　　　　天气

项目	当日		本月累计		去年同期实际累计
	实际	计划	实际	计划	
一、客房					
1. 客房出租收入					
2. 房间服务费					
客房收入合计					
二、餐饮					
1. 中餐					
2. 西餐					
3. 酒吧					
4. 送餐					
5. 宴会部					
6. 餐饮服务费					
7. 杂项					
餐饮收入合计					

续表

项目	当日		本月累计		去年同期实际累计
	实际	计划	实际	计划	
三、其他业务收入					
1. 洗衣					
2. 房间小酒柜					
3. 车务					
4. 电话					
5. 杂项					
其他业务收入合计					
收入总计					
四、统计资料					
客房出租率(%)					
客房总数					
可供出租房间					
已出租房间					
平均房租					
住客人数					
食客平均消费					
结算状况统计					
现金					
信用卡					
支票					
总台客人记账					
单位记账					

第二节　客房部经营业务的核算

客房是旅游酒店的主体。旅游酒店销售的最大商品是客房。一座酒店，不论规模大小、设施多少，客房是必不可少的，否则就不能称之为酒店。近年来，尽管酒店其他方面如餐饮等的收入呈上升趋势，但客房营业收入在酒店全部营业收入中所占的主导地位并未动摇。客房营业有消耗低、利润高的特点，虽然在建造时投资大，但耐用性强，可以有数十年的经济效益，而且客房的出租还可以带动或增加其他经济收入，因为客人入住后要吃饭、娱乐、洗衣等。因此，加强客房经营业务的核算和管理，对提高酒店的经济效益有着极其重要的意义。

一、客房产品的特点

旅游酒店的客房业务主要是指向客人提供客房而向客人收取一定费用的服务业务。旅游酒店的客房是一种特殊的商品，它不出售所有权，而只出售使用权，即将同一件产品在不同时期内反复出售，客人买到的仅是某一时期客房的住宿使用权。旅游酒店的客房可出租但不能储存，如在规定时间内不出租，其效用就自然消失，价值就无法收回。由于酒店业务的客房这种特殊商品不能储存，业务收入的机会容易失去，故而必须加强客房业务经营管理，尽可能减少客房闲置，以增加业务收入。

二、客房收入的核算

（一）客房收入的入账时间

客房收入也就是客房销售，它是一种出租客房产品使用价值的交易行为，客人付款买下的只是入住的权利，酒店卖掉的也只是在一定时间内的客房住宿使用权。依据企业会计制度规定的收入确认原则，客房一经出租，即客人办完入住手续，则不论房租收到与否，都作为销售处理，也就是说，客房收入应以客房实际出租时间作为入账时间。

（二）客房收入的入账价格

旅游酒店的客房出租价格具有很大灵活性，其灵活性是由客房产品不可储存的特点和供求关系多变决定的。酒店的客房不能储存，当天没出租，这天的效用就自然失去，即使第二天再出租，第一天的价值也不能收回。而客房的出租率与季节有密切的关系，旺季时有可能供不应求，淡季时有可能供大于求。为了提高酒店的社会经济效益，经酒店所在地物价部门批准，酒店的客房价格可随行就市。

酒店常用的客房价格有标准房价、淡季价、优惠价、团体价、折扣价等。标准房价是由酒店制定并经物价部门批准的价格，在正常情况下，酒店在规定的浮动幅度内，按照供求变化的情况，自行决定具体的销售房价。因此，客房实际出租的价格才是客房营业收入的入账价格。

（三）客房营业收入的核算

旅游酒店的营业收入，在会计上应设置“主营业务收入”账户进行核算。该账户属于损益类账户，主要核算旅游企业各项经营业务的收入。旅游企业本月实现的营业收入，记入该账户的贷方；月份终了，本账户余额应转入“本年利润”账户，结转后本账户应无余额。旅游酒店应在“主营业务收入”总账下，按其内部各服务部门设二级账户，如客房收入、餐饮收入、商品部收入、干洗部收入、美容部收入、车队收入、歌舞厅收入、票务收入、长途电话电传收入等进行明细分类核算。由此可见，旅游酒店实现的客房业务收入应在“主营业务收入——客房收入”账户内进行核算。

每个营业日结束后，总台结账处的所有客账处理经夜间稽核人员检查后做出“营业日报表”，所有结过账的原始单据、“营业收入日报表”经日间稽核人员进一步检查后，一并送到财务部会计组，作为记账的原始凭证。

[例 12－1]某酒店某日“营业收入日报表”中的客房收入为 88 000 元，其中：应收款为 5 000 元，总台记账为 48 000 元，现金结算金额为 13 000 元，支票结算金额为 12 000 元，信用卡结算金额为 10 000 元。信用卡手续费率为 2%。应编制会计分录如下：

借：库存现金	13 000
银行存款——支票	12 000
——信用卡	9 800
财务费用	200

应收账款——××旅行社 5 000

——总台记账 48 000

贷:主营业务收入——客房收入 88 000

三、客房营业费用的核算

旅游酒店的客房具有一次性投资较大，日常经营中耗费物资较小，营业周期较短，各类经营业务间相互交叉，直接费用和间接费用不易划分等特点，造成了计算旅游酒店客房营业成本的困难，而且计算求得的成本也不会准确。因此，会计制度规定，为简化酒店的会计核算，除出售商品和耗用原材料、燃料的商品部、餐饮部按其销售的商品和耗用的原材料、燃料计算营业成本以外，其他各种服务性的经营活动，均不核算营业成本，而将其因提供服务而发生的各种支出，分别记入“营业费用”、“管理费用”和“财务费用”账户中。旅游酒店在进行客房部的会计核算时，可以只设立“营业费用”账户核算其费用消耗，而不设立“营业成本”账户核算其成本。

客房营业费用较大的项目是:工资、电费、燃料费、折旧费、物料消耗等。

(一)工资的核算

酒店每月发放职工工资，除少数国有企业是当月发放外，大多数企业是当月工资下月发放。当月工资下月发放的企业，第一个月没有工资支出，费用便失真，所以必须预提。有些企业当月的工资表，往往在月末尚未编出，可估计预提。下月发放时，估计预提的工资与实发工资会有差异，应进行调整。调整的方法有以下两种:

[例 12-2]某酒店本月末预提客房工资总额 25 600 元，下月实发工资时，应发总额 25 924 元，扣回病事假工资 126 元，扣收职工违纪罚金 215 元，实发 25 583 元。与上月末预提数的差异 324 元。

1. 差额调整法

上月末预提工资:

借:营业费用——客房——工资 25 600

贷:应付工资 25 600

下月按实发工资总额与预提的差异调整:

借:营业费用——客房——工资 324

贷:应付工资 324

发放上月工资时:

借:应付工资 25 924

贷:营业外收入 215

营业费用——客房——工资 126

库存现金 25 583

(省略了从银行提取现金分录)

接着，预提本月工资，如无大的变化，可按本月应发的应付工资 25 924 元计提。

2. 全额调整法

月末预提工资:

借:营业费用——客房——工资 25 600

贷:应付工资　　　　　　　　　　　　　　25 600

下月以红字冲销,实发工资时:

借:应付工资:　　　　　　　　　　25 924

贷:营业外收入　　　　　　　　　　　　215

营业费用——客房——工资　　　　　　　126

库存现金　　　　　　　　　　　　　25 583

分配工资:

借:营业费用——客房　　　　　　　25 924

贷:应付工资　　　　　　　　　　　　25 924

接着预提本月的工资。

此外,应按工资总额的14%计提职工福利费。该例应提职工福利费 = 25 924 × 14% = 3 629 元。

借:营业费用——客房——职工福利费　　　3 629

贷:应付福利费　　　　　　　　　　　3 629

发生福利费支出时:

借:应付福利费

贷:库存现金

(二)能源消耗的核算

客房能源消耗主要是电力和燃油。中央空调、热水、洗衣房的能源消耗最大。

能源费用发生时:

借:营业费用——电费或燃料费

贷:银行存款

洗衣房虽不单独核算,但其成本费用占客房费用总额5%以上。而且根据业务需要,洗衣房的成本费用,要作账外核算。所以对洗衣房的能源消耗应进行统计。其中:电费可按洗衣设备的功率和需要运转的时间计算确定;燃油是锅炉提供干机蒸汽的水泵,但与供应客房的热水混在一起,只能由工程部门的技术人员估计各占耗油比例来确定各自的燃料费。统计出的洗衣房能源消耗费用,是供账外核算洗涤成本之用,不作账务处理。

(三)物料用品的核算

客房消耗的物料用品,一般是向酒店总仓库领用。领用时:

借:营业费用——客房——物料消耗

贷:物料用品

牙具等一次性用品,因日常消耗量大,故一般是由客房批量领出,存放于客房的仓库,每天按实际需用量发放。一次性用品的核算有两种方法:

1. 移库处理,逐日(月)核销

客房批量售出时:

借:物料用品——客房仓库——一次性用品(分品名)

贷:物料用品——总库——一次性用品(分品名)

每天(或每月)根据客房一次性用品消耗报表:

借:营业费用——客房——物料消耗

贷:物料用品——客房仓库——一次性用品

并根据客房月末的一次性用品盘点表，核对实物库存。

2. 倒挤确定消耗量

客房批量领出时，不作移库处理，按所领数额，列入“业务间接费用”账户。月末按倒挤方法，计算出本月实际消耗数额，从“业务间接费用”账户转入“营业费用”账户：

借:业务间接费用

贷:物料用品——总库

按倒挤计算的消费额：

借:营业费用——客房——物料消耗

贷:业务间接费用

(四)服装费的核算

酒店注重员工形象必须统一着装。星级酒店服装档次较高，价格昂贵，费用很大。一般于购进时便能分清着装对象，可分部门列入有关费用的“服装费”项目。

有的酒店认为服装的价值高，为了加强管理，购入时列为低值易耗品。领用时按五五摊销法，将50%价值计入有关费用。有的酒店购入时直接列入“长期待摊费用”按二至三年分月摊销，计入各有关费用的“服装费”项目。

(五)折旧费的核算

酒店固定资产最大项目是房屋建筑和电梯、中央空调、锅炉等各种大型设施，很难分清使用部门分摊折旧费，一般是在管理费用核算。酒店也可以将能分清经营部门的折旧费列入各部门的营业费用，分不清使用部门的折旧费在管理费用核算。

酒店固定资产折旧一般使用直线法的平均年限法。车辆可采用工作量法，按行驶里程计算折旧。

(六)洗衣房的成本核算

酒店洗衣房一般不对外营业，仅为内部有关部门提供洗涤服务。洗衣房一般不独立核算，一切费用均包括在客房部门的有关费用项目中。为了查明洗涤成本，应从账面分析统计洗涤费和所完成的洗涤量等资料，作账外成本核算。

四、客房税金的核算

客房营业税率5%，附加税费按企业所在城市的标准执行。近年来，企业购买发票时，要按交还发票总额缴纳营业税费，然后从当月申报的营业税费抵扣清缴。

借:应交税金——营业税费

贷:银行存款

月末计提营业税费：

借:主营业务税金及附加

贷:应交税金——营业税费

客房部门营业损益的核算

客房部的损益计算比较简单，其计算公式为：

客房营业收入 - 营业税金及附加 - 营业费用 = 客房部门利润

其计算方法是：汇集客房的营业收入；计算并结转应纳营业税金；汇集、结转客房部门的营业费用;计算客房部门利润。

第三节 餐饮部经营业务的核算

餐饮和客房是旅游酒店营业收入的两大来源。经销餐饮远比经销客房潜力大、效益好,因为餐饮不但面向酒店的住客,而且还面向当地的企业、机关、居民等。一家餐饮经销比较好的酒店,其餐饮收入往往赶上甚至超过客房营业收入。可见,餐饮部门经营的好坏直接关系到整个酒店的财务成果,加强对餐饮业务的管理和核算有着重要的意义。

一、餐饮原材料的核算

餐饮成本要素是食品类材料。成本管理的重点是对原材料的采购、加工和烹制等过程的监督和控制。餐饮的成本管理,实质上就是对原材料的管理。

(一)原材料等物资采购的核算

餐饮原材料,除由采购员采购一部分外,很大一部分是由已签约的供货商送货。餐饮吧台的酒水、小食品几乎全部是由供货商送货。

由供货商送货的长处有二:一是由于酒店所需物资繁杂,仅靠若干名采购员很难完成;二是可以占用供货商部分资金,减少资金需求的压力。因为都是先收货后付款,付款期一般在一个月以上。而且酒水都是商品售完后才结付货款。

原材料等物资购进,不论是采购员购进或供货商送货,一律通过"应付账款"科目核算。但采购员要借支一定数额的备用金作为周转,按"定额备用金"管理,即所借备用金为采购的铺底资金,采购员报销采购账款时,按报销金额支付现金,不扣抵原借备用金。

酒店购进的鲜活原料和干货等物资,绝大部分是由本地区的供货商送货,或由采购员就地采购,没有运杂费。所以不必通过"物资采购"科目,而直接在"业务直接成本"、"主营业务成本"、"原材料"、"物料用品"等科目核算,既方便又快捷。

(二)原材料等物资发出的核算

餐饮企业在发出原材料时,借记"主营业务成本"账户,贷记"原材料"账户。

[例 12-3]某酒店餐饮部操作间领用面粉 50 千克,每千克单价 3.00 元,金额 150 元;海参 5 千克,每千克单价 600 元,金额为 3 000 元。根据领料凭证,编制会计分录如下:

借:主营业务成本	3 150	
贷:原材料——面粉		150
——海参		3 000

由于各种材料一般都是多批购进,每批购进的单价常会因季节、调价等原因而各不相同,因此在发出原材料时应先确定其单价。通常发出材料的计价有个别计价法、先进先出法、加权平均法等。

(三)原材料的明细分类核算

对原材料进行明细分类核算,可以使管理者清楚地了解、掌握各种原材料的收入、发出和结存情况,并使账存与实存进行核对成为可能。各餐饮企业无论其规模大小或采取何种管理方式,都必须设置一套既有数量又有金额的明细账。

二、餐饮营业收入的核算

餐饮收银员应于每天营业终了，根据全部已结算的餐费账单汇总编制"餐饮营业日报表"，经复核无误后连同挂账账单，送交财务部门。

客房寓客在餐厅消费挂账时，餐厅收银员应填写"寓客消费挂账通知"，请宾客签字认可后，立即送交客房前台，以便及时记入寓客的账单。财务部门按餐厅营业日报表反映的寓客挂账单总金额（不分宾客姓名）列为内部往来"其他应收款——客房寓客"账户。

财务部门根据当天餐饮营业日报表作如下分录：

借：库存现金

　　应收账款（分寓客的客户名）

　　其他应收款——客房寓客

　　管理费用——应酬费

　　贷：主营业务收入——（分类别）

由于财务部门对客房寓客挂账是按餐厅营业日报表反映挂寓客总额入账，所以月末应与客房收到餐厅当月转来的"寓客消费挂账通知单"的总额核对相符，如有出入，双方应逐笔核对，查明差异及时处理。

三、餐饮营业成本的核算

（一）餐饮成本核算内容

餐饮制品的成本，仅包括实际烹制过程所耗费的食品原料价值，其余生产、销售、服务过程所发生的各项支出，均作为营业费用处理，不计入"主营业务成本"。

餐饮成本一般每月计算结转一次。成本对象视企业规模大小和领导层的要求设定，不强求一致。餐饮原材料很大一部分是鲜活原料，只能按当时市场进价入账。干货和调料价格一般比较稳定，而且进货频率较高，基本上也能按当时市场实际价格入账。对少量价格有较大波动的原材料，可采用加权平均法计价。

（二）餐饮成本核算方法

厨房月度终了，应对剩余原料进行盘点，并编制"厨房原材料盘点表"，如表12－2所示，交财务部门据以计算餐饮成本。

表12－2　　厨房原材料盘点表

年　月　日　　　　第　页

品名	单位	数量	单价	金额	备注

厨师长：　　　　　　制表：

餐饮成本计算方法是倒挤，其公式为：

本月餐饮实际成本 = 上月末原材料盘存金额 + 本月购进和领用金额 – 本月末原材料盘存金额

[例 12 – 4]某酒店“业务直接成本——菜品”账户，反映上月末厨房原材料盘存 21 650 元。本月收各供货送交和采购员购进的鲜活原料 77 682 元，向仓库领用干货调料总值 15 844 元，均用于菜品成本项目，本月末厨房菜品项目的原材料盘存 18 478 元。

本月菜品成本 = 21 650 + 77 682 + 15 844 – 18 478 = 96 698(元)

会计分录为：

①上月末厨房原材料盘存转入成本：

借:主营业务成本——菜品	21 650	
贷:业务直接成本——菜品		21 650

②购进鲜活原材料：

借:主营业务成本——菜品	77 682	
贷:应付账款		77 682

③从仓库领干货、调料：

借:主营业务成本——菜品	15 844	
贷:原材料		15 844

④本月末厨房原材料从成本转出：

借:业务直接成本——菜品	18 478	
贷:主营业务成本——菜品		18 478

⑤本月菜品营业成本结转“本年利润”：

借:本年利润	96 698	
贷:主营业务成本——菜品		96 698

四、餐饮费用的管理和核算

餐饮部门原料成本及以外的各项费用，均在“营业费用”科目核算。

餐饮利润的计算公式是：

营业收入 – 原料成本 – 营业费用 – 税金 = 餐饮利润

从以上公式可以看到：餐饮毛利额(营业收入 – 营业成本)实现后，税金是按税率不变的，唯一的变数是营业费用；营业费用的高低直接影响餐饮的利润水平。

餐饮各项费用，如工资、物料消耗、水费、折旧费等，均与客房核算方法基本相同，在“营业费用”科目各明细项目内归集和核算。

厨房如果采取包厨，包厨费也在工资项目反映，应由包厨的厨师长，按月编造厨房员工的工资表，包厨者和部分高工资厨师，个人月收入超过所得税起征点的，应代扣缴税款。包厨工资不计提 14% 的职工福利费。

第四节　商品部经营业务的核算

一、商品经营的核算方法

酒店商品经营规模一般较小。酒店经营商品的会计核算主要采取“售价金额核算”法，即“售价金额核算的实物负责制”。它是以售价总金额控制各实物负责人经营商品的进、销、存变动情况的一种商品核算方法。这种方法的要点如下：

1. 实行售价记账，以金额控制商品库存数量。财务部门对商品的进销存一律按售价记账，不反映商品的品种和数量。库存商品总分类账记载和反映全部商品的售价金额。库存商品明细分类账按实物负责人分户设置，并以售价金额分别记载各实物负责人所经管的商品。并通过实物负责人账户来控制商品数量，以明确各类实物负责人的经济责任。

商场内存放的贵重高档大件商品，实物负责人必须设置账卡，逐日登记这些商品的收入付出和结存，借以加强管理。

2. 确定实物负责人，建立经济责任制。建立实物负责制是实行售价金额核算的基础。酒店商场属报账单位，以该单位视为实物负责人；也可以营业员或商场负责人为实物负责人。实物负责人对其经管的商品负全部经济责任。

3. 设置“商品进销差价”账户，核算商品售价与进价的差额。由于购进商品是以售价记入“库存商品”账户，因此需要设置一个“商品进销差价”账户来记载和反映商品进价与售价的差额，用以调整“库存商品”售价总金额。同时，也便于月末按商品的存销比例，计算已销商品应分摊的进销差价，计算商品销售成果。

4. 加强商品盘点，落实商品的库存金额。在实行售价金额核算的情况下，库存商品是售价记载的，并以售价来控制实物负责人的商品数量。酒店商场每月末必须进行一次全面盘点，如发现差异，应及时查明原因，按照规定进行处理，保证账实相符。

二、商品购进的核算

由于酒店商场不独立核算，购进商品由酒店统一办理，总仓库收库后交商场销售。酒店购进的物资既有酒店各部门需用的物品，也有商场的商品，品种繁多，购进时很难严格区分哪些是专供商场的物资，故商场的商品一般没有进货的增值税发票。

商场从仓库领出商品时，由经办的业务人员填开“商品内部验收调拨单”，如表 12 - 3 所示，一式四联，第一联存查，第二联交财务部门入账，第三联交仓库发货，第四联交商场收货。

表 12－3　　　　商品内部验收调拨单

调入部门：　　　　　　　年　月　日

商品编号	品名	规格	进货价格				销售价格				差价金额
			单位	数量	单价	金额	单位	数量	单价	金额	
调出部门：仓库				合　计							

主管人：　财会：　业务：　出纳：　记账：　复核：　验收：　制单：

“商品内部调拨单”填制要点：

1.“进货价格”栏的“单位”，按仓库发出件数填列（如件、箱、盒等），单价和金额按实际进价填列。

2.“销售价格”栏的“单位”，按事件拆零后的单位填列（如条、瓶、个等）。“销售价格”栏的“单价”按核定的销售单价填列。

3.“差价金额”栏按“销售价格”栏金额减去“进货价格”栏金额后的余额填列。

根据商品内部验收调拨单编制分录：

借：库存商品——商场——负责人

　　贷：库存商品——仓库

　　　　商品进销差价

三、商品销售的核算

酒店对商品销售，是通过“主营业务收入”和“主营业务成本”账户，分别反映商品销售金额和已销商品的进价成本。在实行售价金额核算情况下，由于“库存商品”账户是按售价记载的，商品收进的进价与售价的差额反映在“商品进销差价”账户。当商品销售后从“库存商品”账户结转的销售成本与销售收入数额相同，反映不出业务成果。所以，还应将已销售商品所分摊的进销差价调减销售成本。由于已销商品的进销差价，是月末通过一定的计算方法求得，无法逐笔随同销售成本进行调整，而是月末作一次调整。

酒店商场因规模不大，未能分柜组设立实物负责人账户，但因各类商品进销差价率不同，有的甚至相差悬殊，为了便于正确计算商品销售利润，仍应分商品大类核算。

四、已销商品进销差价的结转

商场实行售价金额核算于商品销售后，在结转销售成本时是按售价借记“主营业务成本”，没有反映出经营成果。为了核算已销售商品的实际成本，终了，要运用一定的方法计算出已销商品应分配的“进销差价”进行账项调整。商品进销差价率有综合差价率和分类差价率两种计算方法。

（一）综合差价率

它是按全部商品的存销比例分摊商品进销差价的一种方法。先将“商品进销差价”账户的月末余额除以“库存商品”账户月末与本月“主营业务成本”账户借方发生额之和，求出全部商品综合平均差价率，然后再乘以本月“主营业务成本”借方发生额，所得出的金额即是本月已销商品应分摊的进销差价。其公式如下：

综合平均差价率＝“商品进销差价”月末余额(调整前)/(“库存商品”月末余额＋本月“主营业务成本”借方发生额×100%

已销商品应分摊的进销差价＝本月“主营业务成本”借方发生额×综合平均差价率

[例12－5]某酒店商场月末“库存商品”账户余额220 000元，本月“主营业务成本”借方发生额350 000元，月末“商品进销差价”账户贷方余额202 956元，根据上述公式计算本月已销商品应分摊的进销差价，并编制有关分录。

综合平均差价率＝202 956/(220 000＋350 000)×100%＝35.6%

已销商品应分摊的进销差价＝350 000×35.6%＝124 600(元)

分录：

借：主营业务成本　　124 600(红字)

　贷：商品进销差价　　124 600(红字)

如此结转后，“商品进销差价”账户减少了已销商品的进销差价，“主营业务成本”调整为225 400元。

采用这种计算方法比较简单，但由于各类商品的实际进销差价率不同，有的甚至相差悬殊，而且各类商品销售也不等，按照同一个差价率计算的结果准确性较差，容易出现偏高或偏低现象。因此，这种计算方法，一般只适用各类商品进销差价相近的商场。

(二)分类差价率

它是按各类商品的存销比例，分别计算差价率，据以分摊各类商品进销差价的一种方法。采用这种方法，“库存商品”、“主营业务收入”、“主营业务成本”、“商品进销差价”等账户都要相应的按商品大类设置明细账核算。其计算方法基本上与综合差价率计算法相同。只是要求按商品大类分别计算已销商品进销差价，汇总起来就是企业全部已销售商品的进销差价，如表12－4所示。

表12－4　　已销商品进销差价计算表

商品大类	商品进销差价月末余额	全部商品金额			商品进销差价		
		库存商品月末余额	本月营业成本增加发生额	合　计	平均差价率	已销售商品应分摊	库存应保留
(1)	(2)	(3)	(4)	(5)＝(3)＋(4)	(6)＝(2)/(5)×100%	(7)＝(4)×(6)	(8)＝(2)－(7)
按商品大类分							
合　计							

根据计算结果，作会计分录如下：

借：商品进销差价——(商品大类)

　贷：主营业务成本——商品销售成本——(商品大类)

采用分类差价率计算法与综合差价率计算法计算出的结果显然不同。分类差价率计算法把差价范围缩小到商品营业柜组或类别，较之综合差价率计算法计算结果更准确。但是，各柜组内部各个商品之间的差价率仍有高低，存销比例也不相同，采用分柜组差价率计算法与实际情况还会有一定的差距。所以，在年终之前，应用盘存商品实际差价计算法进行核实和调整，以保证一个会计年度计算结果的准确性。

(三)盘存商品实际差价计算法

盘存商品实际差价计算法是先计算出期末库存商品的进销差价，进而得出已销商品进销差价的一种方法。具体核算程序是:期末由各营业柜组通过盘点，编制“库存商品盘存表”，根据各种商品的实存数量，分别乘以售价和进价，计算出期末库存商品的售价金额和进价金额。其计算公式如下：

期末库存商品进销差价 = 期末库存商品售价总金额 - 期末库存商品进价总金额

[例 12 - 6]某宾馆附设商场采用盘存商品实际差价计算法，12 月 31 日有关资料如下：

结转前“商品进销差价”账户余额 23 500 元

“库存商品”账户期末余额 56 000 元

经盘点该实物负责人所经营的商品售价金额账实相符，库存商品进价总金额为 44 200 元，则进销差价计算如下：

库存商品进销差价 = 56 000 - 44 200 = 11 800 元

已销商品进销差价 = 23 500 - 11 800 = 11 700

根据计算结果，作会计分录如下：

借:商品进销差价　　11 700

　　贷:主营业务成本——商品销售成本　　11 700

采用实际差价计算法的优点是:月末库存商品的进销差价和已销商品的进销差价计算结果都很准确。其缺点是:由于它要求每种商品盘存数量，并分别查找其实际进价或最后进价，计算其进价金额，所以这样核算的工作量很大，一般适用于年末来调整核实库存商品价值和进销差价。

由于库存商品采用售价核算，只记金额不记数量，酒店应加强商品管理，严格执行商品清查盘点制度。对商品在储存过程中发生的调价、削价、溢余、短缺等应及时核算，正确处理。

五、商品调价的核算

商品部的商品调价，必须严格按照物价管理权限规定进行。商品调价时需按新售价及时调整库存商品金额，商品部在接到调价通知后应对调价商品进行盘点，根据实际库存数量计算出调价差额，填制“商品调价报告单”，如表 12 - 5 所示。

表 12－5 商品调价报告单

实物负责人：

商品编号	品名	规格	单位	库存数量	零售单价		调整单价差额		调高金额	调低金额
					新价	原价	增加	减少		

财务部门接到“商品调价报告单”后，应认真审核，确认无误后，作如下会计分录：

售价调高时，对调高的那一部分价格：

借：库存商品

　　贷：商品进销差价

售价调低时，对调低的那一部分价格：

借：商品进销差价

　　贷：库存商品

六、商品削价的核算

酒店商场的库存商品，由于保管或其他原因，发生残损变质影响原使用价值，必须进行削价时，应按规定处理。确定商品削价处理时，应通过盘点和检验，根据残损变质程度，确定削价幅度，由实物负责人填制“残损商品削价报告单”，如表 12－6 所示，经审核无误后，据以进行账务处理。残损商品削价核算应区别两种情况作不同的处理：一是商品削价后的新售价低于原进价时，除将原售价与原进价的差额冲减“商品进销差价”账户外，低于原进价的部分，列入“待处理财产损益”账户，待批准后再行处理；二是商品削价后的新售价不低于原进价时，因只是减少了营业收入，而未构成实际财产损失，故其低于原售价部分，可直接冲减“商品进销差价”账户。

表 12－6 商品削价报告单

实物负责人： 年 月 日 编号：

商品编号	品名规格	单位	库存数量	购进单价	销售单价			削价金额			削价原因
					原售价	新售价	差额	进销差价	削价损失	合计	
合计											
实物负责人意见：							领导批示：				

七、商品盘点溢缺的核算

酒店商场实行售价金额核算每月末必须进行一次全面盘点，并根据商品盘点表所列的各种商品数量，按售价计算出全部商品实存金额，然后与应存金额核对。如果盘存金额与应存金额不符时，应查明原因编制“商品溢缺报告单”，如表 12－7 所示，经领导审批后，交财务部门作财务处理。会计部门根据单证，发现盘盈时，借记“库存商品”账户，贷记“待处理财产损益”账户；批准处理后，借记“待处理财产损益”账户，贷记“营业外收入”账户。盘亏、毁损时，借记“待处理财产损益”账户，贷记“库存商品”账户；报经批准处理后，借记有关账户，贷记“待处理财产损益”账户。

表 12－7　　商品溢缺报告单

填报部门：　　年　月　日　　编号：

账面金额	盘存金额	溢余金额	短缺金额	原因
柜组意见：		财会部门意见：		领导批示：

八、商品储存的明细分类核算

酒店商场在实行售价金额核算的情况下，“库存商品”的明细分类是按实物负责人分户设置的。在账户中只反映商品售价金额，不分品名不计数量。库存商品明细账一般可采用库存商品和商品进销差价结合在一起的三栏式明细账。

在进行零售商品明细分类核算时，财务部门应按照实物负责人分户设置“库存商品”和“商品进销差价”明细账户进行核算。由于“库存商品”账户数额的增减往往都是和“商品进销差价”两个账户的明细分类核算结合起来，在同一张账页上登记。这不仅简化了记账工作，也便于月末计算已销商品的进销差价。库存商品和进销差价结合在一起的账页格式，如表 12－8 所示。

表 12－8　　库存商品和商品进销差价明细账

实物负责人：

年		凭证号	摘要	库存商品			商品进销差价		
月	日			借方	贷方	余额	借方	贷方	余额

☆ 思考与练习

一、思考题

1. 酒店会计核算有哪些特点?

2. 客房产品有什么特点?

3. 简述售价金额核算法的要点。

4. 餐饮成本核算有哪些内容?

5. 商品内部调拨单填制时应注意哪些要点?

二、业务练习题

1. 目的:酒店会计综合练习。

2. 资料:

(1)餐厅领用食品原材料一批,价值40 000元。

(2)经盘点大米短缺20千克,每千克2.5元,原因待查。

(3)购入文件柜5个,共1 750元,以转账支票支付。

(4)计提本月的固定资产折旧费20 000元。

(5)收到投资人作为投资转入的设备两台,价值共计10 000元。

(6)摊销本月负担的商标权3 000元。

(7)购入A公司股票10 000股,每股面值5元,按6元购进,共计价款60 000元,另支付手续费、佣金等600元,都以转账支票支付。

(8)企业以现金发放工资,其中营业人员工资70 000元,管理人员工资32 000元,医务福利人员工资3 000元。

(9)分配本月份各类人员的工资。

(10)全年实现营业收入250 000元,按5%计提应交营业税。

3. 要求:根据所发生的经济业务,用借贷记账法编制会计分录,对能确定二级账户名称的,应同时列示二级账户名称。

第十三章　旅游企业税金、利润及利润分配的核算

本章主要内容

- 税金的种类及核算
- 利润的构成及核算
- 利润分配的核算

第一节　税金的种类及核算

一、税金的种类

税金是国家财政收入的一个重要组成部分，是国家按照法律规定的标准取得财政收入的一种手段。旅游企业是税法规定的纳税义务单位，应按照税法规定按期向国家缴纳各种税款。旅游企业应该上缴的税金有以下几种：

(一)营业税

营业税是指对在我国境内提供应税劳务、转让无形资产或者销售不动产的单位和个人所取得的营业额征收的一种商品和劳务税。它是一种行为税，只要有营业行为并且有收入就应纳税，而不管盈利多少。旅游企业在境内组织游客出境旅游的，属于营业税的征收范围。

(二)城市维护建设税

城市维护建设税(简称城建税)是指国家为扩大和稳定城市维护建设资金的来源，加强城市的维护建设，对缴纳的营业税和增值税为计税依据的单位和个人所征收的一种附加税。

(三)增值税

增值税是以从事销售货物或者提供加工、修理修配劳务以及从事进口货物的单位和个人取得的增值额为课税对象的一种税。其增值额为生产经营过程中新创造的那部分价值，也可以说是纳税人在一定时期内销售商品或提供劳务所取得的收入大于其商品购入或取得劳务时所支付的金额的差额。

(四)企业所得税

企业所得税是指国家对境内企业的生产、经营所得和其他所得依法征收的一种税。

(五)车船使用税

车船使用税是以车船为征收对象，向在我国境内拥有车辆、船舶的单位和个人征收的一种税。

（六）房产税

房产税是以房屋为征税对象，以房屋的计税余值或租金收入为计税依据，向房屋产权所有人征收的一种财产税。旅游企业可根据拥有的房产或承典的房产，依照房产原值一次减除一定比例后的余值计算缴纳。

（七）土地使用税

土地使用税是以开征范围的土地为征税对象，以实际占用的土地面积为计税标准，按规定税额对拥有土地使用权的单位和个人征收的一种税。

（八）印花税

印花税是国家对企业在经济活动和经济交往中书立、领受、使用的应税经济凭证所征收的一种税。其征税范围包括各种经济合同、产权转移书据、营业账簿、权利许可证照和经财政部门确定征税的其他凭证五类。

二、税金的核算

（一）营业税的核算

旅游企业的营业税是根据营业额和规定的税率计算的。其计算公式为：

应纳税额 = 营业额 × 税率

对于不同的经营业务，营业税的计税依据是各不相同的。饭店、旅馆、酒楼、餐饮、美容、洗浴、照相、洗染、娱乐等饮食服务业应按营业收入的一定比例计算缴纳营业税；旅游企业，是以全部收入减去替游客付给其他单位的餐饮费、住宿费、交通费、门票费用和其他代付费用后的余额为营业额。

营业税实行分行业比例税率，主要有3%、5%和20%三个档次，如旅游业、饮食业、代理业、旅店业、广告业和其他服务业的营业收入应缴纳的营业税适用税率为5%；歌舞厅、KTV唱吧、音乐茶座、台球、高尔夫球、保龄球及游艺、网吧等娱乐业的营业收入应缴纳的营业税适用税率为5%～20%不等。

旅游企业按规定应交的营业税，在“应交税费”账户下设置“应交营业税”明细账户。该账户属于负债类账户，该账户借方发生额，反映旅游企业已交纳的营业税；该账户贷方发生额，反映旅游企业应交的营业税；期末借方余额，反映多交的营业税；期末贷方余额，反映尚未交纳的营业税。

此外，旅游企业为了核算由营业收入负担的各项税金及附加，应设置“营业税金及附加”账户。该账户是损益类账户，借方反映旅游企业按规定计提的营业税、城市维护建设税及教育费附加等，贷方反映结转到“本年利润”账户的各项税金及附加的数额。

［例13－1］祥和酒店2009年10月发生的营业收入如下：旅业住房营业收入为60万元，歌舞厅收入25万元，饮食部门收入130万元。歌舞厅营业税率为20%，其余的为5%。

旅业住房收入应交纳的营业税为：

600 000 × 5% = 30 000（元）

歌舞厅收入应交纳的营业税为：

250 000 × 20% = 50 000（元）

饮食部门收入应交纳的营业额为：

1300 000 × 5% = 65 000（元）

根据上述应交纳的营业税，编制有关会计分录如下：

①10 月 31 日，计算出营业税税额时：

借:营业税金及附加——旅业部　　30 000
　　　　　　　　——歌舞厅　　50 000
　　　　　　　　——饮食部　　65 000
　贷:应交税费——应交营业税　　145 000

②11 月 6 日，填制营业税缴款单，支付上月营业税：

借:应交税费——应交营业税　　145 000
　贷:银行存款　　145 000

(二)增值税的核算

按照税法规定，一般纳税人企业销售货物或提供应税劳务，其应纳税额为当期销项税额抵扣当期进项税额后的余额。增值税的计算公式如下：

应纳税额 = 当期销项税额 - 当期进项税额

进项税额是纳税人购进货物或者接受应税劳务已支付或者负担的增值税税额。一般指企业购进货物或者接受应税劳务，从销售企业取得的增值税专用发票上注明的增值税额。

旅游餐饮服务企业应交的增值税，在"应交税费"账户下设置"应交增值税"明细账户进行核算。"应交增值税"明细账户的借方发生额，反映企业购进货物或接受应税劳务支付的进项税额、实际已交纳的增值税等；其贷方发生额，反映销售货物或提供应税劳务应交纳的增值税额、出口退税、转出已支付或应分担的增值税等；期末借方余额，反映企业多交或尚未抵扣的增值税；期末贷方余额，反映企业尚未交纳的增值税。

旅游餐饮服务业主要是零售商品业务，在销售商品时一般填制普通发票或不填制销售发票，这样销售商品的售价中已包含增值税的税额，所取得的收入是含税销售收入，因此在月末需要将含税收入调整为不含税的销售额，将销项税额从含税收入中换算出来。按下列公式计算销售额：

销售额 = 含税销售额/(1 + 增值税税率)

销项税额是指一般纳税人企业销售货物或者提供应税劳务，按照税法的规定向购买方收取的增值税税额。计算公式如下：

销项税额 = 销售额 × 增值税税率(基本税率 17%)

[例 13 - 2]中山饭店附设商店，2009 年 5 月购入一批商品，并已验收入库。取得供应商开出的增值税专用发票上注明的商品价款 200 万元，增值税额为 34 万元。本月，该商店销售商品收入为 400 万元(不含应向购买者收取的增值税)，并符合收入的确认条件，货款已经收妥。根据上述业务事项，作会计分录如下(单位:元)

①购入商品并验收入库：

借:库存商品　　2 000 000
　应收税费——应交增值税——应交进项税　　340 000
　贷:银行存款　　2 340 000

②销售商品时：

借:银行存款　　4 680 000
　贷:主营业务收入　　4 000 000

应交税费——应交增值税——应交销项税　　680 000

③计算本月应交纳的增值税额：

680 000 - 340 000 = 340 000(元)

④月底转出未交纳增值税：

借：应交税费——应交增值税(转出未交增值税)　　340 000

贷：应交税费——未交增值税　　340 000

⑤向税务机关交纳增值税款时：

借：应交税费——未交增值税　　340 000

贷：银行存款　　340 000

(三)城市维护建设税的核算

旅游企业按规定计算出城市维护建设税，与营业税、增值税等同时交纳。在进行会计核算时，借记"营业税金及附加"等账户，贷记"应交税费——应交城市维护建设税"账户。上交税金时，借记"应交税费——应交城市维护建设税"账户，贷记"银行存款"账户。

[例 13 - 3]花园酒店 2009 年 6 月应交营业税 40 万元，增值税 15 万元，假定应交城市维护建设税的税率为 7%，则应交纳的城市维护建设税为：

(400 000 + 150 000) × 7% = 38 500(元)

作相应的会计分录为：

借：营业税金及附加　　38 500

贷：应交税费——应交城市维护建设税　　38 500

(四)企业所得税的核算

旅游企业的所得税以所得额为征收对象，依照所得税法的规定进行交纳。企业交纳的所得税，在"应交税费"账户下设置"应交企业所得税"明细账户核算。当期应计入损益的所得税，作为一项费用在净收益前扣除。企业按照一定的方法计算，计入损益的所得税，借记"所得税"账户，贷记"应交税费——应交企业所得税"账户。

(五)房产税、城镇土地使用税、车船使用税和印花税的核算

房产税在我国采用比例税率。根据房产税的计税依据分为从价计征和从租计征两种形式，所以房产税的税率也有两种：以房产计税余值即房产原值一次减除 10% ~ 30% 后的余值为计税依据的，税率为 1.2%；以房产出租的租金收入为计税依据的，税率为 12%。旅游企业应交纳的房产税分别在"管理费用"和"应交税费"账户下设立"应交房产税"明细账户进行核算。

城镇土地使用税以纳税人实际占用的土地面积(平方米)为计税依据。城镇土地使用税实行分级幅度税额。每平方米土地年税额规定为：①大城市 1.5 元至 30 元；②中等城市 1.2 元至 24 元；③小城市 0.9 元至 18 元；④县城、建制镇、工矿区 0.6 元至 12 元。⑤农村 0.3 元至 6 元。旅游企业应交纳的城镇土地使用税在"管理费用"和"应交税费"账户下，分别设立"应交土地使用税"明细账户进行核算。

车船使用税采用定额税率，即对征税的车船规定单位固定税额。车船的适用税额，依照《车船税税目税额表》的规定，按年征收，分别交纳。为了正确反映旅游企业车船使用税的交纳情况，旅游企业应在"管理费用"和"应交税费"账户下，分别设立"应交车船使用税"明细账户进行核算。

印花税是由纳税人根据规定自行计算应纳税额，购买并一次贴足印花税票的交纳方法。

旅游企业交纳的印花税，不通过"应交税费"账户核算，在购买印花税票时，借记"管理费用"或"待摊费用"账户，贷记"银行存款"账户。

[**例** 13－4]嘉利酒店按规定税率计算，假定应交房产税 30 000 元，城镇土地使用税 20 000 元，车船使用税 8 000 元。根据有关凭证，作会计分录如下：

借：管理费用　　58 000

　贷：应交税费——应交房产税　　30 000

　　　　——应交土地使用税　　20 000

　　　　——应交车船使用税　　8 000

第二节　利润的核算

一、企业利润的构成

利润是指企业在一定会计期间的经营成果。利润包括收入减去费用后的净额、直接计入当期利润的利得和损失等。

旅游企业的利润总额是由营业利润和营业外收支净额构成。

(一)营业利润

营业利润是旅游企业利润的主要来源，指企业从经营业务活动中取得的利润。它由营业收入、营业成本、营业税费、期间费用、投资收益(或损失)、公允价值变动损益、资产减值损失等项目构成。

营业利润的计算公式如下：

营业利润＝旅游餐饮服务等营业收入－营业成本－营业税金及附加－销售费用－管理费用－财务费用－投资损失(加收益)－公允价值变动损失(加收益)－资产减值损失

其中，营业收入，是指企业经营业务所确认的收入总额。

营业成本，是指企业经营业务所发生的实际成本总额。

投资收益(或损失)，是指企业以各种方式对外投资所取得的收益(或损失)。

公允价值变动收益(或损失)，是指企业交易性金融资产等公允价值变动形成的应计入当期损益的利得(或损失)。

资产减值损失，是指企业计提各项资产减值准备所发生的损失。

(二)营业外收支净额

营业外收支净额是指与企业生产经营活动无直接关系的各项收入与支出的差额。营业外收支是构成企业利润总额的要素，包括营业外收入和营业外支出两个方面的内容。营业外收支净额即营业外收入减去营业外支出的净额。

1. 营业外收入。是指企业发生的与生产经营没有直接关系的各种收入。营业外收入并不是企业经营资金耗费所产生的，不需要企业付出代价，实际上是经济利益的净流入，不可能也不需要与有关的费用进行配比。营业外收入主要包括非流动资产处置利得、债务重组收益、盘盈利得、罚款净收入、捐赠利得等。

非流动资产处置利得，包括固定资产处置利得和无形资产出售利得。固定资产处置利得，是指企业出售固定资产取得的收入或报废固定资产的材料价值和变价收入等，扣除处置固定资产的账面价值和处置费用后的净收益。无形资产出售利得，是指企业出售无形资产所取得的价款，扣除出售无形资产的账面价值和出售费用后的净收益。

债务重组收益，是指企业在进行非货币性交易时按规定应确认的收益。

盘盈利得，主要指在清查盘点中盘盈的现金等，经领导批准后计入营业外收入的金额。

罚款净收入，是指企业取得的各种形式的罚款收入，在弥补由于对方违反合同或协议而造成的经济损失后的净收入。

捐赠利得，是指企业接受捐赠而获得的利益。

2. 营业外支出。是指企业发生的与其生产经营活动无直接关系的各项支出。主要包括非流动资产处置损失、盘亏损失、公益性捐赠支出、债务重组损失，非常损失等。

非流动资产处置损失，包括固定资产处置损失和无形资产出售损失。固定资产处置损失，是指企业出售固定资产取得的收入或报废固定资产的材料价值和变价收入等，不足以抵补处置固定资产的账面价值和处置费用后的净损失。无形资产出售损失，是指企业出售无形资产所取得价款，不足以抵补出售无形资产的账面价值和出售费用后的净损失。

盘亏损失，是指企业在进行财产清查盘点中盘亏的固定资产，在及时查明原因并进行处理时，按确定的损失计入营业外支出的金额。

公益性捐赠支出，是指企业对外进行公益性捐赠发生的支出。

债务重组损失，是指企业因债务人发生债务困难，在进行债务重组时，因债务人做出让步而发生的损失。

非常损失，是指企业因为受客观因素(如自然灾害等)的影响造成的各项资产的损失。

二、利润的核算

企业的利润是通过设置“本年利润”账户核算的。在会计年末结转利润时，企业将各收益类科目的期末余额转入“本年利润”科目的贷方，将各成本、费用类科目的余额转入“本年利润”科目的借方。转账后，“本年利润”科目如为贷方余额，反映本年度自年初开始累计实现的净利润总额;如为借方余额，反映本年度自年初开始累计发生的亏损总额。年度终了，应将本年度实现的净利润总额(或亏损总额)，全部转入“利润分配——未分配利润”账户。年度结账后，“本年利润”科目应无余额。

[例 13－5]名人旅游服务公司 2009 年度决算时，各损益账户 12 月 31 日的余额如下：

单位:元

科目名称	结前余额
主营业务收入	80 000(贷)
营业税金及附加	4 000(借)
主营业务成本	60 000(借)
营业费用	3 000(借)
管理费用	6 500(借)
财务费用	1 000(借)

续表

科目名称	结前余额
其他业务收入	8 600(贷)
其他业务支出	6 600(借)
投资收益	1 200(贷)
营业外收入	3 200(贷)
营业外支出	1 400(借)
所得税费用	8 000(借)

根据上述资料，企业作如下会计处理。

①结转主营业务收入：

借:主营业务收入	80 000	
贷:本年利润		80 000

②结转销售税金、成本和期间费用：

借:本年利润	74 500	
贷:营业税金及附加		4 000
主营业务成本		60 000
营业费用		3 000
管理费用		6 500
财务费用		1 000

③结转其他业务收支：

借:其他业务收入	8 600	
贷:本年利润		8 600
借:本年利润	6 600	
贷:其他业务支出		6 600

④结转投资净收益：

借:投资收益	1 200	
贷:本年利润		1 200

⑤结转营业外收支：

借:营业外收入	3 200	
贷:本年利润		3 200
借:本年利润	1 400	
贷:营业外支出		1 400

⑥结转本年所得税费用：

借:木年利润	8 000	
贷:所得税费用		8 000

⑦计算并结转本年净利润：

"本年利润"科目借方发生额 = 74 500 + 6 600 + 1 400 + 8 000 = 90 500(元)

"本年利润"科目贷方发生额 = 80 000 + 8 600 + 1 200 + 3 200 = 93 000(元)

净利润 = 93 000 - 90 500 = 2 500(元)

借:本年利润　　　　　　　　　　　　　　2 500

　贷:利润分配——未分配利润　　　　　　　　2 500

第三节　利润分配的核算

一、利润分配的顺序

利润分配是指企业根据国家有关的政策和比例，对企业当年可供分配的利润所进行的分配。

可供分配的利润 = 当年实现的净利润 + 年初未分配利润(或 - 年初未弥补亏损) + 其他转入利润

企业利润分配的顺序依次是:

(1)弥补以前年度的亏损;

(2)提取法定盈余公积金;

(3)提取任意盈余公积金;

(4)向投资者分配利润或股利。

企业未分配利润是在扣除上述项目之后剩余的利润，它是企业留存以后年度进行分配的历年结存的利润。其所有权属于投资者，可以参加下一年度的利润分配。

二、利润分配的会计核算

企业应通过“利润分配”科目，核算企业利润的分配(或亏损的弥补)和历年分配(或弥补)后的积存余额。

为了反映企业的利润分配情况，“利润分配”科目应设置以下明细科目进行核算:

(1)“提取法定盈余公积”

(2)“提取任意盈余公积”

(3)“应付现金股利或利润”

(4)“盈余公积补亏”

(5)“未分配利润”等

企业未分配利润通过“利润分配——未分配利润”明细科目进行核算。年度终了，企业应将全年实现的净利润(或净亏损)，自“本年利润”科目转入“利润分配——未分配利润”科目，并将“利润分配”科目所属其他明细科目的余额，转入“未分配利润”明细科目。结转后，“利润分配”科目的其他明细科目均无余额。“利润分配——未分配利润”科目如为贷方余额，表示企业累积未分配的利润数额;如为借方余额，表示企业累积未弥补的亏损数额。

[例 13 - 6]青年国际旅游公司年初未分配利润为 0，2009 年实现净利润 1 000 000 元，该公司按 10% 的比例计提法定盈余公积，应为 100 000 元，宣告发放现金股利 400 000 元。如果不考虑其他因素，青年国际旅游公司会计处理如下。

①结转本年利润:

借:本年利润　　　　　　　　　　　1 000 000

贷:利润分配——未分配利润　　　　　　　　　1 000 000

如企业当年发生亏损，则应借记“利润分配——未分配利润”科目，贷记“本年利润”科目。

②提取法定盈余公积、宣告发放现金股利：

借:利润分配——提取法定盈余公积　　　　100 000
　　　　　　——应付现金股利　　　　　　400 000
　贷:盈余公积　　　　　　　　　　　　　　　100 000
　　　应付股利　　　　　　　　　　　　　　　400 000

同时：

借:利润分配——未分配利润　　　　　　　500 000
　贷:利润分配——提取法定盈余公积　　　　　100 000
　　　　　　　——应付现金股利　　　　　　　400 000

结转后，“未分配利润”明细科目的余额如果在贷方，表示未分配的利润；若余额在借方，表示未弥补的亏损。在[例 13-6]中，“利润分配——未分配利润”明细科目的余额在贷方，贷方余额为 1 000 000 - 100 000 - 400 000 = 500 000(元)，为青年国际旅游公司本年度末的未分配利润，应留待下一年度的净利润一起分配。

☆ **思考与练习**

一、思考题

1. 旅游企业上缴的税金有哪几种？
2. 什么是利润？利润由哪些内容构成？
3. 简述旅游企业利润分配的顺序。

二、业务练习题

黄河旅游公司 2009 年年初未分配利润 100 万元，本年净利润是 500 万元，按照税后利润的 10% 提取法定盈余公积，5% 提取任意盈余公积，按可供投资者分配利润的 60% 向投资者分配股利。根据内容，要求：

(1) 计算该公司 2009 年可供分配的利润，可供投资者分配的利润以及年末未分配利润。

(2) 编制相应的会计分录。

第十四章 旅游企业会计报表

本章主要内容

- 会计报表概述
- 资产负债表
- 利润表
- 现金流量表

第一节 会计报表概述

一、会计报表的概念

会计报表是企业向有关方面提供财务状况、经营成果和现金流量的报告性文件，主要包括：

01. 资产负债表：提供企业特定日期财务状况的报告性文件。

02. 利润表：提供企业某一时期经营成果的报告性文件。

03. 现金流量表：提供企业某一时期现金流量的报告性文件。

企业会计的目标是提供信息，供信息使用者使用，而会计报表是会计工作的最后一步，意味着会计目标的实现。具体说来，会计报表应当能够满足企业投资人、管理者、债权人以及财税部门、开户银行等方面了解企业相关信息的需要。

(一)会计报表的编制要求

1. 数字真实

企业会计报表所列示的数字应当按照客观性原则的要求，依据报告期内实际发生的全部交易和事项都入账的基础上，做好账簿之间、账证之间和账实之间的核对工作，以真实的数字作为编制会计报表的基础。

2. 内容完整

企业会计报表的编制必须按相关会计准则的规定的种类和内容填报，不得遗漏，并在显著位置列示出下列基本信息：

(1)编制报表的企业名称。

(2)会计报表项目所反映信息的特定日期或会计期间。

(3)会计报表所使用的人民币金额单位。

(4)如果是合并会计报表，应当在标题中列示清楚。

3. 计算准确

企业会计报表的编制应当以持续经营假设为基础，按照客观性原则的要求，遵照《企业会计准则——基本准则》和其他相关会计准则的规定进行确认和计量，不得随意增减各项指标、更改计算方法或以披露代替确认和计量。

4. 报送及时

企业会计报表所提供的信息必须满足信息使用者的需要，因此，会计报表的编制必须按照其相应的完成时间要求，及时提供。而会计报表的完成时间要求，对内报表和对外报表是不一样的，对内报表由企业管理当局决定，对外报表应在会计期间结束后按规定的时间报送。

第二节　资产负债表

一、资产负债表的概念

资产负债表是反映企业特定日期财务状况的报告性文件。这里需要强调两点：其一，财务状况是指企业有多少资金，这些资金从哪里来，这些资金又被用在了什么地方？在会计上，前者被称作权益，后者则被称作资产，也就是说，资产负债表是反映企业资金状况的会计报表，即，有多少资产和权益，相应的构成状况及相互关系又是什么？其二，特定日期，就意味着把数据规范为时点数据，数据背后所反映的内容也就是企业资金循环过程中处于相对静止状况下的表现形式，因此，资产负债表是一个静态的会计报表。

二、资产负债表的结构和原理

（一）结构

资产负债表是反映企业特定日期资金状况的会计报表，即，在特定日期，企业有多少资产和权益，相应的构成状况及相互关系又是什么？这也就相应地决定了资产负债表的结构由两大部分组成，一部分是资产，另一部分是权益。

从形式上说，资产在左、权益在右的排列方式，我们称为账户式；资产在上、权益在下的排列方式，我们称为报告式。按照我国现行会计制度的规定，企业一般使用账户式，即资产类项目在资产负债表的左面，权益类项目包括负债和所有者权益放在资产负债表的右面，其排列顺序是按照项目的流动性加以排列（如表 14－1 所示）。

表 14－1　　资 产 负 债 表

年　月　日

编制单位：　　　　单位：元

资　产	行次	年初数	期末数	负债及所有者权益	行次	年初数	期末数
流动资产：				流动负债：			
货币资金	01			短期借款	32		
交易性金融资产	02			交易性金融负债	33		
应收票据	03			应付票据	34		
应收账款	04			应付账款	35		
预付账款	05			预收账款	36		

续表

资　产	行次	年初数	期末数	负债及所有者权益	行次	年初数	期末数
应收利息	06			应付职工薪酬	37		
应收股利	07			应交税费	38		
其他应收款	08			应付利息	39		
存货	09			应付股利	40		
一年内到期的非流动资产	10			其他应付款	41		
其他流动资产	11			一年内到期的非流动负债	42		
流动资产合计	12			其他流动负债	43		
非流动资产：				流动负债合计	44		
可供出售的金融资产	13			非流动负债：			
持有至到期投资	14			长期借款	45		
长期应收款	15			应付债券	46		
长期股权投资	16			长期应付款	47		
投资性房地产	17			专项应付款	48		
固定资产	18			预计负债	49		
在建工程	19			递延所得税负债			
工程物资	20			其他非流动负债	50		
固定资产清理	21			非流动负债合计	51		
生产性生物资产	22			负债合计	52		
油气资产	23						
无形资产	24			所有者权益：			
开发支出	25			实收资本	53		
商誉	26			资本公积	54		
长期待摊费用	27			盈余公积	55		
递延所得税资产	28			未分配利润	56		
其他非流动资产	29			所有者权益合计	57		
非流动负债合计	30						
资产总计	31			负债及所有者权益总计	58		

补充资料：①已贴现的商业承兑汇票________元；

②已包括在固定资产原价内的融资租入固定资产原价________元；

③国家资本＿＿＿＿＿元；

④法人资本＿＿＿＿＿元；

⑤个人资本＿＿＿＿＿元；

⑥外商资本＿＿＿＿＿元。

单位负责人： 财会负责人： 复核： 制表：

资产负债表分为表头、表体和表尾三部分。前面我们重点介绍的资产和权益部分构成了资产负债表的表体部分，除此之外，还必须有表头和表尾部分。表14－1中所示，表体的上面包括表名、编表时间、编制单位和货币计量单位构成了表头部分，表体的下面所包含的各项补充资料和有关人员签章则构成了表尾部分。

（二）原理

资产负债表是反映企业特定日期资金状况的会计报表，企业的资金有多少，一定要有这么多的资金来源，同时也必然会显示出其所运用在什么方面，也就是说，一定会是一个相互对等的状况，即：资产＝负债＋所有者权益，这就是会计平衡等式，同时也是资产负债表编制的基本原理。

三、资产负债表的编制方法

资产负债表所反映的是企业某一特定日期的资金状况，因此，表中各项目的填列应当以各项目所对应账户的相应日期的余额填列。以年度会计报表为例，具体说来，应当分别填列“年初数”和“期末数”，这些项目大致有三种填列方式：

（一）直接填列法

这是根据资产负债表项目所对应的总分类账户的余额直接填列的方法。这些项目主要有：“交易性金融资产”、“应收票据”、“其他应收款”、“应收股利”、“应收利息”、“其他流动资产”、“可供出售金融资产”、“在建工程”、“工程物资”、“开发支出”、“商誉”、“递延所得税资产”、“其他非流动资产”、“短期借款”、“交易性金融负债”、“应付票据”、“应付股利”、“应付利息”、“其他应付款”、“其他流动负债”、“预计负债”、“递延所得税负债”等项目，以此方法填列来反映企业相对应日期所持有的相关资产的价值。

（二）计算填列法

这是根据资产负债表项目依据所对应的总分类账户的余额或是依据其他资产负债表项目进行相关计算后进行填列的方法。具体说来，可分为两类：

1. 根据所对应总分类账户的余额计算填列

货币资金＝现金＋银行存款＋其他货币资金

未分配利润＝本年利润＋利润分配

2. 依据其他资产负债表项目进行相关计算后填列

这些项目主要有：流动资产合计、非流动资产合计、资产总计、流动负债合计、非流动负债合计、负债合计、所有者权益合计、负债及所有者权益总计等项目。

（三）分析填列法

这是根据资产负债表项目所对应的账户进行相应分析后加以计算填列的方法。具体说来，可分为五类：

1. 根据项目所对应总分类账户对其明细分类账户进行分析后计算填列

预收账款＝明细账余额：应收账款（贷）＋预收账款（贷）

应付账款 = 明细账余额:应付账款(贷) + 预付账款(贷)

预付账款 = 明细账余额:应付账款(借) + 预付账款(贷)

其他流动资产 = 明细账余额:待摊费用(借) + 预提费用(借) + 总账金额:其他流动资产

其他流动负债 = 明细账余额:待摊费用(贷) + 预提费用(贷) + 总账金额:其他流动负债

2. 根据项目所对应金额考虑有关减值准备后计算填列

这些项目主要有:“其他应收款”、“投资性房地产”、“固定资产”、“无形资产”、“生产性生物资产”、“油气资产”等项目,其中需要特别注意的是:

固定资产 = 固定资产 - 累积折旧 - 固定资产减值准备

无形资产 = 无形资产 - 累计摊销 - 无形资产减值准备

生产性生物资产 = 生产性生物资产 - 生产性生物资产累计折旧 - 生产性生物资产减值准备

油气资产 = 油气资产 - 累计折耗 - 油气资产减值准备

3. 根据项目所对应总分类账户对其明细分类账户进行时间分析后计算填列

长期股权投资 = 长期股权投资 - 一年内到期的长期股权投资

长期债权投资 = 长期债权投资 - 一年内到期的长期债权投资

长期借款 = 长期借款 - 一年内到期的长期借款

应付债券 = 应付债券 - 一年内到期的应付债券

长期应付款 = 长期应付款 - 未确认融资费用 - 一年内到期的长期应付款

一年内到期的非流动负债 = 一年内到期:长期借款 + 应付债券 + 长期应付款

4. 考虑项目所对应账户或金额的方向加以分析后填列

“待处理财产损益”、“固定资产清理”账户余额出现在贷方用“ - ”号填列

“应付职工薪酬”、“应交税费”账户余额出现在借方用“ - ”号填列

“期末累计未分配利润”、“资本公积”的余额出现在借方用“ - ”号填列

5. 需要对项目所对应的账户进行综合分析后加以填列

应收账款 = [明细账余额:应收账款(贷) + 预收账款(贷)] - 坏账准备

存货 = 物资采购 + 库存商品 + 低值易耗品 + 包装物 - 存货跌价准备

持有至到期投资 = (一年内到期:长期股权投资 + 长期债券权投资) - 相应跌价准备

长期应收款 = 长期应收款 - 一年内到期的长期应收款 - 相应的长期应收款减值准备

一年内到期的非流动资产 = 一年内到期的长期应收款 - 相应的长期应收款减值准备

“递延收益”应在“其他流动负债”项目反映,“递延损失”以及企业期末持有的公益性生物资产,应在“其他流动资产”项目反映。

第三节 利润表

一、利润表的概念

利润表是反映企业某一时期经营成果的报告性文件。这里需要强调两点:其一，经营成果是指企业赚了多少资金，这些资金从哪里赚来的，为此又付出了哪些代价？在会计上，前者被称作收入，后者则被称作费用，也就是说，利润表是反映企业经营成果的会计报表，即，有哪些收入和费用，它们之间的对应关系和结果又是怎样？其二，某一时期，就意味着把数据规范为时期数据，这个时期一般来讲可以是某月份、某季度或是某年度，而数据背后所反映的内容也就是企业资金循环过程中的动态表现，因此，利润表是一个动态的会计报表。

二、利润表的结构和原理

利润表是反映企业某一时期经营成果的会计报表，即，在某一时期，企业有哪些收入和费用，它们之间的对应关系和结果又是怎样。这也就相应地决定了利润表的结构是一个利润的计算过程，即，利润 = 收入 - 费用，这也是利润表编制的基本原理。

从形式上说，把本期收入放在一起然后把本期费用放在一起后相抵减的排列方式，我们称为单步式，把净利润的计算分解为多个步骤完成利润计算过程的排列方式，我们称为多步式。按照我国现行会计制度的规定，企业一般使用多步式，以旅游企业为例(如表 14 - 2 所示)，主要分为营业利润、利润总额、净利润和每股收益四步显示。

利润表分为表头、表体和表尾三部分。前面我们重点介绍的利润的计算过程构成了利润表的表体部分，除此之外，还必须有表头和表尾部分。表 14 - 2 中所示，表体的上面包括表名、编表时间、编制单位和货币计量单位构成了表头部分，表体的下面所包含的有关人员签章则构成了表尾部分。

根据企业会计准则规定，利润表至少应当单独列示反映下列信息的项目：

(1)营业收入；

(2)营业成本；

(3)营业税金；

(4)管理费用；

(5)营业费用；

(6)财务费用；

(7)投资收益；

(8)公允价值变动损益；

(9)资产减值损失；

(10)非流动资产处置损益；

(11)所得税费用；

(12)净利润。

金融企业可以根据其特殊性列示利润表项目。在合并利润表中，企业应当在净利润项目之下单独列示归属于母公司的损益和归属于少数股东的损益。

三、利润表的编制方法

利润表所反映的是企业某一会计期间的经营成果，因此，表中各项目的填列应当以各项目所对应账户的相应期间的发生额填列。以月度会计报表为例，具体说来，应当分别填列“本月数”和“本年累计数”，这些项目的填列应当反映以下内容：

(1)“营业收入”项目，应根据“主营业务收入”和“其他业务收入”科目的发生额分析填列；

(2)“营业成本”项目，应根据“主营业务成本”和“其他业务成本”科目的发生额分析填列；

(3)“主营业务税金及附加”项目，应根据“主营业务税金及附加”科目的发生额分析填列；

(4)“营业费用”项目，应根据“营业费用”科目的发生额分析填列；

(5)“管理费用”项目，应根据“管理费用”科目的发生额分析填列；

(6)“财务费用”项目，应根据“财务费用”科目的发生额分析填列；

(7)“资产减值损失”项目，应根据“资产减值损失”科目的发生额分析填列；

(8)“公允价值变动收益”项目，应根据“公允价值变动收益”科目的发生额分析填列，若发生额在借方，以“-”计算填列；

(9)“投资收益”项目，应根据“投资收益”科目的发生额分析填列，若发生额在借方，以“-”计算填列；

(10)“对联营和合资企业的投资收益”项目，应根据“投资收益”科目下所属的明细科目的发生额分析计算填列，若发生额在借方，以“-”计算填列；

(11)“营业利润”项目，为前面所列项目的计算结果，若为“-”则表示亏损；

(12)“营业外收入”项目，应根据“营业外收入”科目的发生额分析填列；

(13)“营业外支出”项目，应根据“营业外支出”科目的发生额分析填列；

(14)“非流动资产处置损失”项目，应根据“营业外支出”和“营业外收入”科目下所属的明细科目的发生额分析计算填列；

(15)“利润总额”项目，为前面所列项目的计算结果，若为“-”则表示亏损；

(16)“所得税费用”项目，应根据“所得税费用”科目的发生额分析填列；

(17)“净利润”项目，为前面所列项目的计算结果，若为“-”则表示亏损；

(18)“基本每股收益”和“稀释每股收益”项目，应根据每股收益准则的规定加以计算填列。

表 14-2　　**利 润 表**

年　月

编制单位：　　　　单位:元

项　目	行次	本月数	本年累计数
一、营业收入	01		
减:营业成本	02		
营业税金及附加	03		
营业费用	04		
管理费用	05		
财务费用	06		

续表

项　　目	行次	本月数	本年累计数
资产减值损失	07		
加:公允价值变动收益(损失用“-”)	08		
投资收益(损失用“-”)	09		
其中:对联营和合营企业的投资收益	10		
二、营业利润	11		
加:营业外收入	12		
减:营业外支出	13		
其中:非流动资产处置损失	14		
三、利润总额(亏损用“-”)	15		
减:所得税费用	16		
四、净利润(净亏损用“-”)	17		
五、每股收益	18		
(一)基本每股收益	19		
(二)稀释每股收益	20		

单位负责人:　　　　财会负责人:　　　　复核:　　　　制表:

第四节　现金流量表

一、现金流量表的概念

现金流量表，是指反映企业在一定会计期间内现金和现金等价物流入和流出的报表。需要注意的是，一定会计期间，就意味着把数据规范为时期数据，因此，数据背后所反映的内容也就是企业资金循环过程中的动态表现。因此，现金流量表是一个动态的会计报表。从编制原则上看，现金流量表是按照收付实现制原则编制，将权责发生制下的盈利信息调整为收付实现制下的现金流量信息，便于信息使用者了解和评价企业获取现金和现金等价物的能力，并从中预计企业将来现金流量表的大致状况。

表 14 - 3　　　　现金流量表

编制单位:　　　　年　月　　　　单位:元

项　　目	行次	本期金额	上期金额
一、经营活动产生的现金流量:			
销售商品、提供劳务收到的现金	11		
收到的税费返还	12		
收到其他与经营活动有关的现金	13		
经营活动现金流入小计	14		

续表

项　　目	行次	本期金额	上期金额
购买商品、接受劳务支付的现金	15		
支付给职工以及为职工支付的现金	16		
支付的各项税费	17		
支付其他与经营活动有关的现金	18		
经营活动现金流出小计	19		
经营活动产生的现金流量净额	20		
二、投资活动产生的现金流量：			
收回投资收到的现金	21		
取得投资收益收到的现金	22		
处置固定资产、无形资产和其他长期资产收回的现金净额	23		
收到其他与投资活动有关的现金	24		
投资活动现金流入小计	25		
购建固定资产、无形资产和其他长期资产支付的现金	26		
投资支付的现金	27		
支付其他与投资活动有关的现金	28		
投资活动现金流出小计	29		
投资活动产生的现金流量净额	30		
三、筹资活动产生的现金流量：			
吸收投资收到的现金	31		
取得借款收到的现金	32		
收到其他与筹资活动有关的现金	33		
筹资活动现金流入小计	34		
偿还债务支付的现金	35		
分配股利、利润或偿付利息支付的现金	36		
支付其他与筹资活动有关的现金	37		
筹资活动现金流出小计	38		
筹资活动产生的现金流量净额	39		
四、汇率变动对现金及现金等价物的影响	40		
五、现金及现金等价物净增加额	50		

补充资料	行次	本期金额	上期金额
1. 将净利润调整为经营活动产生的现金流量:			
净利润	51		
加:计提的资产减值准备	52		
固定资产折旧	53		
无形资产摊销	54		
长期待摊费用摊销	55		
待摊费用减少(减:增加)	56		
预提费用增加(减:减少)	57		
处置固定资产、无形资产和其他长期资产收回的损失(减:收益)	58		
固定资产报废损失	59		
财务费用	60		
投资损失(减:收益)	61		
递延税款贷项(减:借项)	62		
存货的减少(减:增加)	63		
经营性应收项目的减少(减:增加)	64		
经营性应付项目的增加(减:减少)	65		
其他	66		
经营活动产生的现金流量净额	67		
2. 不涉及现金收支的投资和筹资活动			
债务转为资本	68		
一年内到期的可转换公司债券	69		
融资租入的固定资产	70		
3. 现金及现金等价物净增加情况			
现金的期末余额	71		
减:现金的期初余额	72		
加:现金等价物的期末余额	73		
减:现金等价物的期初余额	74		
现金及现金等价物净增加额	75		

单位负责人:　　　　财会负责人:　　　　复核:　　　　制表:

二、现金流量表的结构

现金流量表，从结构上看，由两部分构成：主表和补充资料。以旅游企业为例（如表14－3所示），现金流量表主表被划分为经营活动、投资活动和筹资活动三个部分，每类活动又分为各具体项目，这些项目从不同角度反映企业业务活动的现金流入与流出，弥补了资产负债表和利润表提供信息的不足；补充资料部分，主要是反映经营活动产生的现金流量、不涉及现金收支的投资和筹资活动、现金流量净增加额等信息。

三、现金流量表的编制方法

编制现金流量表时，列报经营活动现金流量的方法有两种：一是直接法，二是间接法。在直接法下，一般是以利润表中的营业收入为起算点，调节与经营活动有关的项目的增减变动，然后计算出经营活动产生的现金流量。在间接法下，将净利润调节为经营活动现金流量，实际上就是将按权责发生制原则确定的净利润调整为现金净流入，并剔除投资活动和筹资活动对现金流量的影响。

采用直接法编报的现金流量表，便于分析企业经营活动产生的现金流量的来源和用途，预测企业现金流量的未来前景；采用间接法编报现金流量表，便于将净利润与经营活动产生的现金流量净额进行比较，了解净利润与经营活动产生的现金流量差异的原因，从现金流量的角度分析净利润的质量。所以，我国企业会计准则规定企业应当采用直接法编报现金流量表，同时要求在附注中提供以净利润为基础调节到经营活动现金流量的信息。

具体说来，现金流量表主表项目的填列如下：

（一）经营活动产生的现金流量

（11）“销售商品、提供劳务收到的现金”项目，可以根据“现金”、“银行存款”、“其他货币资金”、“应收账款”、“应收票据”、“预收账款”、“主营业务收入”、“其他业务收入”等账户的记录分析填列；

（12）“收到的税费返还”项目，可以根据“现金”、“银行存款”、“其他货币资金”、“主营业务税金及附加”、“补贴收入”、“应收补贴款”等账户的记录分析填列；

（13）“收到其他与经营活动有关的现金”项目，可以根据“现金”、“银行存款”、“其他货币资金”、“营业外收入”等账户的记录分析填列；

（14）“经营活动现金流入小计”项目，为前面所列项目的计算结果；

（15）“购买商品、接受劳务支付的现金”项目，可以根据“现金”、“银行存款”、“其他货币资金”、“应付账款”、“应付票据”、“预付账款”、“主营业务成本”、“其他业务支出”等账户的记录分析填列；

（16）“支付给职工以及为职工支付的现金”项目，可以根据“现金”、“银行存款”、“应付职工薪酬”等账户的记录分析填列，需注意的是这里不包括企业支付给离退休职工的各项费用，也不包括支付给在建工程人员的费用；

（17）“支付的各项税费”项目，可以根据“现金”、“银行存款”、“应交税费”等账户的记录分析填列，需注意的是这里不包括计入固定资产价值、实际支付的耕地占用税等，也不包括本期退回的增值税、所得税；

（18）“支付其他与经营活动有关的现金”项目，可以根据“现金”、“银行存款”、“其他货币资金”等账户的记录剔除分析填列；

(19)“经营活动现金流出小计”项目，为前面所列项目的计算结果；

(20)“经营活动产生的现金流量净额”项目，为前面所列“(14)－(19)”的计算结果，若为“－”，则为现金及现金等价物的净流出。

(二)投资活动产生的现金流量

(21)“收回投资收到的现金”项目，可以根据“现金”、“银行存款”、“短期投资”、“其他货币资金”、“长期股权投资”、“长期债权投资”等账户的记录分析填列；

(22)“取得投资收益收到的现金”项目，可以根据“现金”、“银行存款”、“其他货币资金”、“投资收益”等账户的记录分析填列；

(23)“处置固定资产、无形资产和其他长期资产收回的现金净额”项目，可以根据“现金”、“银行存款”、“固定资产清理”等账户的记录分析填列；

(24)“收到其他与投资活动有关的现金”项目，可以根据“现金”、“银行存款”、“其他货币资金”等账户的记录剔除分析填列；

(25)“投资活动现金流入小计”项目，为前面所列项目的计算结果；

(26)“购建固定资产、无形资产和其他长期资产支付的现金”项目，可以根据“现金”、“银行存款”、“其他货币资金”、“在建工程”、“固定资产”、“无形资产”等账户的记录分析填列，需注意的是，这里不包括为购建固定资产而发生的借款利息资本化的部分，也不包括融资租入固定资产支付的租赁费、借款利息；

(27)“投资支付的现金”项目，可以根据“现金”、“银行存款”、“短期投资”、“其他货币资金”、“长期股权投资”、“长期债权投资”等账户的记录分析填列，需注意的是，这里不包括企业购买股票和债券，在实际支付的价款中所包含的已宣告发放但尚未领取的现金股利或已到期但尚未领取的债券利息；

(28)“支付其他与投资活动有关的现金”项目，可以根据“现金”、“银行存款”、“其他货币资金”等账户的记录剔除分析填列；

(29)“投资活动现金流出小计”项目，为前面所列项目的计算结果；

(30)“投资活动产生的现金流量净额”项目，为前面所列“(25)－(29)”的计算结果，若为“－”，则为现金及现金等价物的净流出。

(三)筹资活动产生的现金流量

(31)“吸收投资收到的现金”项目，可以根据“现金”、“银行存款”、“其他货币资金”、“实收资本(或股本)”、“应付债券”等账户的记录分析填列，需注意的是，这里不包括以发行股票、债券等方式筹集资金而由企业直接支付的审计、咨询等费用；

(32)“取得借款收到的现金”项目，可以根据“现金”、“银行存款”、“其他货币资金”、“短期借款”、“长期借款”等账户的记录分析填列；

(33)“收到其他与筹资活动有关的现金”项目，可以根据“现金”、“银行存款”、“其他货币资金”、“资本公积”等账户的记录分析填列，这里需注意的是，收到其他与筹资活动有关的现金若金额较大的，应单列项目反映；

(34)“筹资活动现金流入小计”项目，为前面所列项目的计算结果；

(35)“偿还债务支付的现金”项目，可以根据“现金”、“银行存款”、“其他货币资金”、“短期借款”、“长期借款”、“应付债券”等账户的记录分析填列，需注意的是，这里不包括企业偿还的借款利息、债券利息；

(36)“分配股利、利润或偿付利息支付的现金”项目，可以根据“现金”、“银行存款”、“其他货币资金”、“应付股利”、“应付利息”、“财务费用”等账户的记录分析填列；

(37)“支付其他与筹资活动有关的现金”项目，可以根据“现金”、“银行存款”、“其他货币资金”、“营业外支出”、“长期应付款”等账户的记录分析填列，这里需注意的是，收到其他与筹资活动有关的现金若金额较大的，应单列项目反映；

(38)“筹资活动现金流出小计”项目，为前面所列项目的计算结果；

(39)“筹资活动产生的现金流量净额”项目，为前面所列“(34)－(38)”的计算结果，若为“－”，则为现金及现金等价物的净流出。

(40)“汇率变动对现金及现金等价物的影响”项目，反映企业外币现金流量及境外子公司的现金流量折算为人民币时，所采用的现金流量发生日的汇率或平均汇率折算的人民币金额与“现金及现金等价物净增加额”中外币现金净增加额按期末汇率折算的人民币金额之间的差额。

(50)“现金及现金等价物净增加额”项目，为前面所列“(10)＋(20)＋(30)＋(40)”的计算结果，若为“－”，则为现金及现金等价物的净减少额。

采用间接法编报现金流量表的补充资料，将净利润调节为经营活动现金流量，实际上就是将按权责发生制原则确定的净利润调整为按收付实现制原则确定的现金净流入，并剔除投资活动和筹资活动对现金流量的影响，在这里我们就不做详细介绍了。

四、现金流量表的编制流程

企业对外提供的会计报表主要有资产负债表、利润表和现金流量表，相对来说，现金流量表的编制也最为复杂，不是简单的一项一项的填写，我们一般常采用工作底稿法加以编制。采用工作底稿法编制现金流量表，是以工作底稿为手段，以资产负债表和利润表数据为基础，对每一项目进行分析并编制调整分录，从而编制现金流量表。工作底稿法的程序是：

(1)将资产负债表的期初数和期末数过入工作底稿的期初数栏和期末数栏。

(2)对当期业务进行分析并编制调整分录。编制调整分录时，要以利润表项目为基础，从“营业收入”开始，结合资产负债表项目逐一进行分析。在调整分录中，有关现金和现金等价物的事项，并不直接借记或贷记现金，而是分别计入“经营活动产生的现金流量”、“投资活动产生的现金流量”、“筹资活动产生的现金流量”有关项目，借记表示现金流入，贷记表示现金流出。

(3)将调整分录过入工作底稿中的相应部分。

(4)核对调整分录，借方、贷方合计数均已经相等，资产负债表项目期初数加减调整分录中的借贷金额以后，也等于期末数。

(5)根据工作底稿中的现金流量表项目部分编制正式的现金流量表。

☆ 思考与练习

一、思考题

1. 什么是会计报表?
2. 企业对外提供的会计报表主要有哪些?
3. 企业编制会计报表时有哪些要求?
4. 请简单描述资产负债表的结构和原理。
5. 资产负债表项目的填列方式主要有哪些?
6. 请简单描述利润表的结构和原理。
7. 请简单描述现金流量表的结构和编制方法。